上原兼善著

幕藩制形成期の琉球支配

吉川弘文館

目次

第九章　琉球貿易への介入……二三四

第一〇章　寛永十二年のキリシタン改め……二七三

本研究の目的と構成

一九七〇年代に、山口啓二・朝尾直弘・佐々木潤之介らによって提示された、幕藩制国家による国内編成のあり方を対外的契機、とりわけ東アジア世界の変動や構造との有機的関連において捉えかえそうとする視点は、その後豊かに発展させられ、多くの新しい研究を生み出した。ここ十年余に限っても、荒野泰典『近世日本と東アジア』(東京大学出版会、一九八八年)、山本博文『寛永時代』(吉川弘文館、一九八九年)、同『幕藩制の成立と近世の国制』(校倉書房、一九九〇年)、同『鎖国と海禁の時代』(校倉書房、一九九五年)、北島万治『豊臣政権の対外認識と朝鮮侵略』(校倉書房、一九九〇年)、紙屋敦之『幕藩制国家の琉球支配』(校倉書房、一九九〇年)、同『大君外交と東アジア』(吉川弘文館、一九九七年)、ドナルド・トビ『近世日本の国家形成と外交』(創文社、一九九〇年)、永積洋子『近世初期の外交』(創文社、一九九〇年)、菊池勇夫『北方史の中の近世日本』(校倉書房、一九九一年)、加藤栄一『幕藩制国家の形成と外国貿易』(校倉書房、一九九三年)、同『幕藩制国家の成立と対外関係』(思文閣出版、一九九八年)、岩崎奈緒子『日本近世のアイヌ社会』(校倉書房、一九九八年)など、多くの研究が上梓をみている。もちろんここでいちいち掲げないが、これ以外にすぐれた個別研究が数多く蓄積されてきていることは断るまでもない。

これら多くの論著の特徴は、長崎口・対馬口・琉球口・蝦夷口という、いわゆる幕藩制国家の対外的な窓口を通じての国際関係や、周辺民族、地域との関わり方を問い、幕藩制国家の歴史的性格を明らかにしようとしている点にあるといえるが、本研究も、基本的には先の三氏によって提示された視点に立ち、右の諸研究の方法論に学びつつ、琉球口に対する幕藩制国家による国家支配のあり方を確定しようとしたものである。

草創期の幕府の外交政策上の問題を検討するにあたって、琉球研究は欠くことのできない大きな位置を占めていたこともあって、関係論考も決して少なくない。すでに、我々は幕藩制国家による琉球支配に関する包括的研究として、さきに揚げた紙屋敦之の二つの労作をもっている。これらの紙屋の著書は、琉球のみならず、蝦夷地を含めた幕藩体制史の再構築をめざしたスケールの大きい研究であり、筆者もその研究視角に刺激をうけた一人である。

これら紙屋の二著を得て改めて思うことは、琉球支配の研究がよりミクロな観点から再検討すべき段階にきているということである。即ち、紙屋が提起した問題視角、あるいは課題を具体的に検証し直し、深めることが今なにより も要求されているといってよいであろう。本研究では、そのような問題意識から、検討の範囲を一六世紀末から一七世紀の三〇年代、即ち、豊臣政権末期から徳川政権下の「鎖国」(海禁)体制の確立期にいたるまでの時期に限定し、幕藩制国家、島津氏、琉球国、そして明国の政治的動向を有機的関連において捉え、事実の動態的把握につとめた。

次に本研究の構成について述べると次のようになる。まず第一章および二章は豊臣政権の対琉球政策についての考察である。豊臣政権と琉球との関わりを時間的流れに沿って追跡し、朝鮮への出兵過程における具体的な琉球政策の展開、それに対する琉球側の対応等について論じたのが第一章である。基本的な史料が少ないため、事実関係で新たな補完は困難であるが、従来の研究に若干の知見を加えることができたのではないかと思う。第二章では豊臣政権の朝鮮出兵が東アジア規模でどのような変動をもたらしたかという観点から、琉球国とその宗主国明国との外交関係を検討している。朝鮮と明国との有事の際における冊封関係のあり方についてはすでに北島万次が明らかにしているが(北島前掲書)、軍事的侵略はうけなかったものの、軍役負担を強いられ、国力消耗を余儀なくされていった琉球は、冊封制下の位置づけをめぐってどのような矛盾を抱え持つにいたったのかという関心からのアプローチである。

豊臣政権に替わって徳川政権が成立すると、明国との国交樹立交渉過程のなかで幕藩制国家の側からの琉球編成の要求はたかまり、ついに一六〇九年（慶長十四）出兵が挙行されるのであるが、その過程を具体的に論証したのが第三章である。もとより明国との国交回復を望みながら、島津氏に対する明国冊封圏への軍事行動の容認は自家撞着というほかはないと筆者は考える。琉球出兵が島津氏の強い要求に引きずられてのことであったとするならば、初期徳川政権の外交上の主導権にも疑問が出てくるのであり、家康・秀忠時代の外交政策の決定過程をあらためて検討すべきではないかという思いからの分析である。

幕藩制国家の側からの明国冊封圏への軍事行動は単に琉球だけにとどまらない。周知のように島津軍の琉球侵攻と同じ年に有馬晴信軍の台湾派遣があり、また一六一六年（元和二）には村山当（等）安らによる同じく台湾出兵がある。これらの一連の軍事行動に加えて、朝鮮に対する「貢路仮道」の要求もなされている。こうした幕藩制国家の動向に対する明国および朝鮮・琉球側の反応を追究しようとしたのが第四章である。個別領主による局地的な軍事行動であっても、戦禍を被った国々には新たな緊張感を呼び起こさずにはおかないであろう、そしてそれがまた徳川外交をも規定するはずである、という見通しにたった考察である。

以上までの章が琉球をめぐる外交問題の分析に力点を置くものとすれば、第五章以下九章までは幕藩制国家による琉球支配政策を追究した論考である。

第五章では島津氏の琉球支配の基調を検討している。島津家に関する基本史料である「旧記雑録」から重要だと思われる法令をまず抽出分析し、それによって島津氏の琉球支配の基調を明らかにすることにつとめた。しかし法令は所詮法令であり、実態分析がともなわなくては意味をなさない。本章ではこの点についても配慮しつつ、可能な限りその具現化の側面についても検討を試みたつもりである。

元和年間に入ると、島津家では当主家久によって政治的にも経済的にも領主基盤の強化が図られるが、その一環として位置づけられるのが貿易・流通政策の展開である。第六章はそれが具体化されるにあたっての内外の諸状況についての考察である。周知のように将軍秀忠は元和二年八月八日付をもって、キリシタン禁令とともにポルトガル・オランダ・イギリス船の長崎・平戸をのぞく他港への寄港を禁止する。本章では、島津氏に積極的に接近をはかり、かつ琉球を東南アジア貿易の中継基地に定めようとするイギリスの動向に焦点をあて、元和二年八月八日付令の意義についての理解を深めた。また秀忠政権のもとで対外政策の画期をなすのは日本人の売買移送、海賊行為の禁止、武具の輸出の禁止等を内容とする一六一九年（元和五）七月二十八日令の発布である。ここでは同令に対する従来の研究を批判的に検討し、その発布の背景について論じた。

いっぽう幕府による貿易統制の動きがみられるなかにあって、無視できないのは島津氏による本格的な琉球支配の取り組みが始まることである。第七章ではまず元和期以降寛永初期にかけての島津家久による琉球政策を検討した。この時期に家久による奄美五島の直轄化が進められ、同時に琉球貿易への参入が積極化する。また一六二六年（寛永三年）の後水尾天皇の二条城行幸など、諸儀礼の場における使節派遣の強要がなされていることも看過せない。本章ではこれらの点に触れつつ、琉球支配が内実化していく状況を論じた。

そうした琉球支配の基調を、より深いところから理解するために、検地の実施による知行制の改編、家臣団の再編、そして軍役の整備など、家久の領内支配政策の特質に論及したのが第八章である。近世初期における領主権力の編成強化の動きが幕藩体制確立過程の中から必然化されたものと見るならば、また島津氏の琉球支配もその国家的編成の過程として位置づけられるのではないか、という観点からの立論である。

寛永期に入って、島津氏の琉球政策の中で注目されるのはなんといっても本格的な琉球貿易への参入である。第九章では特にその過程で、琉球側との間に醸成される矛盾に着目している。これらの点についてはかつて触れたことがあるが、ここでは改めて関連史料を読み直し、事実関係を補って再検討を試みた。

島津氏の琉球貿易への参入の時期は、幕藩制国家が「鎖国」（海禁）へ向けての体制的な動きが明確になる時期と重なっている点が注目される。「鎖国」（海禁）の主要内容をなすのはいうまでもなくキリシタンの禁制であるが、第一〇章では、寛永十一年（一六三四）のキリシタン改め令について論じている。島津家の家老伊勢貞昌らが、寛永十一年十月十九日付の琉球三司官ら宛ての連署状で、八重山の「ミやら」なる者が南蛮宗に入信していることを理由に火あぶりに処するように命じていることは、幕藩制国家の国是が琉球にも例外なく貫徹されていったことを示す事実としてつとに注目されてきた。しかし、これまでこの法的処置がおよんだ背景にまで立ち入って十分な解明はなされてこなかった。史料的な追跡を進めるうち、それが寛永十一年に幕府が九州・中国・四国の諸大名にキリシタン摘発を指示したことを受けてのことであることが判明したが、なお幕府によるキリシタン禁制史のうえで、この年の禁令がいかなる意味をもつのか、十分議論が深められていないことに鑑み、本章では薩摩藩をはじめ、いくつかの藩の禁令への対応状況にまでやや深く踏み込んで考察を加えた。

幕府のキリシタン弾圧は、一六三七年（寛永十四）から翌年にかけての島原の乱を契機として、いよいよ激しさを加え、その改めの徹底は琉球にも及んでいく。そして三九年にはついにポルトガル人の追放がなされるのであるが、終章では、こうして「鎖国」（海禁）体制が整えられるなかにあって、琉球が対馬藩とともに、長崎市場を補う生糸・薬種類輸入のサブルートとして設定されていくこと、そして同時にキリシタン倫理に対する防衛前線として位置づけられていく実体をあきらかにし、「鎖国」（海禁）体制が琉球支配によってはじめて成り立ちうる側面があったことを指摘した。

第一章　豊臣政権と琉球国

はじめに

豊臣政権による琉球支配をめぐる動向については、戦前・戦後の同政権の対外政策に関する研究の一環としてすでに明らかにし尽くされたかのように思われる(1)。しかし、これまでの研究は概して豊臣政権の東アジア諸国にたいする政策をそれぞれ等質的に捉えてきた観があり、その点では琉球国についても例外ではなく、詳細な検討を怠ったまま今日にいたっているというのが現状であろう。そうしたなかにあって藤木久志の観点は示唆的である。すなわち、豊臣政権の東アジア諸国にたいする発信文書の詳細な検討を行なった藤木は、対明政策の基調はあくまで勘合(2)の復活にあったとし、そしてその東アジア観ないし東アジア政策は、明とインドそれに南蛮は対等で別格の交易国、フィリピンまでの諸国すなわち朝鮮・琉球・台湾・フィリピンはいわば琉球国並みの服属国、つまり国内の大名に準ずる惣無事令の対象国というように、二元的ないし重層的に構成されていたらしい事情がうかがわれるのではないかと指摘する(3)。もっとも藤木は豊臣政権がこのような重層的な外交構想をもっていたとしても、はじめから以上のような視野ないし枠組みをもっていたのではなく、征明策=朝鮮侵略の断行を機として変化を遂げたとみるのが妥当かもしれない、と比較的柔軟に考えている(4)。まず本章ではこの藤木の見解をふまえて、豊臣政権の対琉球政策を時間的流れに沿ってあらためて検証し直してみたい。
琉球国は藤木のいう服属国のなかでは唐入りの軍役を課された国である。その点では他の実体のない架空の服属国とは異なり、現実に武力の行使を受け、服属の実体化がはかられた朝鮮国と同列に位置づけられよう。したがって琉球国に対する政策過程を見るなかに、豊臣政権の外交姿勢の本質に迫る手がかりを得ることも可能であると考える。

第一節　島津義久の琉球国遣使

豊臣政権の琉球国に対する服属要求が公然となされたことを伝える史料としては、次の一五八八年（天正十六）仲秋（八月）十二日付の琉球国王尚寧宛島津義久書状の案文が知られている。(5)

A

御禧兆万祥〻〻、抑去歳已来、京都弥静謐故、東西不残一国、偃御下知、天下一統御威晃、更不覃禿筆、既従高麗者　御朱印拝領、驪而出頭之議定候、唐土・南蠻両州者、音（琉カ）使舟渉之巷説半候、然者貴邦無礼之段、度〻依被仰出、堅雖申通候、無其験候、無首尾成行、於愚拙失本懐而已候、天下違背之族（琉カ）球国相究之間、直被催武船、旁可被属減（滅カ）却地躰候、琉・薩旧約之謂不浅条、諒不堪休息候、頓於被遂裁断者、倍可為康寧基候歟、仍扇子百本金、聊嘉例迄候、猶大慈寺和尚可有演説候、不宣、恐惶謹言、

天正拾六年仲秋十二日　　　修理大夫義久

謹上　中山王（尚寧）

まず史料から明らかなように、琉球派遣の使者は志布志の大慈寺僧である。これより四日後の八月十六日付同僧あ

ての島津義弘書状には、「関白様以　御下知、琉球江可申渡子細候之条、為使僧可差越候、被得其意肝要候」[6]とあり、この時の遣使が秀吉の指示によるものであることは明白である。

さてこの義久の書状案の内容は、まず東西一国残らず秀吉の下知に偃き、高麗は服属し、明・南蛮も使舟派遣へおもむきつつある、と豊臣政権へ内外を含めて帰属の趨勢にあることから説き起こし、そのうえで秀吉が琉球国の「無礼一」を「度々」責め、来聘をうながしたのにもかかわらず「其験」無く「無首尾」にいたるにより、武船の派遣も辞さない、と威嚇している点に特徴がある。したがってこれらの文言を素直に受け容れれば、秀吉の琉球国に対する来聘要求はこれよりさかのぼり、島津氏平定後の一五八七年（天正十五）の間もない段階に、すでに幾回かにわたってなされていたと解釈される。ところが目下のところその間の事情を伝える史料は見当たらない。この点については、藤木久志が史料の文言が一五八七年六月十五日付で対馬の宗氏を介して豊臣政権が高麗国王につきつけようとした服属要求と全く同じ趣旨であること、琉球問題についての豊臣政権の指令が八八年の初秋＝七月であることなどから、高麗への服属交渉の開始もしくは最初の海賊停止令の発令時期と同じくする可能性があることを指摘している[7]。たしかに八七年の島津氏制圧後の間もない段階から、秀吉政権は明確なかたちでないものの朝鮮ともども琉球の来聘の実現を要求し、また島津義久も暗に尚氏にそれを伝えていた可能性は高い。しかし以上の史料の文言からうかがうかぎり、秀吉政権が島津氏の使者派遣を通じて服属要求を公然と行なったのはやはり海賊停止令の発令とほぼ同時期だと考えたほうが妥当であろう。

ところで、秀吉政権の明確な意図が島津氏に明らかにされたのが一五八八年（天正十六）七月で、それを受けて島津氏が作成したのが史料Aだとすれば、琉球へ向けての使者の発遣は史料の日付の八月十二日より間もない時期と考えられる。

ところがこの書簡についてはむしろ琉球国側に送られなかったことを示唆する史料のほうが散見できる。まず次の一五八八年（天正十六）十一月二十二日付伊地知伯耆入道（重秀）宛島津義弘書状では次のように述べられている。(8)

B

琉球へ御使者之事、不相届仕立不可然候、無緩可申下之由、自石治部少切ミ被仰候之間、如此候、彼子細萬一不相調候間、御為可悪之由候之条、能ミ被仰付、御才覚不可有御油断候、

すなわちこの文書から、義久が琉球国宛の使者派遣を怠り、石田三成がこれを責めている様子がうかがえる。書状では以下ひき続いて、「於様躰者、以書状治部少被仰下之由候、其上白濱次郎左衛門尉・治少被成御直談候之間、不能一二候」(9)と、まずは書状で三成がこの件を促し、さらにそのうえで白濱次郎左衛門ならびに三成が重ねて直談にまで及ぶことが伝えられていることからすれば、この時まで義久が琉球国あてに使者を派遣していたとは考えられない。

こうした義弘を通じての催促にもかかわらず、義久が秀吉の意向に沿ったふしは、同様に次の一五八九年（天正十七）一月二十一日付島津義久宛石田三成・細川玄旨（藤孝）書状の一節からもみえない。(10)

C

一琉球之事、貴老此方ニ御逗留之内ゟ雖被仰出候、于今一途無之儀不審ニ被思召候、菟角貴老御油断曲事之旨、被　仰出候、

この書状の文言によれば、在京中に義久宛に下命があったにもかかわらず、未だに相応の努力が見られないことに秀吉の「不審」の念はつのり、義久の態度が「曲事」として断じられるまでにいたっている。そればかりでなく、三成らは「其上上勢到其国罷下候者、彼嶋之渡海之事、時分者さして入ましく候」と、琉球国への豊臣軍の直接派遣を示唆し、さらに「此条数於御油断者、御家之めつはうたるへく候」と、琉球国の来聘問題が島津家の存亡と深くかか

わっているとまで言い放っている。[11] この秀吉周辺の苛立ちようから推せば、琉球国の来聘一件についてはなんら進展は見られなかったというほかはない。

しかしこの書状の日付より二日後の、一五八九年（天正十七）一月二十三日付伊地知伯耆入道宛島津入道（義弘）書状には次のような文言がある。[12]

D

一琉球之儀、旧冬志布志大慈寺渡海之由候、是ハ去初秋之比被仰候処、霜中末つかた迄延引候事、一段京儀ニ不成合候、（以下略）

すなわち、義弘は去年の秋以来使者の派遣を命じられながら、十一月末になってようやく志布志大慈寺を派遣するにいたったことを暗に批判しているのであり、これによれば十一月末には義久によって使僧が琉球に立てられたことになる。だとすれば、当然秀吉のもとにも報告が及んだと思われるのであるが、史料Cからすれば、この義弘書状の文言をそのまま信じる訳にはいかない。義弘の得た情報は不確かであったと考えた方がよかろう。大慈寺僧が使者として琉球に渡海しているのは事実であり、その時期は先の三成・玄旨書状（史料C）と季節風との関連で想定すれば、同書状をうけて直後の二月頃と考えたほうが自然であろう。しかしそれを裏付ける史料は見出し得ていない。今のところ、島津側からの使者派遣の時期について手がかりを与えてくれるのは次の琉球国王宛島津義久の「注文」である。[13]

E

注文

杉原　　百帖

已上

天正拾七年孟夏初五日　鹿児島

進上　琉球国王

この杉原紙進上の「注文」の日付が一五八九年（天正十七）孟夏、つまり四月の五日となっていることは、これを帯びた使者が義久のもとを立ったのはこの後と見てよいことになる。そしてこれを裏書きするのが次の関白秀吉宛の琉球国王の書状である。[14]

F

承聞日本六十余州、拝二望下塵一。帰二伏　幕下一。加之及二高麗南蛮一。亦堰二威風一。天下太平嚢レ弓。撫二四夷一之謂乎。吾遠島浅陋。小国雖レ難レ覃二一禮一。島津義久公。使下二大慈寺西院和尚一蒙上レ仰之條。指二上天龍桃菴和尚一。明朝之塗物。當国之土宜。軽薄之進物。録二于別楮一。為遂二一禮一也。恐惶不宣。

萬暦十七年仲夏念有七日

謹上　　琉球国王

日本国関白殿下

すなわち、この国書によれば、義久の使者として志布志の大慈寺僧の派遣に応えて、琉球国よりは天龍寺僧桃菴（庵）が京の秀吉のもとへ派遣されたことになる。問題はこの国書が現実に秀吉のもとに呈進されたかどうかであるが、ここには見えない秀吉宛の琉球国王の進上物「注文」が、後の写ではあるが、宝令文庫の[15]「国書往来」の中に見えるから、[16]一応この書が琉球国王より発せられたことは認めてよいであろう。したがって、この関白宛琉球国王書状の末尾の日付が「萬暦十七年仲夏念有七日」、つまり一五八九年（天正十七）五月二十七日である点と、先の杉原紙進上の「注文」の日付とを合わせて考えれば、大慈寺僧の琉球国派遣は前年の十二月ではなく、この年の四月とみることもできよう。そして琉球国よりの秀吉に対する使者の派遣は当然ながら国書の日付より後のこととなる。ではそれはいつのことか。いまのところその日付についても「旧記雑録」や「島津家文書」・『島津国史』[17]など、島津家の基本史料にも確認できず、ただ『鹿児島県史年表』[18]のみが「(八月)二十四日　琉球王尚寧、義久に伴われて上洛、秀吉に謁す」と、尚寧の八月二十四日の上洛を明記している。

ではこの『鹿児島県史年表』の日付は何に依拠したのであろうか。それはおそらく次の「旧記雑録」収載の「義久公御譜中」の記録によるものと思われる[19]。

G

天正十七年己丑八月廿四日、龍伯発麑島赴京師、九月廿四日、着船於摂州大坂之岸、無程上干城州聚楽、見殿下秀吉公、而在洛者既以久矣、此間営屋形於聚楽、漸終土木之功、則美麗甲干諸侯也、

すなわち、八月二十四日、義久が石田三成らに促がされるかたちで上洛のために鹿児島を発ち、九月二十四日には大坂に入って程なく聚楽第において秀吉にあい見えている。しかしここでは義久が尚寧王はおろか琉球国使節をともなっていたことさえ明らかでないから、そこには他の史料が根拠に据えられたものと見たい。そのひとつが次の大慈寺宛に義久が発給した寺役免許状であろう[20]。

H

今度琉球被致渡樴、以口能琉使節被成同心帰渉之上、京上之粧、諸篇大悩不及是非、殊更先年豊州表被指越、毎ゝ苦労尤感懌之至也、因茲寺役之事、従今歳拾ヶ年免許之儀、依懇望状如件、

天正拾七年八月廿一日　　龍伯（花押）

大慈寺

大慈寺僧が琉球国に使者の上洛を取り付けたこと、その他豊後表への使者役等の功を拠り所に寺役の免除を願ったのに応えて、以後一〇ヶ年にわたってそれを認めたこの義久の文書は、この間に琉球側より使者派遣が具体化したことをものがたっている。そしてこれに関連して、いまひとつ同年十一月十五日付で義弘がやはり大慈寺宛に与えた寺役免許状があり、それには「今度至琉球、以口能彼国之労問被為同船帰朝、剰上洛重々倦鞋之至、不知所謝候」[21]と、大慈寺僧が琉球使船に同船して帰朝、さらに使者とともに上洛したことを示唆する文言がある。以上の点からすると、八月ごろに琉球国の使船は大慈寺僧とともに鹿児島に着し、同月の二十四日には義久にともなわれて鹿児島を出発、九月に入洛という線はあながち否定できないであろう。

この琉球国使節の九月入洛説は、それこそ豊臣政権によってそのことが国内に大いに喧伝されたと思われるにもかかわらず、関連史料が見い出せない点で問題があるが、一五九〇年(天正十八)仲春(二月)二十八日付秀吉の琉球国王宛の国書、ならびに石田三成・長岡玄旨連署状の案文の文言はその点で注目されるものである。すでに諸論著で引用されている史料であるが、あらためてここに掲げよう。

Ⅰ

日本国関白　秀吉　奉二書

琉球国王　閣下一。

玉章披閲。再三薫読。如下同二殿閣一而聴中芳言上。抑本朝六十餘州之中。撫二兆民一施二慈恵一。而不レ遺二尺土寸地一。悉歸二掌握一也。雖レ然與二異域一不レ講レ交。則為二遺憾一。祇今得二貴国奇物一。頃又有二游観博知之志一。故欲レ弘二政化於異域一者素願也。茲先得二貴国使節遠邦奇物一。而頗以歡悦矣。凡物以二遠至一為レ珍。以二罕見一為奇者。夫是謂乎。自今已往。其地雖レ隔二千里一。深執二交義一。則以二異邦一。作二四海一家之情一者也。自レ是當國方物聊投二贈之一。目録備二于二別紙一。餘薀分二付島津義久一。天龍寺桃菴東堂之口實也。恐懼不宣。

天正十八年龍集庚寅仲春二十有八日

関白

琉球国王(22)

去歳造二於吾朝關白殿下一。従二貴国一為二華使一。天龍大和尚。泊二船於日本之海岸一。即上洛達二奏聞一。則感悦不レ止。特異珍員數如二記録一。陣列而備二一覧一。玩弄罔レ措。抑亦今春為二東国征伐一。殿下自横レ槊揚レ旌。春三月朔日　出洛。其故於二淹留之貴老一。諸般疎意。自二拙夫一可レ宣二説旨一也。委悉被附二返翰之條一。毎事東二高閣一矣。緒餘奉レ期二後日遠信之時一者也。恐惶謹言。

天正庚寅仲春　日

石田治部少輔三成

長岡二位法印玄旨(23)

まずこの二つの史料によって一五八九年（天正十七）に琉球国より使者の派遣があり、それは天龍寺僧桃菴（庵）であったことが判明する。その桃菴が琉球国を発ったとすればそれは南風に乗れる四月以降夏にかけてのことであろうから、義久の八月の上洛は使者一行を伴ってのものと考えてよいであろう。

以上、島津義久が大慈寺僧を琉球国に派遣したのは一五八八年の八月ではなく翌八九年の四月であること、そしてこれを受けるかたちで、琉球国より天龍寺僧桃菴を派遣したのは同年の初秋のころで、八月に鹿児島出立、九月入洛という線が考え得る。したがって、豊臣政権による琉球招聘が一五八八年初秋＝七月のこととするならば、その要求が実現するまでにおよそ一年を要したことになる。

ところで、こうした琉球使者の派遣が豊臣政権の期待通りに運ばなかった原因としては、もちろん琉球側の問題もあったことは事実であるが、いまひとつ注目されてよいのは島津義久の動向であろう。すでに一五八九年（天正十七）一月二十一日付の書状(24)において、石田三成・細川玄旨らはこの件に関して厳しく義久を督促していたことは見たが、同書状はそれ以外に、巣鷹ならびに大仏殿築造用木材の調達、刀狩の実施、明国との勘合の取り組み、賊船の取り締まりなど、秀吉政権が島津氏に負わせていた種々の課役について、義久の対応の鈍さをも批判している。すなわち、まず巣鷹については、再三にわたって秀吉側より申し入れたにもかかわらず、その調進を怠っていることを難じ、「人任せニさせられす、御自身可御調候」、「自然鷹於遅〻ハ其曲有ましき事」としている。いっぽう刀狩については、「切〻雖申候、于今不被仰付之由候、いか、在之儀候哉」、「不上所者貴所御分領まて候」と難詰して「早〻」にその実施を迫り、また方広寺大仏殿用の木材については、山中より引き出す杉・桧の帳付けとその積み船の用意に怠り無きことを命じ、「果而者御国之為候間、御分別専用候事」と注意を促している。さらに明国との勘合の件については、「勘合之儀、幾度も雖申候、是又御才覚無之候と相聞候、いか、儀候哉、別ニ相滞儀ハ在之ましく候」と、幾度の催促も効無き状態を責め、「自然他之筋より相調候而者、是又貴所天下御外聞いか、ニ候間、被入御精尤候事」と、他の大名筋を通じて明国との交渉が成立した場合体面を失うことを考えてそのことに入精すべきよう促している。そして最後の賊船の件では、秀吉の海賊停止令に違背するかたちで義久の分領より賊船が出船するという状況があったのに対し、「他国よりハ無之、貴所御分領より在之事、且者被失御面目儀候」と、その糾明方を促しているのである。

このように義久は統一政権の基本施策と課役の実現要求に積極的に応えるような動きをみせておらず、そのために秀吉をはじめその周辺の不信感を増幅させていった様子がわかる。つまりそこから隠微ながらも見えてくるものは反統一政権の姿勢であるといってよかろう。[25]一五八九年（天正十七）四月十九日付で、在京中の弟島津義弘は国元の家老鎌田政近に書を宛て、島津家存亡の危機について述べている。その詳細については北島万次の研究[26]にゆずることにしたいが、ここではさしずめ次の石田三成の御内人安宅三郎兵衛が語ったとされる次のくだりに注目しておきたい。[27]

K

（上略）竜伯御下向已前、幽斎にて御国本之置目を始、屋形作之始末等、条々治少被成御入魂候、然共其内へもいまに首尾なく候、ひとへに　竜様ご得心ニ不参故ニ候哉、いたつら事を被仰たる後悔、無是非之由治少おほされ候間、御取次之事内儀迄ニ立入候ての熟談者不入之由、一途ニおほしさためられ候ときこえ候、とにもかくにも嶋津家連続者難有之由被見究たる由、くり立て〳〵治少被仰事者筆にも及かたきよし、安三兵物語候、十分ならは国替、不然者御家滅亡之者程あるましきと、をし出して三兵いはれ候、（以下略）

すなわち、安宅によれば、三成は島津氏の国元における仕置を始め、京都における同家の屋形作事の問題など、三成の斡旋した事柄が今に日の目を見るにいたらないのは義久がそれらに得心がいかないためであろうと疑い、憤懣押さえ難く島津家の滅亡を繰り返し揚言したという。そして、安宅もよくて国替え、そうでなくば御家滅亡は程なきことと述べたというのである。ここでは直接琉球への使者派遣の遅延問題について触れてはないが、三成が総じて義久の姿勢に疑念を懐いていたことは間違いない。秀吉政権としては琉球の来聘を実現させるにあたって義久には恫喝を強めていく以外に途はなかったのであり、義久の大慈寺の派遣はそうした背景のなかでようやく実現されたと考えうる。

第二節　唐入り軍役負担要求と琉球国

通説的には秀吉が琉球国に対して朝鮮出兵を促したのはこの時の使者派遣が契機となったとされる。すなわち、桃菴らの上洛をもって琉球国の服属の意志表明と見、直ちに諸大名同様に軍役の賦課がおよんだとされる。その根拠はまず次の史料にある。(28)

L

来緘披閲、殊其地土産種々畢、所牢見珎重、誠凌遼遠之波涛懇志之段、欣悦不斜、抑日域事、至八荒之諸島無不属本意者、三韓頃納悉欲之条、許容之儀渉思惟候、所詮不経歳月而令渡海、可振威風於大明之念歟豈空乎、厥時続船尾被添于氏者、自他之覚最也、尚具天龍桃庵東堂・嶋津義久可演説、仍恐々不宣、

天正十八年仲春廿八日　　関白

琉球王（尚寧）

いわゆる、秀吉が琉球国王あてに国書ならびに種々の土産品の献進に謝意を表しつつ、歳月を経ずして大明にその威風を振るう思いのあることを述べ、その時に際して秀吉軍の船尾に連なるよう促している史料である。この史料は末尾の「尚具天龍桃庵東堂・嶋津義久可演説」という文言からして両人の上洛中、しかも日付からして史料I・Jと同時に秀吉側より出されたものということになる。

しかし論理的に考えてそのようなことがありうるであろうか。いまこの史料LとI（およびJ）とを比較してみると内容もトーンも違うことに気付く。たとえば史料Iの大意は、六十余州中兆民を撫して慈恵を施し、尺土寸地を残

さずことごとく掌中に納めるといえども、異域と通交を結ぶにいたっていないことを遺憾とする、以後琉球国が千里を隔つといえども深く交誼を結び、四海一家の情況をつくりたい、というものである。たしかに藤木久志がいうように、ここでは豊臣政権は琉球を異域・異邦とみなし、そして政化・一家の対象として位置づけている。しかしそれならばなおさら史料Lで表明されている如き征明への従軍要求が強調されて然るべきであるが、そうではなくむしろ交誼を求めることに主眼が据えられている。史料Jにいたっては、使者の派遣、珍品の献上に謝意を表しつつ、東国征討のために三月朔日の出洛を控えているがゆえに、秀吉が使者桃菴に対し、諸般にわたって疎意となったことを詫びる内容であり、史料Lとはもっと違和感をきわだたせるものとなっている。この内容も語調も異なる書が日本の政治的実権者の意志を示すものとして同時に発せられたとは考え難いから、どちらも同時に起草されながらいっぽうが草案のまま止め置かれたか、もしくは後にある一定の政治的思惑から作成されたかであろう。そこで問題となるのは史料I（およびJ）とLのうちはたしてどちらが正式の国書として琉球国へ届けられたかということである。この点について以下琉球国と豊臣政権との交渉過程を追うなかで私見を述べよう。

豊臣政権が琉球国に対し、単なる交誼を結ぶ対象としてではなく服属国と見なしたことは、つとに指摘されているように、桃菴らに琉球国王あての国書を託した半年後には東国平定に対する奉賀要求になっていることに示されている。島津氏による八月二十一日付の琉球国王尚寧宛および圓覚寺宛の書状では[29]、祝儀の為の綾船を催し、管弦の役者らを聊爾なく上洛せしめることが肝要である、種々失費は理解しているが、遅延においては琉球のためにならないであろう、という秀吉側の厳しい態度が伝えられているのであるが、それを強調する文言として、両書状の末尾に「御法度火急之儀、天龍和尚存知之前[30]」、「京法稠趣、天龍寺、安多尼屋可被知候之間[31]」とあるのが注目をひく。すなわち、秀吉の定めた法は即座に執行されねばならないこと、そしてその厳しさについては上洛の使者天龍寺・安多尼屋らが熟知しているはずだ、というのである。これは秀吉に服従しない北条氏の末路を目の当たりにしたことを強調していると思われ、暗に琉球国も同じ運命をたどる可能性を示唆したものととれよう。

さて、では国内大名同様に東国平定に対する祝儀を要求されたのに対し、琉球国ではどのような対応がとられたのであろうか。義久の使僧直林寺が一五九一年（天正十九）春に下向してきたのに応えて、琉球国王尚寧は八月二十一日付の書で、義久に対し、「国家衰微之間、雖不献方物、表楽人等之儀式、為使節上建善大亀和尚・茂留味里大屋子、委曲付于彼舌頭者也」[32]と述べている。すなわち、国家の衰微を理由に方物は省略し、楽人等の派遣のみをもって祝意を表したいとしたのである。たしかに琉球国では一五八八年（万暦十六）十一月に尚永王の死去にともなって若い尚寧王が即位し、国政の基盤は決して磐石とはいえなかったが、しかし方物の調進に意を払わないということは、秀吉政権の属国認識に異を唱えたものと解することができよう。そして琉球国では使僧の派遣さえ直ちに取り組んだ形跡がみえない。

一五九一年（天正十九）の十月二十四日付で例の義久による兵七〇〇〇人分の兵糧米一〇か月分の負担要求がなされるが[33]、琉球側の使者についてなんら触れるところがない点から、この間にその派遣はまだなかったと考えてよい。同年十一月に義久が義弘に宛てた書状案文の「猶〻」書きには「直林寺書状日付ハ、六月十一日にて候事無紛候、何とて琉球使僧之儀共不書越候哉、無心元存計候」[34]とあり、義久のもとに琉球国より直林寺が六月二十一日付で宛てた書状に使僧派遣の一件は触れられず、十一月の段階を迎え、義久の不安をかきたてていたことがわかる。

注目されるのは、この頃大覚寺宮性舜親王や聖護院道澄らによって琉球使船来航の祈祷が行われていた事実である。次の文書はそのことを伝える島津義久宛性舜の書状で、「旧記雑録」に見えるものである[35]。

M

今度就流球船之儀、祈念之事被申候、抽丹誠護广供一七ヶ日執行候、則巻数・札守并為音信板物弐端参候、弥祈念之義疎意有間敷候、猶使者可申候、穴賢〻〻、

「朱書キ」
「天正十九年」
十一月三日　（花押）

島津修理大夫入道とのへ

「上包」
島津修理大夫入道とのへ　性舜

これ以外にも年号・宛所を欠く聖護院准后道澄を発信人とする同文の書状が「島津家文書」の中に存在するが、日付が右の書状と同一である点からも同年のものであることは疑いない。道澄は、すでに明らかにされているように秀吉が一五九〇年（天正十八）の朝鮮通信使、翌年のインド副王の使節ヴァリニャーノを引見したさい、その場に祗候、さらに五山禅僧西笑承兌らとともにインド副王宛の外交文書の作成にもかかわり、九五年（文禄四）には秀吉が大仏を建立した方広寺の管領・住持となる天台僧である。(37) 豊臣政権が承兌らの五山禅僧とともに天台僧をそのイデオローグとして編成していったことは北島万次が明らかにするとおりであるが、(38) 道澄の場合、一五九〇年（天正十八）勅命により、二月と四月の両度にわたって秀吉の関東戦捷祈祷を行っている。(39) これら天台僧・真言僧に琉球よりの祝儀使船の到来を祈祷せしめたとするならば、この祈祷には秀吉およびその周辺の者が関わっていたことが考えられる。やや誇張になるかもしれないが、それは関東平定と同様の政治的意義が認識されていたという見方もなりたちえよう。ともあれ秀吉政権としては琉球国の服属を実体あるものとし、それを内外に喧伝することによって唐入りの正当化に

役立てる意図があったに違いない。
しかし、琉球側にはこれ以後も使船を派遣する動きはなかったと見え、義久の次のような琉球国王宛書状となる。(40)

N

就綾船遅怠之儀、従京都重畳御崇御不浅、過半拙者緩之趣稠被仰下之條、彼芳墨相調副、今度用使札、貴邦之疎略殆　被決、私之咎事外聞実儀無曲次第、更難盡筆舌、同者無厭却早々其務所希也、抑入唐之催、都鄙被励精誠段無紛、并名護屋普請、別而為九州之手柄、一稜可有之様御下知如斯、因茲右之調等顕先翰畢、首尾無愀易急速可被究達之事、尤可為肝要、其故者天下一統之国役何之端嶋之遁乎、万一無沙汰之輩者、即刻可被加成敗旨堅被仰定、巨細者新納伊勢守申含、仍鉄参百斤令献進之、微小之至不及是非、不宣、恐惶謹言、

「臘月ト御譜中ニ在り」
天正拾九年季冬十九日　　修理大夫義久

進上　琉球国王

すなわち、まず義久は、秀吉より琉球の綾船派遣が遅滞していることにつき、厳しく責めを受けたことに触れたうえ、早々に秀吉の要求に応えよと命じ、ついでまた唐入りの軍役履行を果たさなければ即刻成敗を加えよとの秀吉の厳命があったことを伝えている。

この義久書状の内容といい、また性舜・道澄らの琉球国使船の来航祈祷の件といい、秀吉政権が琉球問題に正面から取り組み始めたことをうかがわせるものである。

いっぽう、右の書状の日付より五日前の十二月十四日には、これまで老体を理由に朝鮮渡海を渋っていた義久に対し、秀吉より物成収取など在地支配を理由に残留せしめている勢力の翌春の渡航が命じられているが、その中の「最

前雖相改申付候、可罷立者、不寄大小残居候者、猶以可被成御成敗候間、成其意、堅可申付候[41]」という文言にうかがうかぎり、豊臣政権による島津氏の兵力動員もより強化をみたことがわかる。それより一四日後の十二月二十八日の義久・細川幽斎宛の書でも、義久に浅野長政とともに渡海を促し、かつ高麗在陣の者と鹿児島留守居の者の書き上げを命じて渡海忌避者の成敗をほのめかしているところからしても、[42]秀吉の強固な姿勢が窺える。このような一連の事実の上に立ってあらためて次の一五九二年（天正二十・文禄元）の島津義弘・義久宛秀吉朱印状をながめてみると興味深いものがある。[43]

○

琉球之儀、今般大明国御発向之次有改易、物主雖可被仰付、先年義久取次御礼申上候条、被任其筋目、無異儀被立置、則為与力其方江被相付候間、唐入之儀、人数等令奔走、召連可致出陣候、於令油断者、可被加御成敗旨、堅可申聞候、次薩州内出水之薩广守事、一国義弘仁被仰付上者、陣普請等一手仁可相勤候、幸忠辰与親類之儀候条、相互令入魂、自他之為可然様ニ裁判尤候、猶二位法印（藤孝）、石田治部少輔（三成）可申候也、

正月十九日（天正廿年）　（秀吉朱印）

羽柴薩摩侍従（義弘）とのへ

島津修理大夫入道（義久）とのへ

すなわちこの史料において、まず秀吉は、琉球国にあらたな「物主」を配すべきところ、先年義久の取り次ぎで天龍寺桃庵を派遣してきたことにより、王位の存立を許して義久の与力に付すこととし、唐入り軍役の実現を命じている。すでに紙屋敦之が実証的に明らかにしているように、秀吉は一五八二年（天正十）の前後に亀井茲矩に琉球国を与えて「琉球守」を名乗らせていた。[44]この亀井に対する琉球国の宛行いはなんら実体のないものであったが、次の一

五九二年正月二十一日付島津義久・義弘宛細川玄旨・石田三成書状に明らかなように、亀井に対し一応替え地を申し渡したうえ、義久宛てに琉球国を付すという形式がとられている。(45)

P

一琉球之事、是又被成御朱印候、先年對亀井被仰付候段、雖連綿候、御断之儀達　上聞、亀井替地被仰付、如前々可為御与力之由被仰出候（以下略）、

このように、唐入りが具体化していくなかで、琉球国王の改易、亀井の替え地、島津義久の与力化、そして軍役の賦課というかたちで、琉球国の支配が実体あるものへと改編がはかられていることが確認できる。

第三節　琉球国の「綾船」派遣と豊臣政権

すでに見たように、史料Oで秀吉が義弘および義久に命じているもう一つの点に島津忠辰に関することがあった。忠辰は秀吉の九州統一後義久の与力として薩摩国出水・高城郡一円の旧領を安堵され、そこに支配体制を維持することを許された領主であるが、その忠辰を島津義弘の与力として陣普請など唐入りの軍役を履行させるよう促しているのである。ここで特に忠辰が問題にされているのは、彼が反豊臣政権の立場から唐入りの軍役負担を忌避する態度を鮮明にしていたからだと思われる。結局忠辰は「構虚病」えて朝鮮への出陣を拒否したために、一五九三年（文禄二）五月一日、大友義統・波多三河守親とともに秀吉より領地没収の処分をうけるのである。(46)このように、豊臣政権は、唐入りへ向けて九州大名の軍事力を根こそぎ動員することをはかり、これに従わない場合、改易という厳酷な処分でもって臨んだことがわかる。とするならば、史料Oの「琉球之儀、今般大明国御発向之次有改易、物主雖可被仰付」

というくだりには、琉球国の尚氏にたいしても九州の諸領主と同様の処置をとる意志のあったことを示すものといえよう。この点は次に示す史料Pの後続部分からもうかがわれる(47)。

如此之儀者、且御取次之故、且琉球国御礼被申入候筋目候、此上御入唐之刻疎略之躰候ハヽ、可有異御沙汰之由被仰出候間、右之通急度被仰遣、別而馳走被申候様ニ御入魂肝要候、先度内々被仰上候綾舟之儀も于今遅滞候、此度急与被指上候様ニ御入眼可為珎重候、

すなわち、三成らは尚氏が改易を免れたうえは、直接に秀吉に御礼を申し述べるのが筋であろうとし、かつ唐入りの軍役を怠るならば琉球側に災いがおよぶであろうとする秀吉の意志を伝えて、「綾船」の派遣ともどもその実現にむけて入精すべきよう島津義久・義弘に述べているのである。

そこでこうした秀吉政権による恫喝が本格化するなかで、気になるのが次の一五九二年三月十四日付の島津義久宛朱印状の位置づけである(48)。

Q

先度琉球国へ御返書之儀、御出馬時分御取紛故、只今彼跡書能被加御披見候處ニ、上意ニ不入候条、被認直被遣候、最前之御朱印ハ可有返上候、次使者為粮瑯料銀子百枚被下候、被得其意可被相達候、猶石田治部少輔可申候也

「朱カキ」
「文禄元年」三月十四日　◯（御朱印）

嶋津修理大夫入道とのへ

この朱印状は、秀吉が一度認めた琉球国王宛の返書の「跡書」の部分が意が満たなかったために書き直し、あらた

めて義久に託そうとするものである。ここで秀吉が返書を認めた「先度」というのは、これまでの琉球国と秀吉政権との交渉経過からみて天龍寺僧入洛の時を指していること以外には考えられない。「御出馬時分御取紛故」というのも一五九〇年（天正十八）三月の小田原へ向けての出動体制に追われていたことを述べたものと考えたほうが妥当である。とするならば、その時の返書の内容をどのように書き換えようとしたのか、そしてなぜこの時期になってそれを行おうとしたのか、という点が問題となる。

実はこの書が先の一五九〇年二月二十八日付けの関白書簡ならびに同月の石田・長岡書簡の存在の意味を解く鍵を秘めているのではないかと筆者は考えている。すなわち、秀吉は天龍寺僧らに託した史料Ｉ（およびＪ）を史料Ｌに取り換えることを望んだのではあるまいか。(49) そのことが琉球国にたいして可能であったかどうかは今は問題ではない。ただ秀吉がそのように望んだのであれば、それは秀吉が琉球国王をやはり他の九州の諸大名・領主と同列に考えていた証とみなすことが可能であろう。ちなみに島津家の記録である「旧記雑録」や「島津家文書」のなかに史料Ｌは存在するものの、史料ＩおよびＪはみえない。島津家との間には返書の取り換えが行われた結果とは考えられないだろうか。

では一体なぜ返書の取り換えが望まれたのであろうか。秀吉が史料Ｑの日付の一日前の三月十三日に朝鮮渡海軍の編成を行っている点に着目すれば、琉球国対策もその一環として位置づけることが可能ではあるまいか。つまり琉球国もそれを契機に、一五八九年（天正十七）の使者引見にさかのぼって国内同然の論理を貫きたかったのではあるまいかと考えるのである。返書を取り換えるための使者粮料として、義久に銀子一〇〇枚をも給しようという秀吉の気の入れようは、やはり琉球国の軍事編成に向けての積極性をうかがわせるものといえよう。しかし、秀吉がそのような意図をもったとしても、東国平討祝儀の使者の引見すら実現しない状況においては、義久があらたな行動を起こすことは現実的には無理があったというほかはない。

ところで、史料Pの後続部分から導き出されるもう一つの重要な点は、少なくともこの段階までは琉球国使者の秀吉のもとへの参見はなかったということである。ところが、「旧記雑録」には四月八日付で義久が琉球国の使僧建善寺に宛てた次のような書の草案が存在する。(50)

R

綾舟御進物如在之儀、石田殿被聞、笑止之由候て、昨日七日安宅三下着候、就夫直被仰通候之条、加愚札候、可然様才覚肝要候、恐々、

「朱カキ」
「文禄元年」
卯月八日　　竜伯　草案

琉球国
建善寺へ

この書の内容は、「綾舟」の進物が如在のことを石田三成が聞き、その意にかなわざる旨を直接伝えるために家人安宅三郎兵衛を派遣する事態におよび、七日に安宅が鹿児島に下着したことを報じたものである。つまり、これ以前に琉球使僧建善寺らは三成を通じて秀吉にあい見える途が模索されていたことをうかがわせるものであるから、その鹿児島参着は三月の末ごろかと考えられる。すでに述べたように、琉球から九州への登船時期は四月の春期から夏期にかけてが一般的である点からするならば、この「綾船」の派遣は異例ということになる。

これに加えて、いまひとつこの「綾船」の処置をめぐって、義久と三成と微妙なやりとりがなされたことを伝える次のような史料がある。(51)

S

一琉球綾舟之儀ニ付、南林寺宅万与八左衛門尉指登候之処、中途にて安三参会、先〻被召烈来着候、即琉使者居所へ昨日八日遣之候、彼口から直ニ為可申入候、驪而両人可参候、其節又可申達候、寔雖不新候、愚進退之事、貴所御一人頼存、如此候上者、始末御扶助之義、尤所仰候、於心底聊無別儀候、不及申儀旁期面談候、恐〻、

この文書は残念ながら日付と宛所を欠いている。ただ日付についてはこれを収載する「旧記雑録」に「御譜中、文禄元年孟夏歟ト朱カキアリ」と編者注記がある点と、「中途にて安三参会、先々被召烈来着候、即琉使者居所へ昨日八日遣之候」と、安宅三郎兵衛が建善寺らの宿所に臨んだ日を「昨日八日」と明記している点から一五九二年四月七日に認められた文書とみてよい。つまり史料Rを書く前日に作成されたものといえる。

ではこの書は誰に宛てられたものか。ひとつの手がかりは安田の到着から琉球使者の宿所にいたったことにふれ、そして「驪而両人可参候、其節又可申達候」と、事後の報告を約束していることである。この文書の「猶〻」書きにあたる部分にも「今度安宅三下着、御懇切之儀候、諸篇可遂塾談之条、本望此事候、」とあり、安田の派遣に対して懇切のことと謝意を表し、同人と諸事にわたって塾談を遂げるつもりであることを述べている。これらの点からすれば、この書の名宛人はまず石田三成とみて間違いはあるまい。そうすると、義久はこの度の「綾舟」の処置について伺いをたてるために、おそらく四月にはいってから三成の許へ南林寺・宅万与八左衛門を立て、宅万は中途で三成の口上を帯びた安田に遭遇して連れだっての帰鹿となったと思われる。三成は二月には船奉行として名護屋にくだっており、また秀吉が名護屋へ向けて京都を発つのが三月二十六日、着陣が四月二十五日のことであるから、(52)史料Rおよ

びSは義久が琉球使者を着陣後の秀吉の許へ参見させるにあたって、名護屋の三成と予備的な打ち合わせをしていたことをものがたる。そしてその焦点は秀吉にたいする琉球側の進物の粗薄にどう対処するかであった。「愚進退之事、貴所御一人頼存、如此候上者、始末御扶助之義、尤所仰候」というくだりは、この問題で窮地に陥った義久がいかに三成の取りなしを期待していたかを示すものであろう。

その後、この一件が豊臣政権の間で具体的にどのように問題にされたかは史料的に明らかではない。この年の六月、周知ように梅北国兼らの反乱(53)が勃発し、義久はその後始末に追われたためであろう、七月二十六日になって琉球国王宛に認められた書（草案）は次のようになっている(54)。

T

属　天下御下知、去春紋船之儀堅雖申渡、餝卑之仕立、或国役或借銀、何不調儀探訊諶被背先蹤之辻故歟、到私失外実訖、抑貴国當邦往古已来膠漆之約、于今不易之条、別而令擔荷之處、咎落伏空帰帆之趣等、細川幽斎・石田三成、以　上意依被仰理、今更不及拘留歎惋有餘者也、然者唐土南蠻弥専公務事眼前、高麗表之儀、万一相戦族者被致刑伐、因茲近洲遠島無不麾、願者頓被改心底、四海一統之儀、於被廻惟握（帷幄）之内者、諶〻可為康寧之始末、猶巨細者建善寺和尚・茂留味里大屋子相加龍専泉寺令渡海之間、不能重翰而已、恐惶不宣、

日本天正廿年

初秋廿六日　修理大夫義久

進上琉球国　中山王

すなわち、この義久の書は冒頭から、秀吉にたいする進物も粗薄におよび、また国役・献銀の負担要求に応じていないことで外聞実儀を失った、とこれまでの琉球側の非を責めることから始まり、そしてこれに対する豊臣政権の対

応について触れている。「抑貴国當邦往古已来膠漆之約、于今不易之条、別而令擔荷之處、咎落伏空帰帆之趣等、細川幽斎・石田三成、以　上意依被仰理、今更不及拘留歎惋有餘也」という部分がそれであるが、文意は、琉球とは往古以来膠漆の盟約関係にあり、琉球側にそれを維持すべき責務があるにもかかわらず、咎罪の明らかとなるところとなり、秀吉の上意により細川幽斎や石田三成等よって空しく帰帆を促されたことの「歎惋」（驚きと嘆き）ははかり知れないものがある、となるであろう。この文意の通りだとすれば、建善寺僧らを中心とする琉球の使者にたいしては、秀吉政権側は強硬な姿勢でもって臨んだことになる。書中の後続部分は、明国・南蛮の秀吉にたいする「公務」の具体化は目前にあり、朝鮮国で万が一抗戦する者があれば刑伐を加えたので、近洲遠島も服属を表明しないところはないとし、琉球も速やかに心底を改め、豊臣政権の帷幄の内に入れば「康寧之始末」が保障されるであろう、としている。こうした恫喝が秀吉政権の意をうけたものであったとするならば、この書は琉球の態度如何によってはあらたな事態の展開を示唆するものといえよう。一五九三年（文禄二）十二月の琉球国王宛義久の書状案に「因茲貴邦軍役之事、任天下之命、去〻歳以使札致演説處、過半調達珍重〻〻」[55]とあるように、その後琉球側では島津氏によって課された軍役の過半を調達したことがわかるが、それは朝鮮に対する軍事行動が現実に展開をみていたが故に、七月二十一日付書状が琉球側にも緊迫感をもって受け止められたとする考えもあながち成り立たないとはいえまい。

むすび

以上、豊臣政権による島津氏を介しての琉球政策を実証的に跡づけながら、ここでは次のようなことを明らかにした。まず第一に、豊臣政権による琉球にたいする聘問要求は、非公式には島津氏の制圧後の早い時期になされた可能性がある。ただし、公然とした服属要求は、琉球問題を海賊停止令＝勘合政策との関連で捉え、同令の出された一五八八年（天正十六）の初秋＝七月とする藤木久志の説が傾聴に値すると考える。

第二に、琉球国側が豊臣政権の要求に応えるかたちで使者桃菴らを京都の秀吉のもとに派遣したのは、天正十七年の初秋に入ってからで、八月鹿児島出立、九月に入洛したと見られる。すなわち、ほぼ一年後に秀吉の要求はかなえられたことになるが、ただその間の斡旋にあたった島津義久にサボタージュ行為が看取できた点が注目される。そのような義久の反統一政権的な対応は、琉球問題に限らず他の豊臣政権が打ち出す基本施策や課役の実現要求にたいしてもうかがわれたのであり、豊臣政権としては義久との従属関係を打ち固めない限り、琉球国の服属を実体あるものにすることは困難な状況にあったといってよいであろう。

第三に、琉球国の服属の実体化がはかられたのはまぎれもなく唐入りを通してであった。東国平定後大きな焦点となった琉球の奉賀使派遣問題は、紆余曲折を経ながら琉球側より建善寺ら使僧の派遣があり、形式的には豊臣政権の要求が実現されたかたちとなった。しかし、進物をめぐるトラブルは最終的にその琉球への不信感を増幅させることにつながったものとみられる。豊臣政権は唐入りの過程で、そうした琉球に他大名と同様に単独で軍役を負わせることをせず、島津氏の「与力」に付し、そのもとで軍役の実現を命じた。すなわち、琉球はあくまでも島津氏の属下にあることを認識させたのである。いっぽうこれによって反統一政権的意識の強い島津義久は、自らの軍役を実現するために必然的に琉球に強くそのことを要求しなければならない構図となった。こうして唐入りを通じて、豊臣政権はつとに求めつづけた畿内同前体制を島津領内に貫き、琉球にまで及ぼしていったのである。

本章で述べてきたことは以上の通りであるが、このように見てくると、結論としては、三鬼清一郎がいうように、「辺境」の琉球国は蝦夷地とともに「朝鮮出兵の過程において、実質的に豊臣政権の版図に編入されていった(56)」ことになる。しかしここではこうした結論には立たない。たしかに琉球国の軍役履行はその豊臣政権への包摂として考えることが可能であろう。だが、琉球国は、慶長の朝鮮出兵に際しては軍役の負担を拒否しており、それを実現するための石高制とそれを機能させるための経済外的強制力は他の大名領国と同然ではなかったことをものがたる。また琉球国は豊臣政権の朝鮮出兵をめぐる情報を明国や朝鮮国に通報しつづけており、この点でも他の大名領主とは同列には論じられない側面がある。豊臣政権と琉球との関係はなおルーズな段階にあったといってよいであろう。

注

（1）詳しくは北島万次『豊臣政権の対外認識と朝鮮侵略』（校倉書房、一九九〇年）の第一章「豊臣政権の朝鮮侵略に関する学説史的検討」を参照されたい。

（2）勘合については田中健夫「勘合符・勘合印・勘合貿易」（『日本歴史』三九二、一九八一年のち同『対外関係と文化交流』〈思文閣出版、一九八二年〉に収録）

（3）藤木久志「豊臣平和令と戦国社会」（東京大学出版会、一九八五年）二四七頁。

（4）もっとも藤木説について、北島万次は①海賊取締りについて、明側もそれを望んでいたはずだというが、それは後からつけた一方的な理由である。②海賊取締令への謝詞がないために豊臣政権は十数万の大軍を海外へ派兵させたとみるのは疑問である、③戦争の目的がその経緯によって当初のそれとは大きく変わりうるとみるべきであり、豊臣政権の対明外交の基本路線が勘合復活にあり、それは講話交渉においても一貫していたという主張にはなじめない、と反論している（北島前掲書、二〇〇—〇一頁）。

（5）「旧記雑録後編」巻二三、『鹿児島県史料』二（鹿児島県、一九八一年。以下巻数のみを記す）、五〇四号。

（6）右同、巻二三、二、六〇六号。同史料は日付の「八月十六日」の右肩に編者の「天正十七年歟」と付年号が付されているが、前後の事実関係からして天正一六年のものとみるべきであろう。

（7）藤木前掲書、二三〇頁。

（8）（9）「旧記雑録後編」巻二三、二、五四八号。

(10)(11)　右同巻二四、二、五七一号。

(12)　右同巻二四、二、五七二号。

(13)　右同巻二四、二、五八五号。

(14)　「続善隣国宝記」(『続群書類従』巻八八一)。

(15)　ハワイ大学所蔵。宝令文庫の閲覧にあたってはハワイ大学のDr松井正人、ノートルダム清心女子大学教授横山学両氏に種々の便宜をはかっていただいた。記して謝意を表したい。

(16)　進上物「注文」は次のようになっている。

一金耳盞壱个・同金臺壱个・金太足盞貳个・金八角小足盞貳个・銀八角小足盞貳个・銀酒臺壱个・唐盞箔琢貳个・臺飾隕下居・菓子盆壱對・酒臺下居壱个

一焼酒
一玉貫瓶　貳對
一擔子　壱个
一中央卓　壱對
一石屏　壱个
一食篭　貳對
一玉簾　貳間
一同螺　貳間个
一高菓子盆同干膳　壱束
一果子盆　貳束
一唐盤　貳束
一白布　拾端
一芭蕉布　拾端
一太平布　五百端

右如件

萬曆拾七年仲夏廿有七日

琉球国王

謹上　日本関白殿下

(17) 一八〇二年（享和二）、造士館教授山本正誼によって編纂された漢文編年体の史書。

(18) 鹿児島県、一九四四年。

(19) 「旧記雑録後編」巻二四、二、六一〇号。

(20) 右同、巻二四、二、六〇八号。

(21) 右同、巻二四、二、六二〇号。

(22)(23) 「続善隣国宝記」

(24) 「旧記雑録後編」巻二四、二、五七二号。

(25) 島津義久の反豊臣政権的な性格については、山本博文も島津領国における太閤検地の分析で明らかにしている。詳細は同氏著『幕藩制の成立と近世の国制』（校倉書房、一九九〇年）第二部第二章「豊臣政権期島津氏の蔵入地と軍役体制」および三章「豊臣政権下の島津領国」を参照。

(26) 北島前掲書第四章第一節「豊臣軍役体系への包摂」参照。

(27) 「旧記雑録後編」巻二四、二、五八七号。

(28) 右同巻二五、二、六四三号。

(29) この場合圓覚寺と島津氏との関わりが注目される。すでに一五八四年（天正十二）十二月五日に同寺の禅僧宗長は島津家の家老伊集院忠棟あてに九州平定を祝賀する書を送っていることが「旧記雑録後編」巻一五（一、一四六七号）によって明らかであるが、「上井覚兼日記」は圓覚寺宗長について、「右圓覚寺者、薩州河邊之僧也、然而渡海候て、于今琉へ堪認也」（「旧記雑録後編」巻一六、二、一九号）と記している。宗長は当時琉球王府の外交に深く関わり、また薩摩河辺の出であった点から、特に薩琉間の交渉では重要な役割を演じていたと目される。

(30) 「旧記雑録後編」巻二五、二、六八七号。

(31) 右同巻二五、二、六八八号。
(32) 右同巻二六、二、七七三号。
(33) 右同巻二六、二、七八五号。
(34) 右同巻二六、二、七八六号。
(35) 右同巻二六、二、七八八号。
(36) 西笑承兌については北島前掲書、第三章第一節「朝鮮侵略と禅林僧」を参照。
(37) 北島前掲書第三章第三節「『日輪の子』と『日本は神国』」を参照。
(38)(39) 北島前掲書、第三章第一節参照。
(40) 「旧記雑録後編」巻二六、七九六号。
(41) 右同巻二六、二、七九三号。
(42) 右同巻二六、二、七九七号。
(43) 「島津家文書之二」(『大日本古文書　家わけ第十六』)。
(44) 紙屋敦之『幕藩制国家の琉球支配』(校倉書房、一九九〇年)の第二部第一章「亀井琉球守考」を参照。
(45) 「旧記雑録後編」巻二七、二、八一五号。
(46) 森山恒雄『豊臣氏九州蔵入地の研究』(吉川弘文館、一九八三年)第二章第三節「薩摩旧出水島津領の蔵入地」を参照。
(47) 「旧記雑録後編」、巻二七、八一五号。
(48) 右同巻二七、二、八四二号。
(49) この点が認められるには、他にも例が求められねばならないが、「豊臣」の印が押された一五九三年(文禄二)十一月五日付の高山国宛文書が前田尊経閣文庫に蔵されていることについて、荻野三七彦は「豊臣」の印が不完全であることに注目し、次のような類推を行っている。「承兌によってこの文書が作成されたのち、最後に捺印して秀吉にみせたところ、秀吉はその印のおし方が悪いといって、文書の再度の作成を命じ、改めて今度は捺印も正確に、入念におこなわしめて、それを先方へ遣したということである。対外文書ともなれば、それ相応の慎重さがそこにあったものと思われる」(「秀吉の『豊臣』印をめぐる諸問題」〈『歴史手帖』四巻六号、一九七六年〉、のち『古文書研究—方法と課題—』〈名著出版、一九八二年〉)。秀吉の対外文書に対する姿勢を考えるうえで、無視できない解釈といえよう。

(50)「旧記雑録後編」巻二七、二、八五一号。

(51)右同巻二七、二、八四五号。

(52)今井林太郎『石田三成』(人物叢書、吉川弘文館、一九六一年)四六頁。

(53)梅北一揆については紙屋敦之「梅北一揆の歴史的意義―朝鮮出兵時における一反乱」(『日本史研究』第一五七号、一九七五年)。

(54)「旧記雑録後編」巻二八、二、九三四号。

(55)右同巻三一、二、一二四九号。

(56)三鬼清一郎「太閤検地と朝鮮出兵」(『岩波講座　日本歴史』9　近世1、岩波書店、一九七五年)。

第二章　豊臣政権の朝鮮出兵と琉球国

はじめに

豊臣政権による朝鮮出兵は失敗に帰したとはいえ、明国とその朝貢国である朝鮮および琉球との関係に影響を与えないわけにはいかなかった。豊臣政権による朝鮮出兵を精力的に追究してきた北島万治は、すでに壬辰の倭乱（文禄の役）期における宗主国の明国と宗属国朝鮮国との関係に焦点を据え、有事の際の冊封関係のあり方に論及している(1)。

豊臣政権による朝鮮出兵が東アジア的規模でどのような変動をもたらしたのか、という見通しを持つことは、次の徳川政権によって打ち固められた幕藩制国家の構造的な特質を考える上できわめて重要なことである。琉球国は朝鮮国のように、豊臣政権によって直接軍事的な侵略を受けなかったものの、やはり明国とは宗属関係にあって、軍事的な威嚇を背景として軍役負担を強いられたという点で、朝鮮国同様に冊封制下の矛盾を抱え持つことを余儀なくされたと思われる。本章では、北島の視点に学びつつ、戦役前後における琉球国と明国との外交関係を検討してみたいと思う。

第一節　朝鮮出兵前後をめぐる琉球国の動向

島津義久が直林寺僧を派遣して、秀吉のもとへ関東平定祝儀の「紋船」派遣要求がなされた一五九一年（天正十九）の春、琉球国では正議大夫鄭禮と使者馬良弼を明に派遣している。(2) 尚永王の訃を伝えるのが遣使の目的であったが、鄭禮らが、豊臣政権による琉球国に対する圧迫が次第に強まりつつある状況などを含めて、秀吉の朝鮮・明をうかがう動きなどを具体的に報告におよんだ様子は、「巡撫福建奏して称すらく。琉球貢使、預て倭警を報ず(3)」という『神宗実録』の記事からうかがえる。そしてそれが明国に緊張感をもたらし、一定の対応を促したことは、「法當して之を水に禦し、岸に登らしむ勿かれ。姦徒を拘引し、法當して之を内に防ぎ、間に乗ぜしむ勿かれ。歳済辺の銀両を解き、乞らくは存留せしめ、水寨将領を推補すべし。宜しく慎選を為し、戦艦を増すに至り、水軍を募り、式廓を斉え、陸営を添えて皆く制勝の機と為し、足て先事の備えと為すべし(4)」とする福建巡撫の海防強化の題奏に対し、「部覆す。之に従う(5)」とあるように、礼部の覆奏を明の神宗も受け容れている点から明らかである。同じ様なことは次の大学士許国らの題奏からも理解できる。(6)

大学士許国等題す。昨に折江・福建撫臣共の報を得るに、日本の倭奴琉球を招誘して入犯せんと。蓋し頃年達虜北に猖獗し、番戎西に蠢動し、緬夷南に侵擾して未だ大創を経ざるに縁り、以って島に寇を致さんとするの心を生じ、間に乗じて竊に発う。（以下略）

すなわち、許は日本が琉球を招誘して入犯せんとするは、明国が周辺諸民族の擾乱の機をついてのこと、と題している。明は一五五〇年（嘉靖二十九）以来タタール軍の侵入をうけ、一五七〇年（隆慶四）に和議が成立したが、一五九二年（万暦二十）には寧夏の勃拝の反乱にみまわれており(7)、そうした周辺民族の圧迫をうけている状況のなかで、秀吉の朝鮮国および琉球国への軍事的圧力が、また明国に一層の緊張をもたらしたのである。

『神宗実録』には「禮部題す。朝鮮倭奴の馨息を供報す。琉球の報ずる所と相同じ。宜しく奨賞激勧すべしと。之に従う。(8)」とあり、朝鮮側からもたらされた情報と琉球側のそれと相符合したことにより、明国では国防への関心が高まっていったことがわかる。福建では撫臣の趙参魯によって、これまで減設された海船ならびに官兵の増設等が奏され、明帝がこれを認めているのもその表れとみてよいであろう。(9)

もっとも趙参魯を動かしたのは琉球国の情報だけではなかった。『両朝平攘録』によれば、福建同安県の海商陳申による奏報があったことがわかる。陳申は一五八八年（万暦十六）にたまたま病をえて琉球に寄寓し、帰国の時期をうかがっている時に秀吉の朝鮮出兵の動きを察知した。陳申は日本軍が九一年三月に明国に入冦を企図し、北京から入る者は朝鮮人を先導者としていること、福建や南直隷から入冦する者は唐人を先導者として、その数は数は二〇〇〇人を数えることなどを、九〇年（万暦十八、天正十八）十一月二十五日に琉球に来航した日本船より聞いたとする。(10)事態の急なることを自国に通報しようとした陳は、琉球国長史鄭迵とはかり、琉球側より小船の提供をうけて福建にいたったのである。(11)また、島津氏の侍医として薩摩に滞留中の許儀後が朱均王らに情報を託したことは、これまでの研究が『敬和堂集』・『全浙兵制考・付録近報倭警』などによって明らかにする通りである。(12)

いっぽう王位が空位になった琉球国にたいしては、世子尚寧の請封を促して積極的に王位を埋めようとしている点も注目される。この点について『明史』には「礼官、日本の隣境を侵噬するに、琉球に王無かる可からざるを以て、乞らくは、『世子をして、速かに封を襲がんことを請わ令め、用て鎮圧に資せんことをと』之に従う。(13)」と記され、また『中山世譜』にはやや詳しく次のようにある。(14)

十九年辛卯春。遣二正議大夫鄭禮。使者馬良臣等一。奉レ表入貢。始以二尚永王訃一告。並言。国方多事。未レ暇レ請レ封。禮部咨言。父王既薨。宜下速請二襲爵一。鎮中圧国人上。毋下以地方多事一。為上レ辞。

すなわち、琉球国では国内の多事を理由にあえて尚寧の請封を行わなかったのに対し、明では琉球の国内統治と日本の侵略に備えさせる思惑から、世子尚寧の冊封を速やかに挙行しようとしていたのである。

明国はこうして琉球国に藩屏国としての体制整備を急がせるいっぽうでは、倭情探索を促している。鄭禮らは帰国にあたり、「務めて用心して的実の情由査探するを要す」(15)との礼部の咨文をうけ、琉球国ではこれに応えて島津氏領隣境の北山地方において情報の収集にあたったことが、一五九二年(万暦二十)九月二十三日付けの尚寧の執照文によってわかる。それには次のようにある。(16)

(前略)即ち方外所属の北山地方に行きて、査得したるに声聞すらく、関白は自ら王たりて、船万隻を造り、倭国六十六州に盤糧を分備し、各々船隻に駕して、限るに本年初冬をもってして、路、朝鮮国を経て、大明に入犯するの事情あり。飛報せらる。これがために、先ず使者守達魯、冠帯舎人梁守徳、火長鄭思存等を遣わし、咨文一道を齎棒し、水梢一十五名を率領し、小船一隻に坐駕して、前来して通報せしむ。(以下略)

すなわち、関白秀吉が大量の船隻と兵糧を整え、朝鮮を経て明国に入犯するためにこの年の冬に軍事行動に出るとする情報を使者守達魯らをして報じさせている。この執照文で報じられている内容そのものは、情報としては必ずしも価値をもっていたということにはならない。なぜならば、すでに四月には小西行長らの軍勢が釜山浦に上陸し、日本軍の朝鮮半島内陸部への進攻がすすむ六月の初めには、朝鮮が日本に与して征明嚮導するとの流言の真偽を確かめるために、明では遼東鎮撫使林世禄・崔世臣らに平壌の状況を探索させるなどの対応を示しているからである。(17)しかし執照文によれば、鄭禮らが帰国したのは同じく六月のことであるから、北山地域での情報収集後の遣使であったとすれば、琉球側の対応は比較的順当になされたといってよいであろう。

琉球側のもたらした情報が明国側にどの程度の衝撃を与えたかは詳細ではないが、翌一五九三年（万暦二十一）に錦衣衛指揮史世用ならびに海商の許豫らを倭情探索のために日本に潜入せしめている点は注目してよいであろう。『神宗実録』万暦二十二年五月癸未の条には「是より先、尚書石星、指揮史世用等を遣わし、日本に往きて倭情を偵探せしむ。世用同安海商許豫と偕に往く。年逾えて、豫始めて帰り、福建巡撫許孚遠に報ず。豫の夥商張一学・張一治、亦た随いて続報す。[18]」とある。すなわち、兵部尚書の石星の命を受けて倭情探索にあたることになった両人の内、許豫とその海商仲間は相次いで翌九四年に福建巡撫許孚遠に情報をもたらしたことがわかる。[19]いっぽう史世用の方は、『歴代宝案』によれば、日本を脱して帰国の中途で遭難、薩摩に数カ月滞在の後、琉球船の便を得て琉球に着したところ、尚寧王が使者于灞を添えて十二月には帰国せしめている。[20]

周知のように一五九三年四月の小西行長と明将沈惟敬との間に和議が成立して以来、この間は休戦期間にあたる。しかし、明国側としては日本の動向に警戒の念を解かず、こうして情報探索が続けられ、他方琉球国はこれに積極的に協力をしていたことがわかる。[21]そしてまた、この間の琉球側の動きとして見落とせないのは、島津氏が軍役負担の継続を要求してきたのに対してこれを拒否し、かわって明国へ尚寧の冊封挙行が求められていることである。すなわちまず前者については、九三年（文禄二）十二月、島津義久は尚寧宛ての書状で、琉球国が軍役の過半を調達してきたことに対し、「珎重〻〻」と喜色を表しつつ、次のように述べている。「抑彼干戈之儀、従大明和睦之媒介依懇望、諸兵雖及帰朝、於九州衆者可為在番旨、堅被儀定訖、然則者薩隅琉球以一致、陣中之用意専要之段、重畳下知之趣不軽間、今一廉之以御賢慮、永々連綿和通之儀、庶幾者也[22]」。つまり明国との間に和睦が成立したことにより、諸兵は帰朝となったが、九州勢は在番するようになった。薩摩・大隅・琉球は一致して陣中の用意が肝要とする秀吉の重ねての下知を重んじ、今一廉の賢慮をというのである。つまりこの書状は、琉球国が九州同然たることをあらためて認識させようとしたものであったといえよう。ところが、これにたいして尚寧王は、翌九四年六月十日付で、「今度可申付之処ニ、国家衰末之上、急度其調難成之条、如此之次第候」[23]と、国力の衰微を理由に、再度の軍役負担には応じかねる旨の書を送っていたのである。

いっぽう尚寧の冊封の要請は史世用の護送に際して于灞に託されている。[24]この時の執照文の日付は十月十一日、つまり島津氏宛に再度の軍役負担を断る旨の書を起草してから四ヶ月後のことである。尚寧はすでにこれより二年前の一五九一年（万暦十九）に鄭禮を使者として王位の襲封を認めさせていたものの、その間に冊封を乞うことをしていない。それは明らかに文禄の役がそれを許さない状況をつくり出していたからであったといってよいであろう。とするならば、こうして冊封が正式に要請されたということは、明国との間に休戦が成立したことと関係があると思われる。そしてそれは島津氏の軍役の完全履行要求の拒否についても同じようなことがいえるであろう。つまり、一五九三年四月の日明間の休戦成立を契機にして、琉球国側は日本の豊臣政権とは距離を取り、むしろ旧のごとく明国との冊封関係の強化をはかっていったと見ることもできよう。

第二節　領封論と頒封論

琉球国が島津氏の軍役の継続履行を拒否したことと、冊封の要請とは決して無関係ではあるまい。たとえ兵粮米の調達のみに限定されたものであっても、日本の軍事行動を側面から支えつつ、一方で明国と冊封関係を取り結ぶことが信義上許されないことは琉球国は十分承知していたと思われるからである。『神宗実録』は「琉球国使者于灞等、世子尚寧の為に請封す。琉球故世正朔を奉ず。関白擾害し之れを臣とせんと欲するに自り、世子屈せず。故に于灞等来たりて封を乞う。閩撫臣許浮遠代わりて請を為す。」[25]と、琉球の藩屏国としての信義が考慮されてはじめて閩撫臣許浮遠の代請となっていることを伝えているが、また『歴代宝案』の、領封の是非について議定した福建布政司の琉球国あての咨文では、琉球側が明国の信をいかにとり繋ごうとしていたかがやや詳細に示されている。その中の許浮遠題奏によれば、琉球の使者于灞らは次のようなことを述べたとされている。[26]

(1)　琉球国は近年天災のために国用も足りず、また関白のために擾害を被った。

(2)　万暦十九年（一五九一）に関白は人を派遣して金の進貢を求めてきたため、翌二十年に世子尚寧は僧天竜寺を遣わし、白金二〇〇両と芭蕉布等のものを送った。

(3)　関白は琉球の北山地方を平討して兵を駐屯せしめようとし、天竜寺僧に銀四〇〇塊を送って尚寧への仲介を依頼した。しかし、倭使をともなって帰国した僧に国王は拝謁を許さず、託された賄を費消してしまった僧は自害を遂げた。倭使の知らせを受けた関白は、琉球が北山割譲の意志が無いのに銀を受け取ったとして、利を添えての返還を要求してきたため、国王はこれを償還した。

(4)　万暦二十一年、琉球国は僧建善寺を関白のもとに遣わしたが、関白はその僧を留めたまま倭使新納伊勢守を琉球に遣わし、兵一万人の三年間分の糧食を調達し、朝鮮へ回送するよう命じた。

(5)　万暦二十二年二月に国王は関白のもとに使僧を遣わし、民の窮迫、国の小国なることを告げて、その要求を断ったが、関白に生子の祝賀などがあって今十月（万暦二十三年）に至るまで使僧よりの回信がない。

(6)　中山王の世子は貢を中国に納めながら、一方で関白に臣と称するのを恥辱とするものである。乞らくは加封を請け、明国への効順の沈《まこと》を固くしたい。

いっぽう史世用の上呈文というものは、関白が琉球国の北山地域に兵を駐屯せしめようとする経略があるにもかかわらず、関白に臣事することを拒んでいること、これまであえて封を乞わなかったのは封王使一行の費用の負担に耐え得ないためであり、とくに連年関白のために擾害され、国力の衰微、民の困窮は著しきことによる、などと指摘し、海船に慣れた者数人を封王使に仕立て、琉球国の進貢使とともに詔勅を帯回せしめてでも尚寧の加封が必要であることを説いている(27)。

これら両者の上呈文の内容については、事実関係において明らかな誤りと思われる部分や不明な部分がある。たとえば、于灞の呈文といわれるものについていえば、琉球国が天竜寺僧を秀吉のもとに送ったのは明の万暦二十年ではなくて同十七年のことであり、同じく建善寺を派遣したのは同二十一年ではなく前年の二十年のことである。また秀吉が天竜寺僧に銀四〇〇塊を送って北山地域の割譲を画策させたという点について、史世用も天竜寺への画策ということを除いて同様なことについて触れているが、この件については琉球および日本側の史料からは確認できない。そして何よりも于灞の呈文の(5)の要約の通りだとすれば、琉球国は秀吉の軍役負担の要求について、その「過半」を履行したことを伏せ、明国に対する藩屏国としての義を貫いたことを繕っていたことが明らかとなる。

しかしこれらの個々の事柄が事実であるかどうかは今は問わない。むしろここでは、これら両者の呈文をうけた福建地方都察院右僉都御史許浮遠らの題奏が神宗を動かし、福建布政司よりの領封の咨文が琉球国宛に下されることに注目したいのである。許は封王使派遣のために巨艦の造作の困難性、海上航行の危険性、琉球側の封王使滞留費用の窮乏などを理由として、使臣一員に勅書を託し、福建において琉球の使者に対面して領収せしめるか(領封)、そうでなければ武官一員を琉球に派遣するか(頒封)のいずれかの途を取るのが得策であろう、と上奏し、神宗はこの儀を礼部に諮っている(28)。いっぽうこれを受けた礼部は、長期的には前者の途を取るのが上策とし、後者については、武職を遣わすことは、「万一不測あれば国体を損する所小ならず」「一武職を遣せば、恐らくは多事に及ばん」「君命を辱かしめざること、また難し」などとして、これを退けている。咨文によれば先臣鄭暁、翰林院学士氾謙らも同様な意見を具していたことがわかり(29)、こうして明廷では大勢としては福建における領封説に傾いていったことが明らかである。

ところが、その後、福建においてこの琉球使臣に勅書を託するという領封策も容易に具体化されなかったようである。一五九六年（万暦二十四）には進貢使として琉球より金仕暦等が派遣されているが(30)、これに明国側より勅書が託されることは行われていない。そして、翌九七年一月に再び秀吉の朝鮮に対する侵略が再開されると、勅書を琉球の使者に託すべきか、それとも冊封使を派遣すべきかという、いわゆる領封論・頒封論(31)が明廷でまた新たな論議をよぶことになっていったのであった。

ちなみに、琉球国では秀吉軍による朝鮮の再侵略にともない、明国に対し、翌九八年四月には、三月二十二日付の偵察情報として、関白が博多に人力を集結して糧米を搬送し、大明入寇を企てていることを通報(32)、また同じ年の十月には、秀吉死去の報をもたらしている(33)。しかし、この間、尚寧封王の件はしばらく琉明間の外交案件からはずされ、それが再度問題となったのは、日朝間に講和の途が模索されはじめた一五九九年（万暦二十七）のことであった。すなわちその年、鄭道が入貢して尚寧に対する封爵が求められたことにより(34)、明国では新たな論議が醸されることになる。

鄭道より出された琉球国側の要求に対し、明の礼官余継登はこれまでの許浮遠らの議するところに従って処置すべきことを上奏、これを請けた神宗は、今後の冊封にあたっては「廉勇なる武臣」一人を遣わすこと、勅使の派遣は琉球国の「大臣」の結状(35)のいたることを待って行うことなどを命じた(36)。これまで福建において勅書を琉球使者に託するという議論が大勢を占めていたことを明らかにしたが、この段階で、明廷の方針に変化が生じていたことを知り得る。

その背景には、おそらく琉球国側の勅使派遣に対する強い要求があったためと目される。しかし、勅使がこれまでの例と相違し、文官でなく武官の派遣が意図されたことは、当然その後の琉明間の大きな外交上の論点となっていった。当時明廷内において、琉球封王使として武官を派遣すべきとする主張の根拠は、いうまでもなく航行上の保安にあった。つまり、日明間の戦闘の再開がこの件に大きな影を落としていたのであったが、琉球国にとっては、明国の主張をそのまま受け容れるには問題が残った。封王使に武官が当てられるということは、頒封を受ける者が「虜王」、つまり敵対関係にあって虜囚の身となった王に位置づけられることになるからである。神宗の下命に対しては、礼部の朱国祚が勅使は旧例に照らして文官を派遣するよう覆奏[37]していたのもこのことを顧慮してのことであったと目される。かくして鄭道の報告を受けた尚寧は、一六〇一年（万暦二十九）には、入貢の使者蔡奎を通じて文官の派遣を要請するにいたる。その要旨を同年の礼部より琉球国に宛てられた咨文によって示すと次のようになる[38]。

（前略）いま顓ら長史蔡奎等を遣わし、聖明を冒瀆するに、微臣歴代の忠順、一心の向化を垂照して、乞うらくは会典に准じ、文臣を賜差して、勅もて皮弁冠服等の件を頒てば、臣まさに海邦の人心を鎮服するを得、四夷天威凜仰し、臣感激感戴せん。もし改めて武臣を差わせば、臣聞く、吉事には文を尚び、凶事には武を用うと。恐らくは、臣が所属の山頭、まさに臣罪ありて討を受くるを疑い、終に梗逆して服せざれば、すなわち臣、上は祖宗の典章を墜とし、下は子孫の憲度を壊ち、中山寧日の長きをなすこと能わざるなり。（後略）

すなわち、これまでの例と異なり、武臣の派遣となれば、臣下の者達は国王に罪があって征討を受けることになったことを疑い、離反する者も現れる、そのようになれば、上は祖宗以来の典制を失墜させ、下々の守るべき規範は壊れて、琉球国の安寧を長きにわたって保つことはできない、としている。琉球国が文臣の封王使にこだわった理由はほぼここに尽くされているといえよう。同咨文に、先に武臣派遣の咨文を帯回した鄭道は重罪に処したとあるから、この問題は琉球国にとっては大きな政治案件となっていたことが推測できる。この点について、いまやや穿った見方をすれば、秀吉の死、そしてそれを契機として日明間の戦争が収束に向かう中で、琉球国は明国との冊封関係を改めて打ち固めることを図ったといえる。豊臣政権の成立後、秀吉のもとへの入貢、そして朝鮮出兵の軍役負担へと、日本への実質的従属化を余儀なくされていくなかで、琉球国内に政治的動揺が広がっていったことは客観的にみて考えられる。金城正篤によれば、一五五七年（弘治三）、琉球国王尚元は倭寇の跳梁を理由に、使者蔡廷会等に領封を申し入れさせている[39]。海上航行の危険という点では同様な状況にありながら、明廷の領封論を受け容れず、頒封論にこだわった背景として王府内部の動揺ということ以外には考えられない。そうした危機的状況を克服するためには明国勅使による封王の儀礼が強く要求された。「頒封制度は、民衆の経済的負担において演じられた一世一代のセレモニーであり、国王と王府政治の権威を正当化し、誇示する一大イベント[40]」であった。しかし、それが武官の派遣となっては意味は違ってくる。これまでの豊臣政権との関係が明国によって敵対行為として責めを受け、「虜王」の国と位置づけられたことを内外に認識させることになるからである。尚寧王が文官の勅使派遣に固執したのは以上のような脈絡で理解できる。

第三節　熊普達事件

ともあれ、こうした尚寧の強い要求に押されて、明国では冊封使として文官の給事中洪瞻祖と行人王士禎の派遣を決定するにいたった。しかし、洪は海上航行の危険性を主張して出航を渋るうち死去し、正使は夏子陽に替わった[41]。洪が琉球渡航を躊躇したのには熊普達らの事件が絡んでいたのではないかと思われる。一六〇一年（万暦二十九）十一月二十二日付の明国礼部より琉球国に宛てられた咨文によれば、それは熊普達ほか二〇人ほどの琉球人の一団が浙江省の近海で漁船三隻を襲撃したというものである。(42)一団は、これを捕らえようとした明国官兵をも負傷させるなどの抵抗を示した後、浙江巡撫劉元らによって捕らえられたようであるが、彼らが携行していた武器が「真倭刀」であり、またほかに「真倭依」などを携帯していたことなどにより、倭冦とみなされた。熊普達自身は、尋問に答えて、琉球国の官舎で、進貢船の安否を問う探貢の役を帯びて渡明におよんだと釈明していたが、しかし、日本の武具や衣類を帯びていたうえに、明国官兵の追捕に抵抗したこと、琉球国よりの咨文を帯びていないことなどから、倭寇の疑いは解けなかった。明国では、ついに折しも進貢使として渡来中の蔡奎らに対面させ、事実の確認に及んだ。その結果、たしかに熊普達が琉球国の官舎であること、また一団の内一八人が琉球国の者（内一人は拘禁中に病没）で、残り二人が中国人であることが明白となった。結局明当局では熊以下一五人の琉球国人については、彼らが探貢の使者であれば、なぜ海上において明人を劫殺するなどの賊的行為を行ったのか、真正の倭衣や倭刀はどのような経路で得たものか、などのことについて、琉球国で詳細な審理を行って明国に報告することを約させたのであった。(43)

以上が事件のあらましであるが、熊らの行為については確かに明側が疑念をいだいたのにも無理からぬものがある。熊はすでにこれより先の一五九四年（万暦二十二）に于覇とともに史世用の明国護送にあたっており、(44)琉球国において官職を得ていた者であったことは間違いない。いっぽう二人の明人についても、一六〇三年（万暦三十一）かもしくは翌年のものと思われる咨文の内容にうかがうかぎり、林元は福建章州府の者で、看針舵工に雇われていた者のようである。また茅国科の旗手の周明という人物は、林元について倭国で知る林明吾なる者だと証言している。いっぽう病故した黄紐という明人も、林同様に福建章州府の生まれで、一五九五年に、漁をしている洋上で倭人に虜掠された者であったようである。(45)九七年に至って買い主のもとを逃れて琉球国に身を寄せていたところ、進貢使派遣にあたって通事として同船を求められたと自ら述べている。[46]彼等と対面した蔡奎は、林と面識があり、また通事梁順は、ともに病故した黄と琉球人の禿鶏の両人を除いて他の者に面識があるとしている。[47]

熊をはじめとする事件の関係者がこれまでの渡唐船の御用を勤めた者達であったことが推測できるが、このたび彼らが接貢もしくは進貢、探貢の使命を帯びていたかどうかが問題である。しかし、まず『明史』や『明実録』などの中国側の記録、それに『歴代宝案』・『中山世譜』ほか、琉球側の記録にもその渡明に関する記事は認められない。また公的な使節としては構成人数が小規模過ぎるし、明国宛ての咨文を携帯していないことなどから、熊らの渡明は私的な商業行為を目的としたものであったとみてよいであろう。この段階において、明国では一時施行した海禁政策を解除し、東西二洋との通航を認めるにいたっていたが、日本への航行は厳禁されていた。[48]日本市場への唐物の供給事情が悪くなっていた状況から、琉球の中継市場としての比重がたかまっていたことが背景として考えられる。そして渡唐役人や末端の水夫役人などが公的な役船と偽って私的交易団を編成して、渡明におよんだ可能性が高いとすれば、この事件は、秀吉政権の朝鮮出兵期における尚寧政権の動揺を象徴するものといえよう。琉球王府は私貿易の管理統制に力を入れる必要に迫られていたことになるわけである。この点については、今後なお検討を要する問題であるが、たとえば一六〇四年（万暦三十二）琉球国の使者毛鳳儀らによって上程されたとされる奏文中に、次のような出願がなされている点に注目したい。[49]

（前略）万暦三十五年十月内、琉球国差来の謝恩の陪臣王舅毛鳳儀、大夫鄭道、阮国、都通事毛国鼎等、中山王の咨文を呈送するに拠りて称すらく、…（中略）…理としてまさに懇乞して題請し、両院に通行して、引を給して商販し、毎年定むるに一、二隻の船をもって率となし、例として東洋に比して餉に充て、あるいは船隻の往来は、卑国が号引を詳査して、給するに勘合印信をもってし、照回査験すべし。回文印信なければ、すなわちこれ別港に私通するの情弊あり等の因あり（以下略）。

すなわち、明国よりの引（通商許可）の発行、船隻の限定、琉球国よりの勘合符の発行によって私通の情幣を防ぎたいと訴えていたことがわかるのである。これに対しては、冊封使の任を終えて、それぞれ大常寺小卿[50]、光禄寺丞[51]の職についた夏子陽と王士禎は次のように答えている[52]。

これに拠り査得したるに、貴国引を給して通商するは、もとより旧例なし。すなわち聖祖、国初賜うに三十六姓あり、また該国入貢航海するに、風濤測り叵《がた》きため、彼の三十六姓はよく操舟を習知しもって導引をなすのみ。あに興販のために設けんや（以下略）。

この、引の発給を前提とした通商の旧例はない、かつて一五世紀に職能集団として太祖が閩人三十六姓を与えたのも貿易のためではない、とする答えからも明らかなように、毛らの上呈書の趣旨は、琉球国側が潜在的に横行している私貿易を抑制するために、貿易体制の編成を目指したものであったことが理解できるであろう。

ともあれ、熊普達らの一件は明国に右のような琉球国をとりまく状況を憂慮させる大きなファクターとなっていったことは疑えないところであり、またそれはその後の冊封問題をめぐる議論にも大きな影を落としていったことがうかがえる。夏らが琉球へ渡海するにいたったのは、一六〇六年（万暦三十四）になってからのことであるが、明廷ではこの間にやはり冊封のあり方をめぐる議論が沸騰している。たとえば前年の〇五年に福建按察使方元彦・巡撫徐学聚が海上の危険を説いて武臣派遣を上申し、礼部侍郎李廷機は琉球が冊封使に対し、礼節を欠くことによって、明朝が国体の傷、君名の辱めを被るのではないかと恐れて、福建省城にての冊封の実施を主張、いっぽう、御史銭桓・給事中蕭近らは予定通り使者の派遣を決行すべきことを奏している[53]。こうした種々の意見があって、万暦帝は容易に結論を下せない状況にあったが、ようやく〇六年に銭桓らの上奏に沿うかたちで夏らの派遣に踏みきったのであった[54]。

夏子陽らは六月に琉球に到着し、尚寧王の冊封を執行している。

こうして豊臣政権による朝鮮出兵の余波を受けて、ほころびをみせた琉明関係は尚寧の冊封問題が解決して一応維持をみることになっていった。ちなみにまた、毛鳳儀・鄭道らは尚寧冊封に対する謝恩使としてこの年の冬派遣されるのであるが、先の新たな貿易システム確立に関する要求とともに、神宗に対して海路更針にたけた明人、阮国・毛国鼎の二人を琉球国臣籍へ移籍することを願い、後者については許されている(55)。

むすびにかえて

みてきたように、豊臣政権による朝鮮出兵が敢行される中にあって、琉球国はその軍事的動静について、積極的に明国に通報し、対日諜報活動の一端を担っていた。すなわち、明国の藩屏国としての役割をそれなりに演じていたことになる。

しかし、こうして琉球国の宗主国に対する信義は明廷において一応の評価を受けつつも、朝鮮戦役の戦局が第一次出兵から第二次出兵へと推移する中で、冊封をめぐる問題が論議の的になっていった。福建で琉球使者に勅書を託すか、あるいは勅使を琉球に派遣するか、頒封を行うにしても勅使を文官とするのか武官とするか、という議論の沸騰はまさに朝鮮半島の軍事的緊張がもたらしたものであった。

そのような明廷の冊封論議に油を注いだのはほかならぬ熊普達らの倭冦的行為である。この一件はなお不明な部分が多いが、東アジア情勢の混乱期に琉球官人らの私的な交易活動の展開がみられ、琉球王府にはそれに対する統制力を失っていたことを想定せしめる。いずれにせよ熊普達らの事件によって明廷では日本の倭冦勢力と琉球使臣との関係について疑惑を一層深めていったのである。

そうした中にあって、結局万暦帝によって琉球国の文官勅使の派遣要求が受け容れられ、旧来の慣行通り、文官の夏子陽らの派遣をみたのが注目されるところであった。琉球は武官勅使忌避の理由として、王権に瑕疵が生じ、民心が離反することをあげているが、このことは、裏をかえせばこの時期やはり内政外交をめぐって王府内部に動揺が生じていたことを想定せしめよう。万暦帝の結論は、そうした琉球国の動揺を抑え、日本に対する藩屏としての役を担わせるべきだとする意見に動かされた結果であろう。

ちなみにこのように明国との冊封関係がうち固められたこの前後、琉球ではまた朝鮮国との関係確認がなされている。すなわち一六〇〇年（万暦二十八）には、秀吉の死を報ずる書を使者の鄭道に託し、朝鮮の使者に手交せしめているが(56)、その後一〇年（万暦三十八）使毛鳳儀らの派遣に際し、やはり次のように国書を朝鮮国に届けさせている(57)。

（丙午）三十九年夏四月、琉球国中山王の世子尚寧は咨を移し以聞す、厚儀の事を申酬するか為め也、其咨に曰く、関酋は逆を肆にし神人共に憤り、天は驕虜を亡し海宇騰歓す、矧や今ま大朝は神武大に振ひ貴国の威霊更に張り、則ち余壁は既に勦滅を行ふ、凡そ爾ぢ醜虜は喪魄落膽せざるは莫し、日後豈復た匪茹の関酋の如き有らんや、間ま或は逆萌せば敝国の職は藩封に在り誼として　友邦に属す、自ら将に猷念し共に分つて遥偵豫探し、馳せて天朝に奏し転じて　左右に以聞す可し、幸に遠慮する無かれ、（後略）

すなわち、今後関白の如き者が現れた場合、ともに封藩として、相互に情報を蒐集し、明国に呈奏し合うことを提案している。これに対し、朝鮮国も交誼を深めることに同意する旨の書を尚寧宛に送っていることが、『歴代宝案』中に確認できる(58)。

このようにみてくると、琉球国の明・朝鮮国との通交関係は、まがりなりにも朝鮮戦役後ほぼ一〇年にして旧状を回復することになったということができる。しかし、宗主国明国の琉球に対する意識が戦役以前の状況と変わりがなかったかというと、必ずしもそうではない。通商を通じて日本と緊密化している琉球に対して、宗主国明国の疑念は深まりこそすれ消え去ることはなかったのである。それを象徴的に示しているのは、封王使として琉球の現状を目の当たりにした大常寺小卿夏子陽・光禄寺寺丞王士禎らの言であろう。夏と王の両人が、先に琉球国が私貿易の情弊を防ぐための処置を願ったのに答えた咨文では、すでに引用した部分に引き続いて次のように痛烈な琉球批判が展開されている(59)。

それ貴国はもとより貧瘠を称す。すでに物産の貿易を通ずべきなく、また資財の積儲に備うべきなし、それ患《うれ》うるところの者は貧にありといえども、その恃みてもって安きとなすところもまた貧にあり。富国を浮慕するがごときは、議するに通商を欲し名を往来に託す。貴国陰に実に倭夷と市を為し、ただに禁を隳《やぶ》り奸を長ずるのみならず、将来中国の憂を遺さん。窃《ひそかにおもう》に恐るらくは、争奪し釁てを啓けば殺掠これに随わんと。いわゆる寇を延《ひ》きて室に入るるは、また貴国釁保の計たるところにあらざるのみ。あにただ利を失うのみならず害これより大なるはなし。

本寺等、前に貴国にあるの時、適《たまたま》倭船もまた来たりて貿易す。本寺等厳に禁絶を示し、一人も倭夷と交易するを許さざるは、まさにここに見ることあればなり、貴国あに利あるを知り害あるを知らず。目前を急にして後患を顧みざるべけんや。通商の議、断じて開くべからず。すなわち貴国これより前、進貢船回りて夷官往往にして奸徒を夾帯し、潜に日本に販し、口を漂風に藉りるはまた査究してこれを申厳せざるべからざるなり。まさに咨覆を行うべし。（以下略）

すなわち、琉球が明国に通商を欲して往来するところであるが、陰に倭夷と交易するのは禁を破るのみならず、奸徒を長ぜしむることになり、賊を室に引き入れるようなもので、将来中国に憂いを遺すことになる、とする。特に冊封使として帯留中、倭船との交易を実際に見聞したことや、また進貢船が帰国後、関係者が漂着にこと寄せて、奸徒とともに日本と交易を行っているとの指摘は[60]、この頃の琉球国との日本との関係をほぼ的確に把握していたことを示している。こうした彼らの認識は少なからず明廷に一定の共感を広げ、時としてそれは地下から噴出して琉球政策に影響を与えることになる。豊臣政権による朝鮮出兵は宗主国明国と朝貢国琉球との関係をも新たな段階に押し上げていったのである。

注

(1) 北島万次「壬辰倭乱期の朝鮮と明」(荒野・石井・村井編『アジアのなかの日本史』Ⅱ外交と戦争、東京大学出版会、一九九二年)。
(2) 『中山世譜』巻七、尚寧王万暦十九年辛卯条(伊波普猷・東恩納寛惇・横山重編『琉球史料叢書』井上書房、一九六二年)、『神宗実録』万暦十九年十一月辛卯条。
(3)(4)(5) 『神宗実録』万暦十九年八月甲午条。
(6) 右同、万暦十九年七月癸未条。
(7) 岡野昌子「秀吉の朝鮮侵略と中国」(中山八郎教授頌寿記念『明清史論叢』燎原書店、一九七七年)。
(8) 『神宗実録』万暦十九年八月癸未条。
(9) 右同、万暦十九年 八月乙巳条。
(10) 『全浙兵制考・付録近報倭警』。なお松浦章「明代海商と秀吉『入寇大明』の情報」(『末長先生米寿記念献呈論文集　坤』、一九八五年)を参照。
(11) 『両朝平攘録』巻之四。
(12) 許儀後による情報伝達活動については、長節子「朝鮮役における明福建軍門の島津氏工作」(『朝鮮学報』第四二輯、一九六七年)、鄭梁生『明・日関係史の研究』雄山閣、一九八五年)、松浦章前掲論文、管　寧「秀吉の朝鮮侵略と許儀後」(『日本史研究』二一九八号、一九八七年)、三木聰「福建巡撫許孚遠の謀略—豊臣秀吉の『征明』をめぐって—」(『人文科学研究』第四号、高知大学人文学部人文学科、一九九六年)等を参照されたい。とくに松浦論文は豊臣政権の朝鮮出兵前後の明国の情報蒐集活動について日中の史料を駆使して明らかにした労作である。

(13) 「明史」万暦十九年条(野口鐵郎『琉球と中国』に拠る。以下同じ)。

(14) 『中山世譜』巻七、尚寧王万暦十九年条。

(15) 島津領ともっとも近接した奄美諸島をさすのであろう。

(16) 『歴代宝案』第一集抄(『那覇市史』資料編第一巻四、那覇市、一九八六年)、一六六号。

(17) 『李朝宣祖実録』宣祖二十五年六月癸巳条。なお詳細については北島前掲論文参照。

(18) 『神宗実録』万暦二十二年五月癸未条。

(19) 三木前掲論文、外間みどり「万暦中・後期における明の対琉球姿勢の一側面」(『琉大史学』第一五号、琉大史学会、一九八七年)。

(20) 『歴代宝案』第一集抄、一六七号・一六八号・一七〇号。

(21) 明国がこれらの情報にどのような反応を示し、どの程度国防体制を具体化させたかという点については興味ある問題である。岡野昌子は楊広龍の反乱、勃拝の乱への対策に追われていたため、情報を手に入れながら、ほとんど準備する暇もなかったとしているが(岡野前掲論文)、岩生成一は、秀吉が台湾(高山国)の来服を促す書を遣わす一年前にその情報は平戸あたりの明人の間に漏れていた可能性を指摘し、同時に台湾における防備強化の動きをあきらかにしている(岩生「豊臣秀吉の臺灣征伐計畫について」『史学雑誌』第三十八編八号、一九二七年)。今後この点についてはなお具体的な検証が必要かと思われる。

(22) 「旧記雑録後編」巻三二、一一、一二四九号。

(23) 右同巻三二、一一、一二三五号。

(24)(25) 『神宗実録』万暦二十三年五月丙申条。

(26)(27)(28)(29) 「歴代宝案」第一集抄、一七〇号。

(30) 『神宗実録』万暦二十五年十月庚申条。『中山世譜』巻七、尚寧王万暦二十四丙申秋条。

(31) 明代から清代にいたる琉球国の冊封をめぐる頒封論・領封論については金城正篤が「頒封論・領封論—冊封をめぐる議論—」(『琉球・中国交渉史に関するシンポジウム論文集』、一九九六年)で詳細に論じている。

(32)『歴代宝案』第一集抄、一七三号。
(33)右同一七四号
(34)『中山世譜』巻七、尚寧王万暦二十七年己亥春条。
(35)琉球国王が中国の冊封を要請するにあたっては家臣層の同意を示す「結状」が必要とされた。「結状」については豊見山和行の「近世琉球の王府制度に関する一考察―おかず・結状の分析を中心に―」(『沖縄文化研究』第一五号、法政大学、一九八九年)に詳しい。
(36)『神宗実録』万暦二十八年二月丁丑条。「明史」万暦二十八年条。
(37)『中山世譜』巻七、尚寧王万暦二十八年庚子秋条。
(38)『歴代宝案』第一集抄、一七九号。
(39)(40) 金城前掲論文。
(41)『中山世譜』巻七、尚寧王万暦二十八年庚子秋条。『神宗実録』万暦三十年九月戊子条。
(42)『歴代宝案』第一集抄、一七九号。
(43)右同一八二号。
(44)右同一六七号。
(45)(46)(47) 右同一八二号。
(48)外間前掲論文。
(49)『歴代宝案』第一集抄、一八九号。
(50)大(太)常寺は宗廟の祭祀を司った官署名で、少卿はその次官(『中国历史大辞典』〈辽夏金元史〉上海辞书出版社、一九八六年)。
(51)光禄寺は諸所の膳を司った官署名で、寺丞は属官で少卿の次位(『中国历史大辞典』〈辽夏金元史〉)。
(52)『歴代宝案』第一集抄、一八九号。
(53)外間前掲論文。
(54)『中山世譜』巻七、尚寧王万暦三十四年丙午条、『神宗実録』万暦三十三年七月戊寅条。

(55)『中山世譜』巻七、尚寧王万暦三十四年丙午条、『神宗実録』万暦三十五年九月己亥条。
(56)『歴代宝案第一集抄』一七八号。
(57)『国朝寶鑑』巻三二。
(58)『歴代宝案第一集抄』一九六号。
(59)右同一八九号。
(60)夏子陽は、冊封の任を終えて帰国後、琉球において日本の勢力が強く、明国の威信が行き届かなくなった状況を報告している。詳細は小葉田淳「近世初期の琉明関係—征縄役後に於ける—」(『中世南島通交貿易史の研究』〈刀江書院、一九六八年〉附録)を参照されたい。

第三章　徳川政権の成立と琉球国

はじめに

徳川政権の成立にともなって、琉球国と日本の幕藩制国家との関係は新たな段階に入る。すなわち一六〇九年（慶長十四）、島津氏が徳川幕府の了解のもと、琉球国に侵攻する。出兵は、琉球国からの聘問実現にこだわる幕府を、島津忠国以来の「嘉吉附庸」の実体化を強く望む島津氏が押し切るかたちで挙行された。それは徳川政権として前政権の朝鮮出兵後はじめての明国冊封圏への軍事行動を意味するものであった。すでに指摘されているように、徳川政権が対明外交を樹立し、自らを東アジア世界に位置づけることを基本的な外交課題としていたのであるならば、出兵の認可は自家撞着の行為といってよかろう。ここでは琉球出兵にいたる対明交渉過程に焦点を当てて、この点を検討する。

第一節　対明交渉の模索

関ヶ原の役で徳川氏の政治的覇権が確立されると、その琉球政策は勘合復活交渉の一環として展開していくことは周知の事実である。すくなくとも、当時徳川政権に与えられた明国との国交回復の途としては大きくいって三つ存在していたといえよう。すなわち、その第一は明国と直接交渉を開く途であり、第二、第三はそれぞれ朝鮮国、琉球国を介して交渉を行う途である。

　第一の途は現実には文禄・慶長の役後の明国の国家感情の悪化という状況下では客観的にみて困難な状況にあったことが理解されるが、しかし、幕府は全くその途を放棄してしまっていた訳ではない。幕府は島津氏を正面に立てるかたちで直接交渉の途を模索している。すなわち一五九九年（慶長四）には、朝鮮の役に際しての捕虜渭濱（茅国科）および同年三月金軍門よりの島津氏宛の使船に対して海賊行為を働いた明人らの送還によって勘合再開のきっかけをつくり出すことが画策されている[1]。

　渭濱は一五九八年十月の泗川の戦いで人質となり、伏見を経て肥前唐津に拘留されていた明将である。家康がこの渭濱の送致によって日明関係が好転することに期待をかけていた様子は、次の九九年十二月十六日付島津義弘の又八郎（忠恒）宛書状にうかがうことができる[2]。

於高麗泗川被請取候人質ういひん事、最前　内府様被仰出候様ニ、弥薩へ被食下、薩ゟ渡唐仕候て可然之由被仰出候間、近々其表之様ニ可罷下候、且者貴所請取之質人と申、且者大明・日本へ外聞にて候間、薩にて宿以下被入御念、可被仰付候、今程者国元繁多時分ニ候之条、貴所御念入候ハすハ、諸事可為不如意候、巨細之儀者追而可申候、先其元為御心得申候、恐々謹言、

「朱カキ」
「慶長四年」極月十六日　　維新（花押）

又八郎殿

すなわち、渭濱の送還にいたっては家康は以前より島津氏に指示を与えていたことがわかり、義弘にいたってはそ

の取り扱いは大明・日本の外聞にかかわるとの認識のもとに、薩摩における宿所にも気配りを怠らぬよう念を押している。

そして明けて一六〇〇年（慶長五）、いよいよ渭濱が送致される段になって、義弘は一月十九日付けで再び又八郎に次の様な書状を宛てている(3)。

猶〻日本・大明和平之儀者、前代未聞之儀候間、能〻可被入御念候、彼船ニ可乗人衆被相改、可然之様ニ可被仰付候、以上、

遮而令申候、かうらいそてんニおいて被請取候大明人質ういんひん事、當春薩州表ゟ可被為渡唐之由被仰出、則内府様以御下知大明へ被遣之書以下、たい長老被相調候間進入候、加判候て可然候、於様子者本田源右衛門尉へ相含候間、被聞食届、諸事丈夫ニ被仰付尤候、雖不及申候、且者日本・大明之覚、且者公儀ゟ被仰付儀候間、旁以不軽儀共ニ候、能〻可被入御念候、恐々謹言、

「朱カキ」
「慶長五年」正月十九日　　維新（花押）

又八郎殿

これによって大明宛の国書は「たい長老」（西笑承兌）が起草し、島津家の継嗣又八郎（忠恒）が加判する形となったことがわかる。そして日明間の和平の交渉が公儀の意志として「不軽儀」であることを述べ、「猶〻」書きの部分でも明との和平交渉は前代未聞のこととして念を入れるよう繰り返して強調する義弘の姿勢に、また背後の徳川政権がこの一件にいかほどの期待をかけていたかが感じ取られよう。

ところで、渭濱とともに送致されることになった賊難者たちとは、すでに述べたように大明福建金軍門より島津氏

のもとへ差し向けられた使者の一行であった。すなわち、九八年十月、五島へ着船の唐人が伏見滞在中の龍伯（義久）のもとに参向した際、龍伯より「はた」ならびに鑓などを給され、その御礼のために翌年三月に福建金軍門より薩摩へ使者が立てられた。ところが洋上において日本人・唐人合わせて一五〇人ばかりの海賊に襲われ、使船の乗組員二五〇人の内四〇人ばかりが殺害され、他はルソンの外島に放置されるにいたった。その中の二人がルソンの商船に便乗して日本に到り、一人は龍伯に、他の一人は義弘にそれぞれ事の次第を訴えた。この時二人は、奪い取られた唐船が天草の牛深港に着岸しており、船とともに海賊の頭領を捕縛して引き渡してくれるならば金軍門へ日本の海賊禁圧が行き届いている旨を報告する、そうすれば間違いなく唐より商船の通用が行われるようになるであろう、と語った。義弘はこれをそのまま家康に進言したところ、家康も理解を示した。(4) 義弘は「此由内府様へ申上候、凡御合點之様ニ聞え申候、先〻此通為御心得申候」(5) と、忠恒（又八郎）に述べているが、一六〇〇年（慶長五）一月二十七日付で大明総理都指揮茅老耶（茅国器）に宛てられた国書で海賊行為を働いた者が明国に送還されることになっている点からすれば、賊難唐人の訴え通り、間もなく島津氏の手によって事は挙行されたことが考えられる。

さて、明国宛ての国書は、第一条で、太閤の死に触れ、内大臣の家康がその遺命を受けて秀頼の補佐をすることになったこと、質人の四官人を誅殺することなく送還し、両国間は金印勘合をもって往返をはかりたきこと、第二条で「賊徒」一〇人を送致すること、第三条で質人の送還にあたって鳥原宗安（喜右衛門）を副えること、などを記している。しかし、この国書で注目されるのは紙屋敦之も指摘する(6) 第一条目の次のような箇所である。

（前略）因受
　大明皇帝勅言経年月、則今歳来歳者可待之、
　　本邦朝鮮作和平、則到

皇朝亦如前期以
金印勘合可作往返、猶豫而及壬寅年、諸将再可超滄溟、加之、浮兵船於福建浙江、可却縣邑也、夫兵者、雖凶
器有所當用、有所當戢、至可用之時、雖聖人不能以戢、
太閤帰泉下、是可戢之日也、朝鮮變盟約、則是可用之日也、欲作和交両年為限、若暦及壬寅、朝鮮域中可屠国
破家抽誅戮人民、勿噬臍(7)

すなわち、朝鮮と和平を結び、かつ日明両国は旧のごとく金印勘合をもって往返をはかりたいと述べつつも、和交の成立は二年を限度とし、それを過ぎれば福建・浙江に兵を動かし、朝鮮が盟約を違えればその人民を誅戮に及ばん、とする恫喝に満ち満ちた文言が書き連ねられている。この国書の内容が、起草に当たった西笑承兌という外交文書の起草者の国際認識に負うところが大であったとしても、徳川政権の外交姿勢は豊臣政権のそれとほとんど違わないといってよいであろう。

こうした強圧的な国書に明国はどのように反応したか、『明実録』・『明史』などの中国側の史料では明らかではない。しかし鹿児島藩士伊地知季安が編纂した『唐物来由考』(8)によれば、意外にも神宗は島津氏の遣使を喜び、鳥原らを饗応した上、薩摩に年間二艘の貿易船を派遣する約束をしたと伝える。そして実際にその後二唐船が派遣をみている点からすれば、日明間の関係は修復へ向けて一つのステップを踏み出したということができる。ところがその芽生えたばかりの可能性は脆くも潰えてしまう。それは明国派遣船が堺商人伊丹屋助四郎の海賊行為によって洋上で沈められてしまったからである(9)。

伊丹屋は朝鮮出兵軍に従軍して泗川に出店を構え、撤兵後は鹿児島山川に居屋敷を与えられていたが、久方ぶりの唐船来航の情報を得、硫黄島沖においてこれを待ち伏せ、襲撃におよんだのだという(10)。客観的にみて、この事件の

「ははん」人を領内から出し、日明通交の途を封じた当事者として、島津家の当主惟新（義弘）の責任は誰の目にも明らかであった。その狼狽は甚だしいものがあったとみえ、伊丹屋の処分を平田太郎右衛門（増宗）・比志嶋紀伊守（国貞）らに厳しく指示する書を送っているが、ただその中に見える龍伯（義久）批判が気になるところである。書状の全文を掲げると次のようになる[11]。

はゝん人いたミ屋助四郎事、可被行死罪儀定ニ候キ、弥可為其分と存候、併頃者一向無其音問無心元存、為可承如此候、各存之様ニははん御法度之事者、従　内府様依被仰付、我等御使申、已少将殿以墨付ははん可為禁制之旨、大明へ被仰遣候儀と云、出船之刻も不審成様子共聞付候間、竜伯様へも及度ゝ、彼いたミ屋事分明ははん之企仕候由承及候条、出船之儀御堅慮可入通申上候処、竜伯様少将殿を誑候事共、於條ゝ曲事之子細ニ候、ケ様成儀者急ニ被曖候ハて長引候へハ、逃走なと仕無念成儀共多ゝ在之事、是非共早ゝ最前相定如曖、急度可被相果事肝要ニ候、何共依返報可得其意候、恐々謹言、

「朱カキ」
「慶長六年」九月十三日　　維新

平田（増宗）太郎左衛門尉殿
比志嶋（国定）紀伊守殿

まず冒頭の部分で、伊丹屋処分の報が届かないのを義弘が訝り、この書状を平田・比志嶋両人に送ることになったことがわかる。この段階でまだ伊丹屋の処分が挙行をみてなかったことが一つの問題であるが、義弘は家康の意をうけて「ははん」禁制の旨を明に伝える使者の派遣にあたり、伊丹屋に「ははん」の動きがあることを知って龍伯にその出船に「御堅慮」を申し入れたところ、龍伯が忠恒を誑かしたためにこれを阻止できなかった、と述べる。事実関

係があまり具体的でない右の書状のみから即断することははばかられるが、その内容からして龍伯が伊丹屋と深い繋がりをもっていたことが考えられる。この一件に龍伯の直接的な意志が働いていたとは言えないとしても、伊丹屋の「ははん」行為を黙認したとすれば、それにまた徳川政権による対明勘合復活交渉に対して龍伯が微妙な思いを懐いていたことをうかがい知ることができる。すでに述べたように、豊臣政権に対する対応姿勢は島津家の中でも義久と、弟義弘およびその子又八郎（忠恒）との間に相違が見られた。義久は徳川政権に対しても自立性をもって対峙する姿勢を堅持していたといってよいのではあるまいか。

第二節　琉球船奥州漂着問題の意義

ともかくこうして直接明国商船の来航を働きかけ、日明通交開始の糸口を見出そうとした幕府の思惑は断たれてしまった。徳川氏にとって残された途は朝鮮、琉球に仲介を依頼することであったが、朝鮮に対しては徳川氏は、出兵の直接当事者としての豊臣氏にかわる権力であることを意識づけながら、対馬の宗氏を介して同国との国交関係の修復につとめ、一六〇五年（慶長十）には、惟政・孫文彧ら朝鮮使節を伏見城において接見するのに成功した(12)。この後家康より通信使派遣の要請がなされ、いっぽうこれを受けて朝鮮よりは「回答兼刷還使」が一六〇七年に派遣された。こうして事実上朝鮮との国交が成立し、ここに一つの明国との交渉ルートは確保できたことを意味した。しかし同国がやはり日本の侵略を蒙った当事国であったことからして、このルートが徳川氏の所期の目的を達成するために機能するには、客観的に困難な問題が横たわっていた。それにひきかえ、もっとも有望であると思われたのは、すでに豊臣政権によって服属国に位置づけられていた琉球を介しての交渉であったといえよう。

ここで気にかかるのは、朝鮮出兵中の島津氏と尚氏との交渉であるが、それについてはさしづめ次の史料に注目しておきたい。(13)

雖未申通呈一翰、抑幕下於朝鮮国御在番之由、承及候之處ニ、無事ニ御帰国之由珎重ゝゝ、於自今已後御両殿同前ニ可申承外無他、従此邦不腆之方物進献、載于別紙、恐惶不宣、

「慶長二年ニ當ル」
万暦廿五年仲夏廿有七日　琉球国「朱イン」

進上　嶋津又八郎殿

これは琉球国側が島津義弘・又八郎（忠恒）が朝鮮の前線より無事帰国したことを祝う趣旨の書であるが、日付が万暦二十五年（慶長二・一五九七）仲夏（五月）二十七日である点にまず留意したい。義弘が朝鮮の陣中より文禄検地にともなう知行割仕置のため、帰国を許されるのは一五九五年（文禄四）四月で、(14)翌九六年（慶長元）四月、忠恒は島津忠仍・喜入摂津守に義弘の渡鮮と交替して帰国すべき旨を告げている。その後義弘は休戦中の二年ほど在国、そして和議が破れて朝鮮への侵略が再開されると、九七年の三月には船五〇艘をもって朝鮮へ向けて久見崎を発している。(15)そして九八年、秀吉が病に倒れ、朝鮮との和議が進められるなかで、島津義弘とその子又八郎が朝鮮から帰国するのは同年十二月のことである。(16)とすると、この書状が出された時、義弘・又八郎はともに朝鮮在陣中である。この書が出されたのは義弘帰国の報がどこからか入ったからだと解せようが、それにしても琉球側は義弘・又八郎の出兵後の消息を知らなかったことになり、琉球側と島津氏との間の通交がさほどの密度をもったものではなかったという推測が成り立ちうる。これまでの経緯からしてむしろ琉球側に疎略化の傾向があったことが想定されるのである。

そして、これ以後の島津氏との公的な接触を伝えるのは次の発信人の名を欠く琉球国王宛書状の案文である。(17)

芳翰之趣具披覧、殊更護国寺快雄座主・大里大屋子上洛之儀、尤専要〻〻、抑　太閤様去夏以降御不例故、四聡不分明、因茲右之旨趣不能言上、誹笑止之到無是非、雖然石田礼部被遂対談、御進物等到愚宿預置、使節者先以彼命帰国早、蓋随當邦通信、追而可被勤御礼儀、莅其期者弥無猒却、一廉可被備方物事可為肝要、猶委曲両使可有演説者也、将又珎酒一壺・蚕綿二十把・太平布五十端預懇志之段、欣悦不斜、従是茂乍軽少何〻進献之、聊補祝詞而已、不宣恐惶、

この書状について、「旧記雑録」は「義久公譜中左之通朱カキアリ」「慶長三年七月之時分歟　琉球国中山王」の編者注記を付していて、発信人を島津義久、名宛人を琉球国王とし、そして発信年月日は慶長三年（一五九八）七月と推測している。発信年月日については他に手がかりになる史料を欠くため速断はできないが、「抑　太閤様去夏以降御不例故」という文言によれば、秀吉が病魔に倒れた後に、義久より琉球国王に宛てられたものであるとみてよい。周知のように、秀吉は慶長三年の五月五日、端午の拝礼に登城した家康以下の諸大名に伏見城において対面した後、病床に臥し、同年八月十八日にはこの世を去ることになるから(18)、いちおうこの間の書状とみたい。すなわち、秀吉が病臥して後、島津氏にその情報が尚寧のもとに寄せられ、尚寧は義久の指示に従って書状にあるように、護国寺快雄と大里大屋子を見舞いの使者として立てたものとみられる。ただこの時、すでに秀吉の病状が重かったために、直接に取り次ぎはなされず、やむなく進物などは島津氏の宿舎に預かり置かれ、琉球の使者たちは帰国となったようである。

ところで、秀吉の重体に直面し、琉球側でもそれを確認する機会があったとするならば、島津氏がもっとも恐れたのは琉球国の離反であったろう。書簡中で「蓋随當邦通信、追而可被勤御礼儀、莅其期者弥無猒却、一廉可被備方物事可肝要」と、島津氏の通信に従って、豊臣氏に対し礼を尽くし、方物を進めるよう言葉を重ねているのは、やはり

それを危惧してのこととみてよいのではあるまいか。秀吉の死を契機に琉球国の豊臣政権下で設定された島津氏に対する「与力」としての関係が断ち切れることは予期できることであった。

徳川氏の琉球に対する公的な接触は、秀吉が死去して二年後の一六〇〇年（慶長五）奥州伊達領への漂着船送付への介入として始まった。すなわち、家康は琉球漂着船の生存者三九人の送付を伊達・島津両氏に命ずるのであるが、その対応に徳川政権がこの上なく気遣っていた様子が次の〇二年十一月十六日付で島津龍伯（義久）に宛てられた島津忠恒の書状の一節に窺うことができる。(19)

（略）

一伊達（政宗）殿内へより候琉球船、内府様被入御念、彼舟の人数一人も無聊爾やうニ可被送届由、被仰出、伊達殿より江戸迄被送、江戸より當所（大坂）迄陸路を被成御送、本多上州（正純）より図書頭（島津忠長）まで被引渡、懇ニ琉球へ可送届之由、堅為御意被仰上候、関東よりこれまての間ニ聊爾有之而、一人も相果候ハヽ、送之衆琉球人一人の分ニ五人、可被成成敗由、被仰出、遠路を馬ニて被仰付、無㝵儀此方へ被相渡候条、則差下候、如右之為被入御念事ニ候間、無緩やうニ被仰付、琉球へ御遣肝要候事、

（以下略）

すなわち、その年奥州伊達領内に漂着した琉球船の取り扱い一件について、家康は、伊達氏に対して乗組みの者に一人たりとも粗相のないよう江戸まで送付するよう命じている。そして漂流人たちは本多正純を通じて大坂の島津忠長に引き渡されることになったのであるが、江戸より琉球へ護送するにあたって、道中で「聊爾」のことがあって一人でも相果てることがあれば、送り衆の五人を成敗する旨の上意であることを忠恒に伝え、入念にその護送に当たるよう促しているのである。家康としては漂着琉球船を丁重に護送することによって琉球の心証をよくし、国王尚氏が

国交回復交渉に仲介者として積極的に働くことを期待していたといえよう。

この徳川氏の漂着琉球人の送還を契機として徳川・島津両氏と琉球国との関係はあらたな段階に入ったといっても過言ではない。その一端を語るのは次の一六〇三年（慶長八）九月付琉球国王宛の龍伯書状案である。(20)

安国寺随身之一封、當月十七日披見、先以忠恒家督之祝儀仲為遅怠具承置畢、別而貴国之流人以左相府之御哀憐至本国被送之、其報礼遅延不可然、急遣一使以謝恩意之厚、莅其期者可遂馳走者也、此外肥州平戸并領内流来船之儀、細ゝ達先書、茲不及加筆、抑度々如通達、前　太閤公朝鮮国誅罰之刻、中山国役永ゝ於當邦可相務旨就有尊命、度ゝ備徴納、従其已来中絶、雖糾理之無其験于今押移、殊更亀井武蔵守望為球主、既叶其意欲赴渡楫、子聞之、頻依訟属他遁其難、球国之安全者豈非吾計乎、右両条、就中報恩寺帰帆之節、懇令相談處、今度曽無其返答、淵然新仲別条重畳之違変、頗蔑當方故歟、此鬱憤難止、忠恒任若年雖有短慮之企、愚老親往古之約盟種ゝ加助言、敢押留之、彼重真節者争無改先非、委曲者安国寺可為演説、将又到来之方物不違目録領之、自是何ゝ表嘉端（ママ）而已、不宣、恐惶、

「朱カキ」「慶長八年歟」九月　日　　琉球国王

この書は冒頭のくだりからして、琉球国の使者安国寺僧のもたらした書に答えたもののようである。内容はまず忠恒の家督相続（慶長七年）の祝儀、徳川氏への漂着民送還に対する謝礼の遅滞を責めている点からいって、前年の一六〇二年にこれらのことを促す書を送り、いっぽうこれを受けて琉球よりは事態を釈明するためにすでに報恩寺僧が使者として立てられていたことがわかる。〇四年（慶長九）二月の義久の琉球国王宛の書状にも「去年報恩寺帰舟之刻」(21)とあるからこの点は間違いない。

ところで書中で問題にされているのは琉球船の平戸漂着事件である。右の琉球国王宛義久書状によれば、伊達領への漂着事件と相前後して平戸にやはり琉球船が漂着するという事があり、平戸の松浦氏は破船した漂着船を新船に換え、島津氏のもとに送り返そうとしたところ、琉球人船主たちは島津氏の迎船を待たず、しかも松浦・島津両氏に一言の断りもなく帰国におよんだというものである(22)。琉球側にとって伊達領漂着船問題に加えて新たな問題を抱え込むことになっていたのであり、安国寺僧は追いつめられた尚寧が事態収拾のためにあらためて送り出したものとみられる。

いっぽうこの書によれば、また報恩寺僧の帰帆に際して、先の朝鮮出兵の際の軍役負担の不履行の件と、亀井武蔵守の一件を詰問したにもかかわらず、このあと琉球側よりあらたな釈明はなかった様子がうかがえる。これらの点については、先の一六〇四年（慶長九）二月付書状の次のくだりが注目をひく(23)。

（前略）先年新納伊勢守遣使之時、　太閤公之令旨并亀井武蔵（茲矩）守起兵之趣、件〻達之、疑是有遺已乎、去年報恩寺帰舟之刻、直為解群疑、重出　御朱印示之、有演説否、尒来音問不通、怠慢弥多者乎、（以下略）

すなわち、先年新納伊勢守を遣わして軍役の不履行ならびに亀井の一件について示達した時、これに琉球側より疑義を呈された。そのため報恩寺の琉球帰帆に際して、「群疑」を解くべく太閤の朱印状が示されたが、何の音問もなかったことを責めているのである。右の問題をめぐって琉球側にどのような論議が起こったのか史料的には明確ではない。しかしこのくだりから伝わってくる島津氏の憤懣ぶりからすれば、琉球側が島津氏の要求に疑念を示して抗したことは否定できない、そして一連の漂着船送還に対する返礼の遅滞問題もそのあたりの事情に根ざすものであったとすれば、また理解ができる。

こうした琉球国の抵抗意識に根ざした「重畳之違変」は島津氏をこれまでになく刺激し、忠恒にあっては派兵を揚言するまでにいたったのであり[24]、そして島津氏の慷慨は具体的には甑島漂着琉球船の抑留となって現れる。右の二月の書状は、平戸漂着船の一件に対する琉球側の礼を欠く対応に隣国への面目を失った、と述べつつ、「以此遺恨」って甑島漂着の船は抑留し、棹子以下一一名人の者は送付して島津氏の意志を伝えさせる、としている[25]。

島津氏の態度が一段と硬化をみせてきたのに対し、では琉球側ではどのような対応をみせていったのであろうか。今のところ、それを知りうるのは九月二十七日の日付で琉球国王に宛てられた維新（義弘）の書状である。「遣国使之次、書音及予ニ[26]」という冒頭の文言の存在によって、夏頃に琉球側から遣使があったことがわかる。その目的が具体的にどのようなものであったかが問題であるが、『琉球薩摩往復文書案』の中に日付を欠く次のような琉球三司官宛の島津家老中の書状案が存在する[27]。

誠今歳之嘉祥千万喜悦、自他以不可有際限候、抑去暑月、貴国之浦船、至当邦着津候、忽差加船致渡海之処、今度　為報礼尊使、剰対太守　勅書被令拝受候、歓喜無極抃躍有余者也、最往昔以降、会盟之辻曽無愀変、永々弥可為甚　深之旨本悦候、随而麁綿九斤祝着候、従是茂何々令進之候、聊表心緒計

（年月日不知）　　　　老中

琉球国三司官

右の書状案の内容は、島津領内への漂着船の送還に対する琉球よりの返礼の使者派遣を喜ぶものとなっており、『往復文書案』中の配列状況、他の文書との内容比較においても、返礼の使者は、甑島漂着船送付に対するもの以外には考えられないから、義弘に書をもたらしたのもこの時の遣使であろう。「旧記雑録」にはこれらの史料を欠いているが、結論としては琉球側より一六〇四年（慶長九）の夏ごろには使者の派遣があったものと解したい。

この遣使があったと見られる一六〇四年夏以降についても、やはり「旧記雑録」には島津、琉球国との間の交渉を

伝える文書は見当たらない。甑島漂着船の一件は、琉球側よりの返礼の使者派遣によって、一応両者の政治的争点からはずれていったことを思わせるが、しかし〇五年になって再び琉球船が平戸に漂着したことが、幕府の琉球問題への関心を引き戻すことになる。平戸への漂着時期は明らかではないものの、平戸藩主松浦法印より報せを受けた本多正純は、長崎奉行の小笠原一庵と松浦氏に対し、いずれも七月二十八日付でこれについて指示を与える書状を差し出しているところからみると、漂着は七月に入ってのことかと推測される。これら両人宛の書状はいくつかの興味深い問題を提起しているように思われるから、煩をいとわず二つとも全文を掲げて検討してみたい。

A(28)

一書申入候、仍今度琉球舟平戸へ流寄候処、松浦法印ゟ様子御注進候、寄船之儀ニ候間、其荷物等貴老御請取候而、此方へ御上せ被成へく候、中ニも薬種多注文ニ見え申候、不残御上せ可有候、其外之物共御見聞候而、御上せ可有候、上りて不入物をは其元ニ可被指置候、為其如此候、猶期来音之時候、恐々謹言、

「朱カキ」
「慶長十年」
七月廿八日　　本上野介
　　　　　　　　正純在判

「宛ナシ」
「末紙ニ左ノ如シ」
到来慶長十年八月「十四日」「御譜中ニアリ」

小笠原一庵

B(29)

以上

御状通（得カ）存其意候

一今度琉球船ほくちう（福州）へ渡り、琉球へ帰国仕候とて逆風ニ合、其元へ流寄候処、早〻御注進、則致披露候事、
一琉舟之儀をハ彼唐人ニ御書被成、再琉球へ渡着申候間之船中にての扶持方、等安へ被仰御渡可被成候事、
一去年も奥州へ流寄候琉球之者共、此方ゟ被為送遣候へ共、終其以後御礼をも不申上候、其通をも琉球へ可被仰渡事、
一彼船之荷物之儀ハ、小笠原一庵へ御渡可被成候、委細之儀、一庵と可然様御相談可被成事、
一何も具披露申候処、一段之御仕合共御座候間、於様子者可御心安候、恐惶謹言、

「朱カキ」
「慶長十年」七月廿八日　　正純在判

到来慶長十年八月十四日

松浦法印

まず文書Aは小笠原一庵に対し、琉球船が漂着船であることを理由に、積荷の内薬種類全てと、その他めぼしい物を本多正純（家康）のところへ送り、不要な品々は一庵のもとに「指置」くよう指示したものである。文書Bの松浦法印（鎮信）宛書状中、冒頭の条によれば、漂着した件の琉球船は福州より帰帆中途に難破したもので、薬種類を中心とした唐物を積荷にしていたのはそのためであったことがわかる。そして同文書で法印に与えられている指示は、（1）漂着琉球人は唐人をして送り返させ、その扶持方は長崎代官の村山当（等）安に申し付けるべきこと（第二条）、（2）前年の奥州漂着船送還に対しても未だに返礼がないため督促すべきこと（第三条）、（3）漂着船の積荷は長崎奉行の小笠原一庵に渡し、委細は一庵と相談すべきこと（第四条）、以上の三点である。

これら両通の書状を通じて指摘されることは、この時の漂着琉球船の送付に島津氏が関わらないこと、琉球の来聘問題の解決を松浦氏に命じていることである。そしてそのことと関連して注目されるのは、次の松浦法印より島津家の家老比志嶋国貞・島津図書に宛てた、一六〇五年（慶長十）八月一五日付の書状である。(30)

態令啓上候、仍而□（間々カ）如申入候、琉球船之儀ニ付御注進申上候処ニ、御返書并御下知之通被仰下候条、則為御披見持せ進入仕候、早々御覧被成、御分別可然存候、
大御書様茂九月中旬ニハ江戸御下向之由ニ候間、其内荷物等早速可有進上之由ニ御座候之間、其御心得被成、荷物等御上せ候者、従此方急可差上候、一庵も是ニ御待ニ候条、其御心得可然様ニ御取合奉頼存候、恐惶謹言、

「朱カキ」
「慶長十年」　八月十五日　松浦法院
宗在判

比志嶋紀伊守殿
島津図書入道殿
人々御中

まずこの書状の前半からは先の正純書状が比志嶋国貞・島津図書両人に示されたことが判明する。おそらく一庵宛の書も同時に送られたものとみてよいであろう。なお史料中の「御分別可然存候」としている点について、紙屋は「御分別」とは来聘問題の解決と解釈しているが(31)、ここでは素直に正純書状の趣旨の理解を求めたものと解したい。松浦氏が正純書状をわざわざ示して島津氏の理解を求めたのは、これまでの島津氏と琉球との関係によってすでに漂

着船の積荷を同氏に送ってしまっていたからではあるまいか。右の史料の後段の部分で、江戸下向の家康のもとへ積荷を進上しなければならない事を述べ、「其御心得被成、荷物等御上せ候者、従此方急可差上候、一庵も是ニ御待ニ候条」と、積荷を至急返上するように二人の島津家の家老に「御取合」を頼んでいるのはその事をものがたる。積荷が松浦氏の手元に留められたままであったならば、島津側に家康の江戸下向に合わせるかたちで荷物の返上を心得るよう促す必要はないであろう。「一庵も是ニ御待ニ候条」というのは、いったん島津氏のもとに回された積荷を一庵も待っているという意味である。この時の琉球漂着船の処理は松浦氏にとっても異例であったことになる。

すでに紙屋は、幕府が松浦氏に琉球との接触を命じたことは、対琉球関係の窓口を多様化させる可能性があった、これに衝撃を受けた島津氏は来聘問題で琉球に譲歩を迫る圧力をかけるために大島侵略を計画し、そのための談合を一六〇六年（慶長十一）三月に開くことになった、と指摘している(32)。同年三月の島津氏の大島出兵に関する談合の背景に、琉球問題の解決の立て役者として松浦氏が登場してきたことが絡んでいたという見方はあながち否定できないであろう。ただ、なぜ島津氏が琉球の来聘問題のみならず、漂着船の送還を委ねられなかったのかという疑問が残る。この点についてあえていえば、島津氏の琉球出兵という事態を幕府が回避したかったからではないかという見方も成り立つ余地があろう。

島津家の当主の忠恒が早くから出兵の意向をもっていたことはすでに見た通りであるが、三月末には国元の義弘を中心とした談合の場において、出兵時期を秋を目途とすることが決まると(33)、忠恒はそれへ向けて決意を新たにした様子がうかがわれる。すなわち、六月六日付で島津忠長（紹益）・樺山権左衛門（久高）に宛てた書状で「然者大嶋入之儀来秋必〻可有之事簡要候、若〻ゆたん候てハ不可然候、如渕底當年ハ石漕ふね作、同江戸へ運送、又縁中之儀付而過分之入め上下之つかれにて候間、當年大嶋之事相調候ハすハ、後年迄之つかれもなり候ハんまゝ、国家之ためを被思候ハ、、折角可被入念事此時候[34]」と、江戸城普請のための石漕船の負担に領内が喘いでいる中にあって、大島の併合こそが疲弊を打開する途であることを強調している。

しかし、この段階において、島津氏に対する出兵許可はまだ下りておらず、正式にそれが認められるのは六月十七日の忠恒に対する家久の偏諱を許された以後のことと思われる。史料によってはこの時と同時に出兵許可が下りたと記すもの[35]と、九月一日、伏見において家久が家康・秀忠に接見して許可を獲得したと記すものがある[36]。六月十七日[37]付および十八日付[38]で山口直友、本多正純の両人が忠恒に書を宛て、偏諱を祝っているものの、出兵認可の件についてはなにも触れていないから六月一日説はきわめて怪しい。これに対して九月一日説もやはり確たる根拠がある訳ではないが、次の「九月二日之御状、今日十五日令拝見候」に始まる十一月十五日付の家久宛山口直友書状が注目されるところである[39]。

九月二日之御状、今日十五日令拝見候、…（中略）…就中琉球へ唐船着申由被仰越候、然者御国之商人彼地へ賣買ニ可罷越由蒙仰候、尤存候、併来年之御働之隔にハ罷成間敷候哉、過御分別間布候、先日萬事申含、和甚兵差下申候間、具不申上候、恐惶謹言、

「朱カキ」
「慶長十一年」「朱カキ押札ニ十一年不審トアリ」
霜月十□日　　駿河守
直友（花押）

奥州様
参尊報

因みにここに見える琉球への唐船の来着とは、この年六月の尚寧王の冊封使夏子陽一行の来航をいう。その唐人達との交易のために薩摩領内より商人達が琉球へ渡海する由であるが、来年の出兵の支障とはならないのか、余り分別が過ぎないように、というのが書状の趣旨である。九月一日において家康・秀忠より出兵の許しを得たとすれば、翌二日その旨を伝える書状が山口直友宛に差し出されたことは考えられよう。このように見てくると、六月十七日は家久の偏諱を許されたのみで、九月一日に琉球出兵は認められたと解する余地が成立するが、決定的な史料を欠くため、後考を待ちたい。

ところで、右の書状で山口の懸念する「来年之御働之隔」というのはいったいどういう事を意味しているのであろうか。考えられることは出兵計画が薩摩商人達の口を通じて漏洩することである。折しも明国冊封使が来琉中であることからすれば、なによりも明との勘合交渉の影響をおもんばかったものと考えてよいであろう。むやみに領内商人の渡琉を許すような無分別さを戒め、なお使者和久甚兵衛をもって委細を申し伝えせしめるという念の入れようは、幕府が琉球対策にいかに慎重になっていたかが理解できる。

しかし、その後十一月十九日の家久の惟新（義弘）宛の書状では、寺沢志摩守より来春の駿府普請について、島津氏は琉球仕置により御赦免になった旨が伝えられたことを「先以目出度存候」とし、これによって出兵へ向けての談合に入りたいとしているから、(40)幕府もいよいよ島津氏の出兵挙行を認めたものとみてよい。これはおそらく十月に明国冊封使が琉球を離れたことで、島津氏の要求を押し止める理由が無くなったためかと思われる。ただ周知のように島津氏が実際に琉球出兵に踏み切るのはそれから二年半後の一六〇九年（慶長十四）三月初めのことである。我々はその間の幕府・島津氏・琉球、この三者の動向に注目してみる必要がある。

第三節　琉球出兵にいたる過程の検討

『唐物来由考』によれば、一六〇六年（慶長十一）夏頃、琉球より崇元寺長老・宜謨里主ら両人が使者として立てられているが、その両人が帰国に際して義久の「呈琉球国王書」と家久の「呈大明天使書」の二書を託されている。そもそも使者派遣の趣は前書の「今也遣崇元寺長・宜謨里主載二其方物一来以賀下我家久之嗣而立ルヲ上攀旧例(41)」とあるから、家久の島津家当主の継嗣を祝賀することにあったことがわかる。したがって島津氏と琉球国側との対立の火種の一つはここで消えたことになるが、しかしこれまでの核心的問題である聘礼一件については未解決のままであることはやはり前書の次のくだりから明らかである(42)。

（前略）貴国亦致聘礼於我将軍者豈復在人之後哉、先是我以此事告於三司官者数矣、未聞有其聘礼、是亦非三司官懈於内者乎、今歳不聘、明年亦懈者欲不危而可得乎哉（後略）

すなわち数度におよぶ来聘要求にもかかわらず、やはりそれを無視し続ける琉球三司官の態度を責め、その年来聘せず、さらに明年も懈ることがあれば国家保持が危うくなる、と恫喝に及んでいる。

そしてこれに引き続いて「且復貴国之地隣于中華、中華与日本不通商舶者三十餘年于今矣、我将軍憂之餘欲使家久与貴国相談而年〻来商舶於貴国而大明与日本商賈通貨財之有無(43)」と、琉球国が日本と明との交易基地としての役を担うように諭しており、聘問と役という幕藩制的な支配と従属の論理の受け容れを明確に要求された点で無視できないものがある。

次にあとの「呈大明天使書」は明商船の島津領内への来航を乞うたものである。神宗の命を受けて来琉中の冊封使が、先に渭濱（茅国科）の送還に際して島津氏の書を受けて派遣した二明船が帰国しない事情を聴取すべく、当時使者の役を果たした鳥原喜右衛門の琉球における接見を要求してきた。島津氏はこれを好機と捉え、琉球の使者に書を託したのである(44)。こうしてみると、島津氏は、一方では日明勘合、薩明通交の成立を期しながら、もう一方では琉球出兵へ向けての対応を始めていたのである。

ところで、『異国日記』には一六〇七年（慶長十二）閏四月二十三日付の文之玄昌より大慈寺龍雲宛の書状があるが、それは前年琉球へ渡海して無事帰国に及んだことを喜ぶ内容となっている(45)。龍雲がどのような使者の趣を帯びたものであったのか、残念ながら関連史料を欠くため判然としない。しかしこのことを含めると、〇六年という年は薩琉間で頻繁に交渉が展開されていたことを知りうる。

島津氏が日明間の勘合復活を琉球出兵と切り離し、別の問題として考えていたのであるならば、出兵の認可後、直ちに出動へ向けての体制が整えられてもよかろうが、そこまでいたっているふしが見えないのは、一つは島津氏の内部事情の存在が考えられよう。それは義久の出兵に対する消極的な姿勢である。すでに紙屋が詳細にしているように、義久は先の一六〇五年（慶長十）に義弘が大島入りの談合を行った際に全くそれに加わる様子を見せず、義弘を困惑させている(46)。そうした義久の消極的な態度の裏にどのような意識が存在していたのか、明確にし得るほどの根拠はないが、これまでの統一政権への対応から推して、琉球との関係に幕府が介入する事態を回避したかったからではあるまいか。すなわち、旧来のまま琉球との交渉権を島津氏の領主権の内に留め置きたかったからだと考える(47)。しかし、義久の協力が得られなかったとしても、当主として出兵に対する家久の意志は固かったし、幕府との関係を重視する父の義弘もそれを積極的に後押ししていたから(48)、出兵の挙行は可能であったはずである。したがってそれを押し止めていたもっとも大きな力は幕府にあったとみてよい。

明けて一六〇七年（慶長十二）については、直接島津氏と琉球との交渉を伝える文書は「旧記雑録」・「島津家文書」・『薩琉往復文書案』などにも見当たらない。しかし島津氏はこの年も家康への聘問を促す書を送っていたことは考えられる。たとえば次の〇八年二月二十七日付の島津家久宛山口直友書状を見てみよう。(49)

尚々申候、琉球之儀、　上様へ御礼申上候様ニ、御才覚御尤存候、委細甚兵衛可申上候、以上、

追而申候、舊冬以書状申上候琉球之儀、如何御座候哉、御請なと申候哉、様子承度存候、我等も去年より駿府有之儀候、切々御尋之事候間、不及申候へ共、無御油断、彼方へ御使をも被差越、御究御尤存候、於様子ハ甚兵衛申含候、被聞召届、御報奉待存候、（中略）恐惶謹言

「慶長十三年」二月廿七日　山口駿河守　直友（花押）

「朱カキ」

薩州
少将様
参人々御中

すなわちこの書状によれば、まず旧冬、つまり一六〇七年（慶長十二）冬に山口が来聘問題の解決を促したことがわかる。一つはこの督促を受けて琉球への遣使が考えられる。山口はその首尾を問い質しているのであるが、それが「切々」たる家康の下問を受けてのことであったことが注目されてよいであろう。家康の意向は「尚々申候、琉球之儀、上様へ御礼申上げ候様ニ、御才覚御尤存候、委細甚兵衛可申上候」という「尚々」書きの部分にも窺えるように、あくまでも琉球側の返礼の実現にあったことが明らかである。

島津氏の書を受けた琉球ではやはり使者が立てられることになったのであろう、一六〇八年四月十八日付の家久宛の書状で惟新（義弘）は「従琉球之使僧之儀ニ付、預使札候、具承届候」(50)と述べる。そしてこの時の使者の返事を態

度決定の決め手にしようとしていたことは、「誠今度之御返事ニ相究儀候条[51]」と述べ、出兵となれば義久の同意も必要であろうと説かれていることに明らかである。

幕府は琉球よりの来聘使の引見をいちおう六月ごろに実現させたい意向をもち、その旨を山口直友は和久甚兵衛に言付けて鹿児島の家久のもとに派遣している。その交渉の首尾を問う八月十九日付の書状で「尚ゝ、御人数を被催、先御使者を御渡被成、渡海仕候様可被仰遣事専一存候、其上にても相済不申候者、被得御諚、御人数をも御渡被成尤存候、不及申候へ共、随分御人数を不及被渡、渡海仕候様御才学（覚）専一存候、尚追而可得貴意候、以上[52]」と述べている。つまり出兵の体制を整えたうえでまず使者を派遣して来聘を促し、それでも事が運ばないならば家康の諚を得て軍勢を派遣するのがよい。ただし、その場合でも多人数の派兵を行わないことが大事だというのである。山口はまたやはり同じ日付で義弘に書を宛て、「上様（家康）江御礼申上候様、御才学（覚）専一存候、若又于今渡海不仕候者、御人数可被相渡由、彼方へ何ケ度も被仰届、其上ニても於不仕渡海者、被得　御意、御尤存候[53]」と、やはり派兵は何度も琉球に来聘を促した上での最後の手段であることを強調しているし、九月五日にも同じ趣旨の書状を家久に送るほどの念の入れようである[54]。

しかし家久は九月六日には渡海衆を一五〇〇人とし、鉄砲七三四挺、玉楽三万七二〇〇放、弓一一七張を携行することなどを内容とする「琉球渡海之軍衆御法度之条ゝ[55]」を定め、島津側の出兵計画を具体化させる。この島津氏の出兵先行の動きはやはり幕府にとって憂慮すべき事態であったに違いない。十一月二十三日には、幕府は本多正純をして、次のように明国との「和談」が成立したことを理由に出兵を控えるよう家久に指示を出させている[56]。

先書ニも申入候得共、重而令啓上候、仍自其許琉球へ御働之儀、弥御無用にて御座候、其子細ハ、大明国与日本御和談之儀相済申候間、如此御座候、恐惶謹言、

十一月廿三日　　　　　　　　　本多上野介
　　　　　　　　　　　　　　　　正純（花押）
　（家久）
羽柴陸奥守様
　　人々御中

冒頭で「先書ニも申入候得共、重而令啓上候」と述べるところからして、これ以前に同様な申し入れを行っていたことになる。ここで「和談」が明国との間に成立したと述べるが、この頃正式に朝鮮出兵の和議が成立した事実は確認できない。とすれば、やはり島津氏の出兵体制が具体化していくのを目の当たりにした幕府が、虚偽の口実をつくって急遽出兵の回避をはかったとみたほうが妥当であろう。

いっぽう山口直友も十二月晦日付で家久に書を宛てて次のように述べている(57)。

一琉球へ之儀、御人数可被出旨、是又披露候へハ、尤之旨　御諚之通被申越候、雖然今一往得　御意可申候条、いつ比渡海可被成候哉、たしかなる御使者早々被成御上候者今一往得御意様子可申入候、弥琉球へ御行可被成御用意被成、今一往得　上意可及御行事専一存候間、重而御左右相待可申候事、

すなわち、家康に出兵について披露したところ、それを認めたけれども、いつ頃の出兵となるか、確かなる使者を差上せ、今一度家康の上意を得るようにと促している。このことを繰り返す微妙な言い回しの中に出兵を回避したい家康およびその周辺の空気を読みとることができるのではあるまいか。

こうした山口直友の意向をうけた島津家久は、確認はできないが、当然使者を上せ、出兵の期日、派兵の規模等について報告を行い、再度出兵の許可の確認を取り付けたに違いない。そして、その一方で琉球に対しても来聘を促す使者が立てられたものとみられる。「旧記雑録」に一六〇九年（慶長十四）二月一日付の中山王宛の書状案があり、そ

の中で亀井武蔵守一件をはじめとする一連の問題に関する琉球側の態度を責め、「今更違變重畳之疎略非沙汰之限」として次のように述べている(58)。

是故琉球国忽可誅罰之段、被成下　御朱印、急〻兵船有渡海之儕装、嗚呼其国之自滅、豈可恨誰人乎、雖然頓改先非、大明日本通融之儀於被致調達者、此国之才覚、愚老随分可遂入魂、若然則球国之可有安穏歟、誠難捨往古好故、懇呈一章、伏乞答書、勿移時日、日夜待之、猶委曲両使可有演説

すなわち、琉球を誅罰せよとの家康の命により、兵船渡海の準備が整ったことを告げ、先非を悔い改めて、日明勘合交渉の仲介の労を果たせば琉球国の安泰を約束しようと言い切っている。この書状の発信人は「雑録」中の「義弘公御譜中ニ在リ」とする編者注記から見ると、義弘かと思われるが、まさに最後通告にふさわしい文言となっている点に注目してよいであろう。それから間もない二月二十六日付で新たに家久・惟新・龍伯連署の一三ヶ条からなる「琉球渡海之軍衆法度之條〻(59)」が発布されており、島津家は一体となって琉球出兵へ向けて動き出したことがわかる。その間琉球側にどのような動きがあったかは明らかではない。ただ、三月四日、まさに暁の出撃となったこの日、家久は龍伯に書を宛てているが、その中に「乃於山川琉球人を種〻侮候由、被聞召付蒙仰候、御尤候(60)」とするくだりがある。山川結集の出兵軍の中に琉球国を侮る空気があることを聞きつけた義久がそれを戒めていた様子がみえるのは、義久も琉球側の応分の抵抗を予想していたからであろう。

ともあれ、こうして最早押しとどめようも無く琉球国に攻め入った島津軍が現地に対して具体的に臨んだ戦略は次の出兵軍の将樺山権左衛門（久高）宛の「覚」に表れている(61)。

覚

一琉球よりあつかいを入候ハヽ、無異儀其筋ニ可有談合事、

一いつれのみちにも利運に相済候ハヽ、少も無逗留、早々軍衆六七月之比者可引取事
一琉球暦々の人質、其外嶋〱の頭〱の者迄質人を取候て當国へ引こし、琉球向後の諸役儀於此方可相定事、
一自然琉球国主居城ニ取籠、なかく籠城のかくこと相見候ハヽ、悉焼ハらひから城計ニ成、人数少もためらハす引取、あたりの嶋〱の者人質手に付候て可為帰陣事
一兵粮米おさめさせへき事、此中琉球人の申付たるよりいかにもかろくおさめさせへき事、
　右條々不可有違變候也、
　慶長十四年三月
　　樺山権左衛門尉殿（久高）

すなわち、(1)琉球より和議が申し入れられればただちに談合に応ずること、(2)和平が簡単に整う利運に恵まれたならば、長期に逗留することなく六、七月頃には引き上げること、(3)琉球要路の者のほか島々の頭目を質人に取り、以後の琉球の諸役儀については島津側で相定めること、(4)琉球国王が永く籠城の構えを見せるならば、居城を悉く焼き捨て、空城にし、周辺の島々の頭目の者達を人質として帰陣すること、(5)兵粮米の徴発を行うが、ただし琉球国の課徴高よりは軽くすること、などとなっている。琉球国王ほか王府要路の者達の人質化をはじめとして、島津側ができるだけ軍事力の行使を避け、短期に戦局を収拾し、かつ出兵に要する兵糧米をも現地に負わせる方針であった点などは注目されてよいであろう。現地における樺山らの対応はほぼこの「覚」の路線に沿って行われていくことになるのである。

こうして敢行された琉球出兵の首尾については当事者の島津氏のみでなく、駿府の大御所家康もまた江戸の将軍秀忠も注視していた。四月一日付で、山口直友はそれぞれ家久と義弘に書を宛てているが、まず家久には「急度令啓上

候、仍而貴殿様御上洛之儀付而、切〻以書状申入候、然處琉球御動之儀御座候間、琉球相済申候まて、御上洛之儀者御無用之由、御諚之旨、本上州承ニて、拙者ゟ早〻可申入之由候間、如此候(62)」と、琉球問題が決着するまでは上洛無用としている(63)。そればかりでない、文言は「将亦先書如申入、御質人之儀、早〻被成御上セ御尤存候」と続いている。すなわち、琉球国より質人をとることについては家康の意志が働いていたのであり、それ以前にも申し入れがあったことがうかがえるから、家康が強くこだわっていたことは疑いない。先にみた樺山に宛てられた「覚」で島々の頭目の人質の連行が命じられていたのは、あるいは家康や秀忠の意志を受けてのものであった可能性もあろう。いっぽう惟新（義弘）に対して山口は四月一日付の書状で「琉球之儀御行専一存候、左様ニ候へハ、彼表之様子急度可被成御注進候、御油断被成間敷候(64)」と、琉球出兵のことが専一であるが、家康のもとへ戦況報告を怠りなきようにと述べ、「猶〻」書きの部分でもそのことを繰り返している。そして同趣旨の文書は四月二十二日付で家久にも宛てられている(65)。

しかし、琉球現地では琉球側の若干の抵抗が見られたものの、四月四日（五日ともいう）には尚寧王が首里城を放棄したために、双方に大した犠牲者を出すこともなく戦闘はあっけなく終結した。五月五日には樺山より家老伊勢兵部宛に「抑此国之儀無残所相済申、王位茂上国之由候而、順風被相待躰候(66)」と、戦況報告をしている点からして、この前後にそれぞれ家久・惟新・龍伯宛に同趣旨の報告がなされたものと考えられる。龍伯は五月二十一日付けで、山口直友に「琉球之儀無残所属手裡之由到来候、誠大慶不過之候(67)」と報じ、また惟新は山口直友と本多正純に書を宛て、「然者従悴家他国へ防戦取懸候事、此度始之様候処、宜仕合、畢竟忝被加　上意、烈御威光播面目候(68)」と、上意によって子供の家久が初めて他国との戦争で相応の戦功を上げたことをこの上なく喜んでいる。

琉球掌握の報は本多正純を通じて家康のもとに届けられたが、これに家康も包み隠すことなく喜色を表している。

家久宛の返書で正純は「則右之趣、達　上聞候処ニ、一段御機嫌共御座候間、御心易可被思食候」と述べつつ、すべての片がつくまで駿府移居祝儀のための参向も赦免となったことを伝えている[69]。将軍秀忠も近日中に琉球国王・三司官ら虜囚着岸の報に、七月五日、「誠以希有之次第候[70]」と戦功を讃える書を家久に宛て、ついで七日には、家康は「琉球之儀、早速属平均之由注進候、手柄之段被感思食候、即彼国進候条、弥仕置等可被申付候也[71]」とする琉球宛行状を家久宛に発給しているのである。

第四節　琉球占領と諸大名の反応

こうして島津氏の琉球出兵の結果は家康、秀忠に満足の意をもって迎えられた。それは先の豊臣政権による朝鮮出兵が国域の拡大につながらず、国家的威信の高揚どころか、むしろ対外的にはその失墜を結果したことと比較すれば、たとえ規模は小さくとも徳川政権の武威を内外に示し得た初めての対外戦争であったことによるものであろう。そうであったとすれば、琉球出兵が諸大名にどのように受け止められていたかが問題となるところである。この点については家久と親交のあった大名に限られるのであるが、「旧記雑録」に納められている二、三の大名の反応を例にあげてみよう。

まずもっとも反応の早い事例は片桐且元で、且元は五月八日付の家久宛の書状で次のように述べている[72]。

一當春者自早〻琉球へ御人数被遣由、乍御太儀御名誉之旨、於上方ニ取〻御噂申出迄候、定而無異儀御勝手ニ可罷成と存候、憔之御吉左右承申度候、

この書状の書き出しは「三月十五日之御札五月八日上着、拝見申候」となっており、家久は琉球出兵後間もない三

月十五日には且元宛にそれを報ずる書を送っていたことがわかる。そして且元は書状を受けた五月八日にただちに右の如き内容の返書を認めているのである。それによれば、上方では琉球出兵は島津氏にとって名誉の事とする噂が方々で広まり、且元自身は島津氏にとって都合よきことと書き送っている。このように、出兵が島津氏の勲功として幕藩関係で占めるその位置を担保する意味をもつものとする認識は、他の諸大名に共通するものであったと思われる。

且元についで家久のもとに書を送っているのは細川幽斎である。その日付は五月二十一日で、「琉球へ就被相渡人数在国之由尤候、早〻被属御理運、御上洛之刻者必待入候(73)」と述べるから、樺山らが奄美大島から琉球本島に向けて転戦中に、家久より幽斎のもとに出兵の事情を伝える書が出されたのであろう。また、寺沢志摩守（廣忠）は六月十一日付で次のような返書を家久のもとに寄せている(74)。

去四日之御状致拝見候、琉球被差渡候衆、四月朔日彼国之王居城へ被取懸及一戦、即時切崩王居城被取巻候處ニ、御侘言仕付而、王・諸官人召つれ、兵船壱艘も不残帰国之旨、早〻被仰聞候、寔以御威光と申、各渡海之衆手柄之儀可申様無御座候、於爰元我等壱人之様ニ大慶奉存候、何茂以使者可得御意候間、不能一二候、恐惶謹言、

「朱カキ」
「慶長十四年」
六月十一日　　寺志广守
廣忠（花押）

羽柴陸奥守様
御報

冒頭の書き出しから推して、寺沢が琉球出兵について知らされたのはこれが初めてではなかったことは明らかである。幕府との取り次ぎにあたっている寺沢に対しては詳細な戦況報告がなされていたものとみて間違いはない。四月

一日の首里城の攻撃から落城の様子など、寺沢は熟知している。そして出兵の結末については、島津氏の「威光」を示し得た快挙として祝意を表しているのである。

さらに七月には三日付で福島正則が、七日付で立花左近将監（俊正）がそれぞれ家久に返書を送っている。福島は「貴札忝具拝見仕候、随而春琉球へ御人数被指渡、於彼表被及一戦、無異儀被仰付、王（中山王尚寧）其外諸官人、如御存分被召寄之由、御手柄中〻可申様も無御座候、御満足之程察申候、於我才目出存候(75)」と、共感をもってその戦功を讃え、立花は「先〻流求之儀、輙御手ニ入候而、千秋萬歳存候(76)」と祝意を示す。そしてこれ以外に十月に入って十日付で松浦法印（宗静）が「仍而今度従奥州様、到琉球国御人数被仰付、早速御案利之段、目出度奉存候(77)」と、やはり祝儀を述べている。

こうして琉球出兵の首尾は喧伝され、島津氏の対外出兵の戦功はいやがうえにも広く大名間に認識されるようになり、そしてそれは尚寧王、琉球王府要路の家康・秀忠への引見を実現させることによって(78)、一層光を放っていくことになっていった。島津氏の琉球に対する押えの役としての地位はこうした過程を通じて確定していったといってよいであろう。

尚寧王らの大御所家康、将軍秀忠への入見は幕府との連携のもとに一大セレモニーとして仕立てられていった。五月十六日に一行は鹿児島を出立したが、それより二日前の十四日付で、本多正純は家久に「然者右之王御下ニ付而、伏見ゟ江戸迄路次中ニ而、御宿等并人馬御馳走之儀、此以前朝鮮より之勅使御越之時分、於路次中御馳走之様子ニ、此度も御馳走可致之旨ニ御座候、其通路次中御泊〻へ申遣候間、其御心得可被成候(79)」と書き送っており、道中の馳走向きは一六〇七年（慶長十二）の朝鮮使節来朝の例に準じることが幕府の基本方針であることを明らかにしている。そして八月八日の駿府城への登営を終え、江戸に入ったところで、家久は国元の龍伯に二十八日付で次のような書を

宛てている。(80)

去廿日駿府打立、同廿五日江戸へ下着仕候、則従　上様御使、加之翌日ニ者八木千たハら被下候、誠以忝儀ニ候、色々被付　御心候事、外聞実儀不可過之候、殊駿府より江戸迄者、道橋なと新被作續候、江戸へ参着之時者、町ゝ辻ゝニ奉行を被付置、むさと往来不仕様被仰付候、種ゝ御念入たる事非大形候、然者今日廿八日致　御目見得候、御仕合無残所宜候、満足仕候、御城承及候より結構之様子ニ而候、惣別御下知よくしまりたるとみえ申候、随而爰元逗留之儀、何共未知候、定近日中ニ者御暇可被下と存候、先右之仕合為可申上、彼税所木工允差上候、猶追々吉左右可申入候、恐惶敬白、

「朱カキ」
「慶長十五年」
八月廿八日　　陸奥守
家久（花押）

進上　龍伯様

すなわち、江戸に入ると、将軍より一行を迎える使者が派遣され、翌日には米一〇〇〇俵の下賜があったことにまず痛く感激しているが、ついでその述べるところによれば、駿府から江戸までは道橋が新たに作り整えられ、江戸の町では辻々に奉行が配され、往来の規制を行うという念の入れようであったことがわかる。

さらに八月二十八日に一行は将軍秀忠に入見しているが、『朝野舊聞裒藁』は江戸城における接見の様子を次のように述べる。(81)

二十八日、松平島津少将家久中山王尚寧を伴ひて登城し、　将軍家及ひ　若君に拝謁し、物を献す。大澤少将基宿・宸上駿河守家親奏者たり。

尚寧登営ヿよりて諸大名を召して左右ヿ列座せしむ。本多佐渡守正信座席の事を指揮す。

（中略）

つまり秀忠は、諸大名ならびに公家を本多正信が定めた座順に従って配し、大澤基宿と最上家親らを奏者として将軍および世子竹千代に対する琉球国王聘問のセレモニーを挙行したのである。これによって、開幕以来徳川政権が要求し続けてきた懸案が解決されたかたちとなった。家康・秀忠ともにこの上ない満足感に包まれたことは、山口直友が十一月三日付の龍伯宛の書状で、「両御所様御仕合無残所候条、御満足奉察存候(82)」と述べていることから知られる。

幕府は慶長年間に入って異国の使節として朝鮮、オランダのそれと接見している。しかし尚寧らの引見は政治的意義の点からいってこの両国使節の接見の比ではなかったといってよい。前二者が虚構化された入貢であったのに対し、琉球のみが政治的実権者の来聘であり、しかもそれが軍事的に現実化されたものであったからである。以後琉球国は朝鮮国とともに通信の国に位置づけられながらも、将軍の武威のおよぶ異域として、幕藩制国家と独特な関係に置かれることになるのである。

むすび

すでに見てきたように、徳川政権は、朝鮮戦役後の戦時捕虜渭濱や福建金軍門の使者らを襲撃した賊徒の送還をきっかけに対明交渉の実現を期した。いっぽう明国においてもこうした徳川氏の要求に応える動きを示し、使者の派遣に及んだことは、それを契機に日明関係が新たな方向へ向かう可能性があったものとして看過することはできない。しかしその可能性は、島津義久と関わりの深かったとみられる商人伊丹屋助四郎のばはん行為によって摘み取られてしまった。この事は島津氏とばはん勢力との結びつきの強さを示し、同時に島津氏の動向が対明外交の帰趨を大きく左右するものであったことをものがたる。そのことは、いいかえれば徳川政権はこの段階において、なお外交上の主導権を確立しえてなかったということにもなろう。

それはともかく、幕府が奥州伊達領、松浦領平戸などへ漂着した琉球船の送還に積極的に介入し、琉球国に対して公的に関わりを求めている点は注目されてよい。琉球船の平戸漂着問題では当事者の長崎奉行の小笠原一庵や平戸領主の松浦氏を介して対琉球交渉に当たらせようとしているのは、幕府が対琉球交渉の窓口を島津氏単独のものとせず、必要に応じて交渉の窓口を設定し、事態への効果的な対応をはかろうしていた意志さえうかがわせる。

しかし、これに対して当の琉球側は、難船送付の恩恵にあずかりながらも、その後の対応は極めて淡白なもので、そこにはむしろ徳川政権と一線を画そうとする態度さえうかがえる。それは前政権下において苛酷な軍役負担を要求され、いやおうなしに戦役に巻き込まれた経緯からすればまた当然であったともいえるが、そのような琉球国に対して、特に一六〇五年（慶長十）の平戸漂着船問題の処理が、やはり当事者である松浦氏の手に委ねられようとしたふしがみえるのは、島津忠恒にみられるような拙速な出兵論を牽制しつつ、あらたな窓口を設定することによって、閉塞した対琉球交渉の打開をめざしたとも解釈されよう。

幕府が島津氏の琉球出兵を可能なかぎり抑止しようとしたことはすでにみた通りであるが、しかし財政的にも、また家臣団編成の上でも大きな矛盾を抱えていた島津氏は、それを打開するために、一六〇九年（慶長十四）には琉球出兵を決行するにいたった。対明関係の修復を慎重に推し進めていた幕府が、島津氏に乞われるままに明国冊封圏への軍事行動を認めたことは、やはりこの段階の幕府の外交上の主導権の問題を考えさせるであろう。だが、幕府が島津氏の強い要求にひきずられて琉球出兵を容認したことは、単に外交上の主導権の弱さゆえと断ずるわけにはいかない。

それは家康・秀忠政権が「武威」を外交の基軸に据えていたことと無関係ではあるまい。対明勘合交渉の成就を強く求めながら、島津氏の琉球出兵が挙行されるとその戦果に期待をかけ、そして捕虜尚寧王の引見を一大政治セレモニーに仕立てていったことの二面性は、そうした家康・秀忠政権期の外交論理を抜きにしては理解できないように思われる。

注

（1）紙屋敦之『大君外交と東アジア』（吉川弘文館、一九九七年）九頁。
（2）「旧記雑録後編」巻四七、三、九七七号。
（3）右同巻四八、三、一〇一七号。
（4）（5）慶長四年（一五九九）九月一日付維新より又八郎宛書状（「旧記雑録後編」巻四七、三、八六七号）。
（6）紙屋前掲書、一三頁。
（7）「旧記雑録後編」巻四八、三、一〇二五号。
（8）東大史料編纂所蔵。
（9）（10）『唐物来由考』。
（11）「旧記雑録後編」巻五四、三、一五五五号。
（12）荒野泰典『近世日本と東アジア』（東京大学出版会、一九八八年）一七六頁。中村栄孝『日鮮関係史の研究』下（吉川弘文館、一九六五年）二六三～六八頁。
（13）「旧記雑録後編」巻三八、三、一二三〇号。
（14）『鹿児島県史』第一巻（鹿児島県、一九三九年）七七五頁。
（15）右同第一巻、七七九頁。
（16）右同第一巻、七八六頁。

(17)「旧記雑録後編」巻四二、三、四三六号。
(18)北島正元『江戸幕府』(『日本の歴史』第一六巻、小学館、一九七五年)一八二六〜八七頁。
(19)「島津家文書之三」(『大日本古文書』第十六)一五二二号。
(20)「旧記雑録後編」巻五七、三、一八六二号。
(21)(22)(23)右同巻五八、三、一九一四号。
(24)慶長八年(一六〇三)九月の琉球国王宛義久書状。「潤然新仲別条重畳之違変、頗蔑当方故歟、此鬱憤難止、忠恒若年雖有短慮之企、愚老親往古之約盟種々如助言、敢押留之」とある(「旧記雑録後編」巻五七、三、一八六三号)。
(25)「旧記雑録後編」巻五八、三、一九一四号。
(26)「答琉球国王」(『影印本異国日記―金地院崇伝外交文書集成―』〈下〉東京美術、一九八九年)。
(27)『琉球薩摩往復文書案』。
(28)「旧記雑録後編」巻五九、四、八八号。
(29)右同巻五九、四、八九号。
(30)右同巻五九、四、九六号。
(31)紙屋敦之『幕藩制国家の琉球支配』(校倉書房、一九九〇年)一四五頁。
(32)右同一四五〜一四六頁。
(33)「旧記雑録後編」巻六〇、四、一八四号。
(34)右同巻六〇、四、二一七号。
(35)代表的なものは『寛政重修諸家譜』(巻第百八)で、次のように記す。
(前略)十一年また洛にのぼり、四月二十八日御参内に扈従し、六月十七日御諱字をたまはり、家久となのり、太秦長光の御刀を拝賜す。のち山口直友をもって言上しけるは、琉球国むかしより嶋津に属すること久し。しかるに近年来貢せず。家久再三催促すといへども敢て承引せず。ねがはくはこれを征伐せんとなり。すなわち御許容あり(以下略)。
(36)『朝野旧聞裒藁』第四百八十七は慶長十一年丙午九月一日の条に次のように記している。(句読点は筆者)羽柴島津少将忠恒拝謁す。御称号御一字を賜り、松平家久と改む。時よ琉球を討ん事を請奉る。公許したまふ 貞享書上武家補任よハ六月十七日とす。今寛永譜従ふ。 中納言家久 はしめ陸奥守忠恒 譜曰慶長十一年九月一日忠恒伏見にありて大権現台徳院殿ゟ拝謁す。按するゟ台徳院殿　拝謁すとあるは誤なり、此年台徳院殿は江戸ゟ御座なり、下是ゟ同し。時ゟ松平氏になされ御諱の家の字を賜はりて家久と号す。実に家の字の名誉といふへし。琉球国むかしより島津に属する事ひさし。然るに近年来貢せす。家久再三人を遣して此事をはたるといへとも敢て承引せす、すなわち此旨を大権現へ言上して、これを討ん事をこひけれハ、則ゆるしたまふ（内閣文庫所蔵史籍叢刊特刊第一『朝野旧聞裒藁』第一三巻、及古書院、一九八三年）

また同史料は「貴久記曰、慶長十一年丙午上洛、而九月一日忠恒於伏見之城、拝家康公、秀忠公、時賜松平氏及諱之字、而改忠恒號家久、又曰夫琉球国者自往古嘉吉年中属我国矣、雖然背旧規、不進貢、自薩摩再三遣使以誘之、不肯聴、故告相國家康公、請伐之」という記事を載せている（読点は筆者）。

（37）「旧記雑録後編」巻六〇、四、二二三号。

（38）右同巻六〇、四、二二五号。

（39）右同巻六〇、四、二七一号。

（40）右同巻六〇、四、二七六号。

（41）（42）（43）　影印本『異国日記』〈下〉。

（44）「呈大明天使書」（右同）。

（45）「呈大慈龍雲和尚書」（右同）。

（46）紙屋は出兵をめぐってそれを積極的に推進しようとする島津家当主家久、その父義弘と、義久が対立していたことを指摘している（紙屋注（31）著書、一三六〜一四三頁）。

（47）紙屋は義久は琉球との善隣友好の立場をとったとするが、義久の真の要求は琉球関係から幕府を排除することにあったと見たい。

（48）紙屋注（31）著書、一三六〜一四三頁。

（49）「旧記雑録後編」巻六〇、四、四三四号。

（50）（51）　右同巻六二、四、四四五号。

（52）右同巻六二、四、四九一号。

（53）「島津家文書之二」（『大日本古文書』家わけ第十六）九九四号。同じ書状が「旧記雑録後編」巻五九に、慶長十年のものとして配列されているが（『鹿児島県史料』四、九七号）、ここでは史料の内容からいって「島津家文書」の慶長十三年が正しいと判断した。

(54)「旧記雑録後編」巻六二、四、四九三号。
(55)右　同巻六二、四、四九四号。
(56)「島津家文書之二」、一〇三五号。
(57)「旧記雑録後編」巻六二、四、五三〇号。
(58)右同巻六三、四、五三八号。
(59)右同巻六三、四、五四四号。
(60)右同巻六三、四、五四八号。
(61)右同巻六三、四、五四五号。
(62)右同巻六三、四、五五九号。
(63)義久は五月三日付で、琉球在陣中の樺山権左衛門・伊集院平右衛門・佐多越後守らに書を宛て、この上洛一件について次のように述べている。「然者陸奥守可致上洛之由被仰下候、其国へ人数差渡候上如此候、乍迷惑其用意最中之処、去月廿五日従山駿州使札被差下、當分琉球へ軍衆渡置候間、此節之上洛、先可延引仕旨被仰聞候、国中之悦不過之候」(「旧記雑録後編」巻六三、四、五六九号)と、当初琉球出兵中の上洛の下命を苦々しく思っている様子がわかるが、それはそのまま義久の徳川統一政権に対する心情を語っているのではあるまいか。
(64)「旧記雑録後編」巻六二、四、五六〇号。
(65)右同巻六三、四、五六六号。
(66)右同巻六三、四、五七一号。
(67)右同巻六三、四、五七九号。
(68)右同巻六三、四、五八〇号。
(69)右同巻六三、四、五八四号。
(70)右同巻六三、四、五九一号。
(71)右同巻六三、四、五九四号。

(72)右同巻六三、四、五七二号。
(73)右同巻六三、四、五七七号。
(74)右同巻六三、四、五八二号。
(75)「島津家文書之二」一〇四一号。
(76)「旧記雑録後編」巻六四、四、五九六号。
(77)右同巻六四、四、六三二号。
(78)尚寧らが駿府・江戸への参向の運びにいたるまでには島津氏との間に一定のやり取りが存在したことは客観的にみて考えられる。国元の惟新は七月十二日付の家久宛の書で、「駿府・江戸両御所様御前之儀、今度者琉球王被成御同心儀候間、御仕合能可有御座与存候」(「旧記雑録後編」巻六五、四、七一二号)と、尚寧の同意が得られたことを喜んでいるし、寺沢廣忠も同様に「今度駿府・江戸為御礼被成御参候、殊ニ琉球王被成御同心之旨、誠以御尤之儀候」と家久に述べている(七月二十四日付書状、「旧記雑録後編」巻六五四、七一七号)。
(79)「旧記雑録後編」巻六五、四、六九四号。
(80)右同巻六八、五、四、七三五号。
(81)『朝野旧聞裒藁』第五百二八(内閣文庫所蔵史籍叢刊　特別第一　第十四巻)。
(82)「旧記雑録後編」巻六三、四、七六七号。

第四章　初期徳川政権の東アジア外交と琉球国

はじめに

豊臣政権の大陸侵略の失敗後、新しい政権の担い手となった徳川家康・秀忠のもとで、周辺諸国との間に国交回復が期され、家光の代にはいわゆる「大君外交」体制が確立をみた。「大君外交」は、豊臣政権が対外侵略を通じて国際秩序の編成を志向したのに対し、平和的な国際関係の創出につとめ、かつそれは「日本型華夷秩序」という独自の秩序編成原理をともなっていたとするのが昨今の学会の共通理解である。そうした「大君外交」は、すでに中村栄孝が指摘しているように、東アジア国際秩序から離脱し、旧来の外交関係にとらわれず、自主的な外交を近代的転換の方向に決定づけた点で、大きな意義をもったといえるであろう。[1] しかし我々はまた「日本型華夷秩序」のもっている他の一面、すなわち、武力示威による抑圧と差別の論理[2]をも忘れるべきではないと考える。朝尾直弘は、「神国」日本がアジア世界の一中心でありうる根拠は、家康においてもやはり武威であった、としながらも、秀吉の武威が外へ侵略するのに対し、家康の武威は国内統一力の誇示に重点があったとしている。[3] たしかに呂宋・安南・柬埔寨宛の国書には、国内統一を成し遂げ、賊船の鎮圧・統制に成功している事を誇示する内容が共通してうかがえるが、[4] しかし、他面では、家康・秀忠政権期に島津氏の琉球出兵、有馬晴信ならびに村山当（等）安らの台湾の覘視・出兵のごとき個別領主による軍事行動がとられているのもまた無視できない事実である。すなわち、「武威」は「武力」となって東アジア周辺地域へ具体的に行使されているのである。たとえ個別的・局地的なものではあっても、そうした武力の発動はかつて日本と交戦国となった明国・朝鮮国・琉球国などの東アジアの国々に新たな緊張感をもたらさずにはおかなかったはずである。本章では一連の軍事行動に対するこれらの国々の反応を検証しながら、家康・秀忠政権がおかれていた国際環境を捉え直してみたい。

第一節　琉球出兵後の対明外交

一六〇九年（慶長十四）には、幕藩制国家は琉球国を支配下に組み入れ、明国の冊封圏に一歩踏み込んだのであるが、この年、家康および秀忠の外交政策の特質を理解するうえでやはり見過ごせない事柄がいくつか存在する。それはまず肥前日野江城主有馬晴信に対する台湾偵察の許可であり、そして朝鮮国に対する明国への修貢路の提供要求、明国出兵の示唆等である。

まず有馬晴信の千々石采女をして台湾を偵察せしめた一件については、琉球出兵挙行ひと月前の二月に「従公儀被仰出條々、並心得之事」が出されているが、その内容の主なものをあげれば次のごとくである。(5)

一志やむらう、かほうしや、其外遠き国々之者共さへ、日本江御禮を申、毎年商賣之舟往来候處、程ちかきたかさくん国之者共、今迄不通仕候事、曲事ょ被思召候條、御人数を被遣、御成敗可仰付之由御諚ょ候、夫ょ付而、従本上州、條々御内證共候間、彼国之様子慥為可承届各差渡候、早々令渡海、何之道ょても、即時ょに相済候様随分念を入可致調儀事、（第一条）

一たかさくん国之者共、日本江御請申上候者、以来何事成共、彼国之為ニ成候する事、望之儘ニ可被仰出候之由御意之事、（第二条）
一たかさくん国無事ニ申調、則彼国より使者召連可致帰朝候事、（第三条）
一無事ニ相済候上ニて、以来日本船著へき所、よき湊を見届帰朝可申事、（第五条）
一無事ニ成候上ニて、大明日本之船、たかさくん江出合、商賣仕候様ニ可致才覚事、（第六条）
一たかさくん国、西より東はて迄、北より南之はて迄慥見届、国之様子懇ニ繪圖ニ仕持参可申候、（第七条）
一何ニてもたかさくん人ほしかり候物をとらせ、いか様ニにもたらし、日本人ニに思ひ付候様ニ懇切ニ可仕事、（第九条）

すなわち、「たかさくん国」（台湾）へ出兵を挙行するための予備作業として幕府は晴信に偵察を命じたのであったが、台湾が日本の要求を受け容れたならば、同国の要望に沿うようにせよ、という第二条や、何にても「たかさくん人」の欲する物を取らせ、さそって日本人に心を寄せるように懇切にすること、という第九条の趣旨から、台湾に対して、庇護主、恩恵を施し与える国、つまり中華としての立場に立とうとしていたことが明らかである。ただし、第一条で「志やむらう」（シャム）・「かほうしや」（カンボジア）・「其外遠き国々」がすでに入貢の礼をとっているにもかかわらず、いまだにそれのない台湾に成敗を加えるというのが幕府の基本的な立場であったことからわかるように、台湾の華夷秩序への編成は、武力の発動を前提とするものであったことに留意する必要があろう。いわば幕府には台湾は琉球国と同様な対応をとっている国として映じていたのであり、そして場合によっては同様な手続きで華夷秩序の中に編成すべき対象として位置づけていたといってよかろう。琉球国が対明交渉の為の政治的ルートとして重視されたとすれば、台湾の場合は、明国との貿易基地としての側面に期待がかけられていたことが、日本船の着船に都合よき湊の見届け（第五条）、明と日本商船の出会い貿易の才覚（第六条）、「たかさくん国」の詳細な偵察と絵図の作成（第七条）等の指示から明らかである。ただしかし、台湾はいまだ琉球国のように政治組織を持ちえていなかったために、朝貢国への編成という目的を達成するまでにはいたらなかった。

ついで、朝鮮国に対する明国への修貢路の提供要求は、己酉条約の交渉にあたり、対馬の宗氏を通じてなされたことは周知の事実である。(6)だがこれは形こそ異なれ、いうなれば豊臣秀吉の朝鮮出兵の論理と共通するものであったがゆえに、朝鮮・明国にとって容易に受け容れられるどころか、むしろ緊張をかたちづくる結果となった。朝鮮側から明解な返事が得られなかった幕府は、再度この要求を宗義智を通じて申し入れさせているが、これに対する朝鮮礼曹参議金緻の返書は次のようにきびしい。(7)

（前略）釜山開市の事、貴嶋の懇請により我国是を天朝にもふし、為に心力を費し、やふやく是をなせし也、開市の約条、歳船の数、悉く天朝にもふして其定規を立たり、この外絲毫の事、本国のよくみつから擅にする所にあらす、この上京の事に至りて、また軽しく是を議する事を得むや、願くは足下またいふ事なかれ、天朝一統、地の南北を限らす尽来朝せり、貴国果して其議あらは、海路より入貢する事、東南海中諸国のする所のことくなる、何のさゝわる所ありて必す路を本国に借らむといふや、我国ハ天朝の東藩なり、その我国を見ること一家のことし、貴国あへてこの路を借るか計をもって、我国を試ることをすへけむや、是前古未あらさるの事也、徒に口にしていふへからさるのミならす、また耳にして聞へからさるもの也、貴島のこの言をいたす、思わさるの甚しき也、宜しく再ひいふことなかるへし、（以下略）

すなわち日本側の要求に、朝鮮は明の藩国たる立場を明確にして、東南海中の藩国同様、直接明国に日本が入貢すべきだとし、貢路を借りる計をもって朝鮮国をうかがうようなことは二度と要求しないよう答えているのである。朝鮮が「我国ハ天朝の東藩なり」と主張しなければならなかったのには、日本の要求のなかに、あきらかに朝鮮を含めたあらたな国際秩序を打ち立てようとする意図を感じとったからに他ならないであろう。

年が明けて一六一〇年（慶長十五）になると、また明国に対する出兵も示唆されるようになる。それが最初に示されるのは、同年閏二月十日付で島津家久宛に出された家康近習本多正純の書状においてである。(8)

尚以、唐口へ之義、御手前直ニ御越候事にてハ御座有ましく候、御人数計可参候間、其御心得可被成候、以上、

急度申入候、仍かんごう不相調ニ付而、唐口へ少々御人数可被遣旨、被　思召候条、内々其御用意候而、御意御待可被成候、為御普請、御人数為御上候事、御無用ニ候、尚唐口へ御人数被遣候事者、いつにても此方よりの御一左右次第ニ可被成候、恐々謹言、

本多上野介
正純（花押）

（慶長十五年）壬二月十日

羽柴陸奥守殿（家久）

すなわち、明との勘合交渉が不調により、家康が出兵を思案しているのでその用意をして御意を待つように、その代わりに名古屋城の普請は免除する、というのが大意である。

この段階における対明交渉の期待はひたすら琉球国にかけられているのであるから、勘合交渉の不調という事であれば、琉球ルートによる交渉が順調に進展していなかったことになろう。すでに島津氏は一六一〇年（慶長十五）九月には急遽尚寧王に供奉して鹿児島にあった王弟の尚宏と池城安頼（毛鳳儀）を帰琉せしめ、池城はやがて渡明、いっぽう尚宏は毛の渡明の段取りを整えた後、再び鹿児島に舞い戻っている。池城の明国急派の意図がどこにあったか

が興味をひくところであるが、それについて、次の根路銘家の「兪姓家譜」中に記載されている、二世重光（兪美玉）宛の感状が注目をひく。(9)

同三十八年（萬暦三十八、慶長十五）庚戌正月二十日、為懇乞天恩恤怜遭乱贖修貢職事、王舅毛氏池城親方安頼長史金応魁津波野古親雲上赴中華之時、叙座敷為勢頭入閩赴京、時鄭迵謝名親方在麑府、蜜（ママ）修反間之書寄長崎転達中国、安頼・重光等聞閩人持此書将赴京、出公銀買之、三十九年辛亥帰国、即赴麑府復命、万般事竣帰国時、為御褒美従御老中賜書曰、

先年自琉球池城為遣唐使渡楫之時、為船主被渡海、無異儀帰朝之段奥州様簡要被思召候、自今以往別而被抽忠貞、可仕奉公候、恐々謹言

慶長十六年三月十五日　比志島紀伊守
国貞　判
樺山権左衛門尉
久高　判
加賀寿

ここで宛所となっている加賀寿は重光に与えられた浦添間切の地頭地名で、すなわち、重光は池城らとともに渡明し、三司官の一人謝名鄭迵が在鹿中に長崎の明人に託した明国宛の密書を北京で買い戻した功により、比志嶋・樺山より感状を給されているのである。感状の部分は『薩藩旧記前集』にも納められていることが判明しており、また池城らの渡明にあたっての執照文に「使者一員は兪美玉　人伴五名」(10)とあることや、家譜中で池城とともに重光に渡明

が命ぜられた日付が執照文の日付と同じ萬暦三八年一月二〇日と一致している点からいって、この「兪姓家譜」の記録は一応信用してよいであろう。つまり謝名は宗主国に対して義をたてる動きを示したのであるが、そうした心情は単に謝名だけに限ったものでなく琉球要路の中に広く存在していたとみた方が自然である。琉球を軍事的に制圧しえたとしても、客観的にみて琉球を介して対明関係を打開するにはなお前途に困難な状況が横たわっていたと言わなければなるまい。

幕府も島津氏も、琉球出兵後の明国の動向に注目し、以後の勘合交渉に悪影響が生じないよう、池城らに謝名の島津氏の琉球侵入を報じる、いわゆる「反間」の書の回収を命じ、そしてそれに替わる正式な咨文を池城に託したのである。やや長くなるが、その述べるところは次の如くである。(11)

（前略）己酉の歳の季春、倭人、兵を率いて来たるも、勢は小なれば大に敵す可らず。奈《いか》んともする無く、僧菊居隠法印等を遣わし、幣帛にて釈解《なだ》む。倭人、舩を扣《たた》きて□還す。琉球は倭国と相い去ること僅かに二千余里なり。今、講礼せざれば、後世必ずや患有らん。已《や》むを得ずして、遐《はる》かに倭国の薩州に致り力《つと》めて和議を主《はか》る。彼の国の風俗を熟視するに、外は勇猛にして内に慈哀あるなり。深睦すれば講好し、又、弱小を恤《あわれ》む。地を割けば尽《ことごとく》行退き、復た鶏籠は諌を聴きて罷止《や》む。相い和好するを約せば、永く魯衛の治世を為さん。今、照らすに、本国は原例として三年二貢するも、驟《にわ》かに倭乱を警報するに因り貢期を緩《おく》らしむるを致す。

すなわち、(1)己酉の歳に倭人の侵入を受けたが、後患を考えて已むを得ず友好の礼をとり、薩摩の地で和議を結んだ。(2)薩摩は外は勇猛であるが、内には「慈哀」の心を持ち、深睦すれば友好を重んじ、弱小国を恤む国である。(3)琉球国が領地を割いたので軍を引き、また台湾への出兵は琉球の諌言を容れて中止した。(4)あい和好することを約すれば末永く共存可能の国である、以上のように述べつつ、貢期に遅れたことを詫びる内容となっている。

これらの諸点からわかるように、池城の帯びた咨文は、「倭国」が好戦的ではなく、いかに共存に足る国であるかを認識させようとしていたかに主眼が置かれていたことがわかる。すなわち、対明交渉にあたって琉球出兵が支障にならぬよう配慮がなされていると見ることができる。この咨文はおそらく島津氏が尚宏らと謀って作成したものと推測されるが、もしそうだとすれば、琉球侵入の事実を包み隠すことなく報ぜしめたのは別の効果を意図したと考えられなくもない。すなわちそれは婉曲的な形での示威行為ともとれるのである。このような理解に立つと、幕府による対明出兵の示唆もまたあらたな見方ができよう。

明国への出兵とはいっても、幕府周辺は島津軍はおろか、諸大名についてもこれを正規軍として派遣する考えをもっていたとは思えない。まず先の二月十日付本多正純書状においても「尚々」書きの部分で、「尚以、唐口へ之義、御手前直ニ御越候事にてハ御座有ましく候、御人数計可参候間、其御心得可被成候、以上」と、家久の直々の出兵では無いことを申し断っている。また家久は、この件に関してそれぞれ七月五日付および同二十日付の島津義弘（惟新）宛ての書状で次のように触れている。

A

一からへ人衆遣候儀も、當年之御普請を為可被指置、世上への御あいしらいニ被仰出候、遮而の儀にてハ無御坐由、板倉殿雑談直ニ承候、然ハ下々ばハんニ可遣様子と相聞申候、（七月五日付）[12]（傍点引用者）

B

一唐へ人数遣可申儀、題目被仰付にてハ無之候、當年御普請為可被指置、世上へのきこえに被仰出たる由、板伊賀殿被仰候、ばハんなとを少々遣候而可然候ハんよし候、猶駿府・江戸も様子従鹿児嶋之使召列候間、追々可申下候、（七月二十日付）[13]（傍点引用者）

すなわち、史料Aでこの一件に関しては板倉氏（勝重）が主として取次ぎにあたっていたことがわかるが、両史料は共通して明への出兵示達は名古屋城普請から島津氏を免れさせるための世間向けの口実であると語られている。その通りだとするならば、幕府は出兵の意志など毛頭なかったということになる。しかし事はそう単純ではない。ここで注目したいのは「然ハ下々ばハんニ可遣様子と相聞申候」（史料A）「ばハんなとを少々遣候而可然候はんよし候」（史料B）という部分である。すなわち征明軍の派遣と「ばハん」の派遣がセットになって論じられている点からいって、正規軍のかわりに「ばハん」人たちを派遣してよいと解される。このように理解すると、先に二月十日付本多書状で、家久自身が出軍するには及ばないと述べていた点も納得がいくのであって、幕府は正規軍の使用を避け、「ばハん」人の軍事力を利用して明国へ圧力をかけようとしたと考えられよう。家康が「ばハん」行為をすすめながら、それを鎮圧することによって明との通交回復の糸口にしようとしていたかどうかまでは判断が苦しいところであるが(14)、とにかく「ばハん」行為を一定度増幅させることによって、対明交渉に有利な環境をつくり出そうとしたことは確かであろう。島津側では池城渡明の首尾如何によって領内の「ばハん」の扱い方を決定しようとしていた。池城が帰琉すると、報せを得た島津義久（龍伯）は、八月八日付の家久宛書状で、「殊更従琉球口渡唐之船、尖ニ帰国之由候、然時者明国曖之儀茂、又御人衆被指渡候する歟、御分別此時候(15)」と述べている。また十一月二日付家老比志嶋国貞より同職の三原諸右衛門宛の書状は次のように述べる(16)。

殊自琉球大明へ被罷渡候池城之仕合も、一段可然之由相聞得候、彼是以来春之被判者先〻船作等被仰付、出船者可入御用捨事にて候、御諚御尤奉存候

すなわち、池城の渡明の首尾が良好と聞いているので、来春派遣の予定の「ばハん」は船作だけをさせ、出船は差し控えさせるというのは諚のごとくもっともだというのである。「ばハん」の派遣が明国を勘合交渉の場に引き出す

ための軍事的威嚇をねらったものであったことはもはや明らかであろう。

ところで、比志嶋ら島津氏要路にも安堵感をもって迎えられた池城の渡明の首尾とはいったいどのようなものであったか。それは島津氏の侵入をあるがままに述べた先の咨文に対し、明国の反応が以外にも穏やかであったことを指すに違いない。たとえば『神宗実録』は「琉球国中山王尚寧の咨に、陪臣王舅毛鳳儀・長史金応魁等を遣し、倭警を急報し、貢期を緩くするを致さんとあり。福建巡撫陳子貞以て聞す。所司に下して議奏せしめ、修貢の職を續けるを許す。(17)」と記すのみで、琉球に特別な対応を示しているふしは見えず、従来通りの入貢を認めていることがわかる。この時の神宗の尚寧王宛の勅諭は次のようになっている(18)。

皇帝、琉球国中山王尚寧に勅諭す。近ごろ該福建撫按官題称すらく、差来の王舅毛鳳儀表文方物を齎捧して称すらく、王国倭乱に遭うにより貢期を愆《あやま》つを致すと。念うに爾この喪乱の秋《とき》に当たりてなお緩貢の懼れを切にするがごときは、深く朕が懐《こころ》を惻《いた》ましむ。ここに特に勅を降して憮慰す。爾国に還るの日、務めてまさに流散を撫按し、疆場を保守し、修貢常の如くし、永く恭順を堅くすれば、朝廷遠宇を恤《あわれ》むの意に負《そむ》かざるに庶からん。それ該国と倭国との前後の事情は爾まさに再び奏報を行いもって裁処に憑らしめよ。それ王舅毛鳳儀および長史・通事人等はともに各々例に照らして賞賚すること差あり。并びに爾に諭して之を知らしむ。故に諭す。

万暦三十八年十二月十六日

これをみると、神宗は琉球国が倭乱に遭遇して入貢が遅滞したことにはむしろ同情を示し、国内人民の撫按、藩境の防衛とともに、従来のように修貢に努めれば、宗主国の朝貢国を恤む気持ちに変わりがないと表明している。そして、倭国との前後の事情について以後も奏報するよう促しているのは、むしろ琉球側の情報蒐集に期待していたことすらうかがわせる。

こうした神宗の勅諭もあって、基本的に琉明関係に変化なしと判断した幕府は、これ以上島津氏に「ばハん」の派遣を促すことはなかったのである。そして十二月になると、来航中の福建商人周性如に対し、本多正純ならびに長崎奉行長谷川藤広の名で起草せしめた福建巡撫陳子貞宛の書を託するにいたる。それが「方今《ニ》吾《マ》 日本国主源家康、一統《シ》闔国《ヲ》撫育《シ》 諸島《ヲ》、左右《ニシ》 文武《ヲ》経緯《ニス》 綱常、遵《ヒ》往古之遺法、鑑《ム》舊時之烱戒《ヲ》、邦富《ミ》 民殷《サカンニ》而《メ》積《ミ》九年之蓄、風移俗《リ》易而《テ》追《フ》三代之跡《ヲ》、其《ノ》化《ノ》所及《フ》、朝鮮入貢《シ》、琉球称《ス》臣《ト》、安南・交趾・占城・暹羅・呂宋・西洋・柬埔寨等蛮夷之《ノ》君長酋帥、各ゝ 無《シト云フヿ》 不上《リ》書《ヲ》輸《サ》賓、由是《テ》益ゝ 慕《テ》 中華《ヲ》、而求《ムルノ》和平《ヲ》之意無《シ》忘《ル》于懐(19)」と、日本を中心とした華夷秩序の完成を誇示するが如き内容となっていたことはよく知られている。これにはオランダ商館長の入見、朝鮮との己酉条約の成立、そして琉球国王入見につぐ安南国よりの使者来朝という、一連の国際関係の整備が反映されているものと見て間違いあるまい。

いっぽうこれと平行して琉球を仲介とした対明交渉の途も変わらずに模索しつづけられた。しかし、その後幕府の期待とはうらはらに、この琉球ルートは困難な事態を迎えつつあった。明国はすでに島津氏の琉球侵攻の概要や尚寧王帰国の経緯について、その後の琉球の進貢使たちの報告によって掌握していたが、浙江總兵官楊崇業の島津氏琉球掌握の報と、「近《ちかごろ》又對馬島の故智を用取し、以て朝鮮を愚《あなど》る。而して全羅・慶尚四道半ば倭奴雑《いりみだ》れり。(20)」という朝鮮における倭人勢力膨張の報と警告は、明廷の緊張をたかめた。そして、それは一六一二年（慶長十七）の琉球の栢寿・陳華ら進貢使の入貢に際して極点に達した。たとえば状況を福建巡撫丁継嗣の奏上によって示すと次のようになる。(21)

（前略）今は又入貢の年分に非ず。云うに據るに、帰国して報聞するを以てす。海外遼絶すれば、帰ると帰ざると、誰か則ち之を知らんや。此情を果して眞ならしむるも、而れども貢の入境には常體有り。何を以てか盤驗に服さず、先に報知せずして突《にわか》に會城に入らん。貢の尚方には常物有り。何を以てか突かに日本等の物を増すや。硫馬布之外に貢の齎進には常額有り。何を以てか人伴多く百餘名に至るや。此れ其の情態、已に平日恭順の意には非ず。況や又倭夷之が驅と為る有るをや。（以下略）

すなわち、ここに述べられていることからすれば、この時の入貢はまず第一に貢期をたがえての入貢であったこと、第二にそのためか、慣例を逸して先に明国に報知することなく会城に入ったこと、第三に貢物は常例の硫黄・馬・布のほかに倭産の貨物が多数混在していたこと、第四に貢物の齎進には常額があり、それにあたる人数も限られているにもかかわらず、一〇〇余名をともなっていたことなど、すべてが異例ずくめであったのである。こうした常規にはずれた入貢に対し、丁継嗣は、貢使は正使と数名の伴人を残して他は本国に還し、貢物も常貢物以外は帯回せしめよと進言し(22)、兵科等科給事中李瑾は、貢期を待たずして方物を貢してきたのは「其為倭所指援明矣」として、使者栢壽・陳華等らの「入貢之愆期」、「方物人役之違式」を責めると同時に、帰国を厳諭して「通倭之人」を懲し、「防海之規」を厳にせしめ、日本に乗ずるすきをあたえないようにせしめよ、と奏するなど(23)、論議はたかまっていった。しかし、明廷の危機意識を余すところなく代弁していたのは次の兵部の言であったといえよう(24)。

〔丁卯〕兵部言う。倭、釜山自り遁げ去る。十餘年来海波沸ず。然れども其心未だ嘗て一日も中国を忘れざる也。三十七年三月。倭、琉球に入り、其の中山王を虜にして以て帰る。四月。我が寧區牛欄に入り、再び温州麥園頭に入る。五月對馬島に入る。倭酋雲蘇等来り、其国王源秀忠の命を致し、朝鮮の道を借り、中国に通貢せんことを欲す。三十八年閏三月、我が寧區擅頭に薄《せま》る。又両び偽使を遣し、我が虚実を覘《うかが》う。今四十年、琉球の入貢する者に倭奴を夾雑し、盤験に服さず。福建の報ずる所に見る。平義智稱すらく、其国王家康は近臣を遣し、朝鮮に入らんことを欲す、と。遼東の報ずる所に見る。封豕長蛇にして其衅《きん》已見《あら》わると。（以下略）

ここで兵部が一六〇九年の島津氏の琉球侵略に加えてあげている「四月。我が寧區牛欄に入り、再び温州麥園頭に入る。」、「三十八年閏三月。我が寧區擅頭に薄る。」という浙江沿岸への倭軍の侵入事件について、有馬晴信の台湾視察事件とかかわりがあるものか、あるいは「ばハん」人たちの行為なのかどうかはいまのところ明確にしえないが、対馬の宗氏を通じての朝鮮における修貢路確保工作などを含めて、一連の日本の動向は明国をうかがう行為として受けとめられていたのである。

第二節　中華冊封圏の動揺

いっぽう、こうして日本との関係において琉球国に向けられた明国の疑惑は朝鮮国にも同様に向けられていった。すでに朝鮮国は一六〇六年（万暦三十四・慶長十一）に入京の琉球使者毛鳳儀（池城安頼）らに交鄰を求める書を託しており、それでは「賊情」、つまり日本の国情を明国を経由して報じるように乞うていることがわかる。(25) 同国が翌年はじめて徳川幕府の遣使送書に対する回答使の派遣に踏み切るのは周知の事実であるが、すでに指摘されるように、それが草創期の徳川政権の動向を探るためであったとする見方は、(26) このように琉球国からの情報に期待をよせている点からもうなずける。同国はまた一〇年（万暦三十八）には、やはり滞京中の琉球の使者毛鳳儀に書を託し、いっぽう琉球の尚寧王もこれに応えて返書を送っているが、それによれば朝鮮側の国書の内容は次のようになっていたことがわかる。(27)

琉球国中山王尚（寧）、鄰好を敦くせんが事のためにす。万暦三十九年五月、敝邦の陪臣王舅毛鳳儀等京師より回りて貴国の咨文一角を齎到するに称すらく、無禄の先父王群臣を奄棄す。寡人命を朝に受け、箕封を嗣守するも、犖々として疾にあることすでに三年を過ぐ。私交戒むる所ありといえども、旧好あに修せざらんや。いま咨を蒙《う》けてまた知る。貴国また皇恩もて王爵を襲封せらるるを荷くすと。これを欣慰すること私なるも、いずくんぞ馳嚮するに勝えざらん。かつ聞く、鳥島の酋の褫魄の鯨波少しく妥《おさ》まる。これ実に皇霊の遠きを震わし、そもまた友邦の福なり。およそ賊情あれば細大を揀《えら》ばず天朝に経報して敝国に転示せば幸甚なり。

すなわち朝鮮側は、朝貢国同士の「私交」は許されないことであるが、あえて旧交を修めたいとし、かつ「鳥島の酋の褫魄の鯨波」＝島津氏の侵攻の終息を喜びつつ、明廷を経由して「賊情」を転示するようにと願っている。こうした朝鮮側の要請に対し、琉球側ではこれらに応える意を表し、返書では「およそ賊情の謀をなすや測らざるあれば、宜しく牖戸（出入り口）の防を周くすべし。事は巨細なく天朝に奏聞してもって裁断に憑るべし」と答えている。(28)

こうして日本の侵攻を経験した両国の連携が確認されていったことがわかるが、しかしいっぽうでは、宗主国の明国はこれら朝貢国の動向に疑念を深めていった。たとえばそれは一六一三年（万暦四十一）五月の浙江総兵楊崇業・遊撃沈有容等の奏曰に凝縮されている。(29)

五月乙丑、是より先、浙江總兵楊崇業、遊撃沈有容等奏して曰く、「日本薩摩州兵強く無敵にして、新に琉球国を滅し其王を俘《とりこ》にす。今又朝鮮釜山に借居し、開市往来す。全羅四道は半ば倭奴雑《いりみだ》れ、朝鮮の君臣、怵《おそれ》て之に従う。今聞くに、朝鮮、吾人を力辞し、彼国に入れざるは、名は吾人の軽擾するに苦しむとも雖も、實は其の従倭之情を洩すを恐るる也と。倭の一朝挙事の如き有れば、則ち腹心肘腋皆敵と為る、朝鮮何ぞ慮らざらん耶」

つまり、楊および沈らは、日本の薩摩州の兵が琉球国を滅ぼして国王を俘囚とした、また朝鮮の釜山には倭人が開市往来し、全羅四道の居住者の半分は倭奴で占められているという状況は、朝鮮の君臣が倭を恐れているためであり、いま我々の入国を許さないのは、名は我々を煩わすのを避けるためと称しながら、実は倭に服従している事実が知られるのを恐れるがためである、倭が一朝ことを起こせば、腹心の者、周りの近接の地はすべて敵になるであろう、というのである。指摘されていることの事実関係は抜きにして、明廷において朝貢国の中でもっとも明国に近い朝鮮国の動向に対する警戒心が高まっていた点は注目してよい。一六一二年（萬暦四十）の琉球進貢使の貢物の内容に敏感な反応を示したのもその表れであったし、そしてついに琉球国の国力回復を待つことを理由に、貢制を旧来の二年一貢制より一〇年一貢制に改めるに到るのも、明廷における警戒心の高揚のしからしめるところであったといえよう。

しかし、こうした明国の動向をよそに、家康をはじめ幕府では琉球を介しての対明交渉に大きな期待をかけていた。家康の近習山口直友は、前年の一六一一年（慶長十六）の五月二十六日付で島津家久に宛てた書状で(30)、「先度御在京之砌も、琉球ゟ唐へ通用之儀無御油断御才覚被成旨、御諚候キ」と、家康より先に在京の折にも琉球に対明通交の一件について交渉に当たらせるよう指示があったことを伝え、「琉球ゟ唐へ之御使者漸可為帰朝候条、其口上之趣被聞召届、唐へ重而様子被仰渡御尤存候」と、明より帰国の琉球使者口上を聞いて明へ日本側の意向を伝えしめるように述べている。島津氏は当然のことながらこの山口の指示に従ったものと見られる。明国より異例の遣使として警戒された、翌一二年（慶長十七）の栢寿・陳華らの派遣には、多分に山口の指示に沿った島津氏の意志が働いていたものと考えて誤りはあるまい。将軍秀忠は、一四年一月六日付で家久宛に書を送っているが、その中で「従琉球至于大明、差遣使節處、少〻先船令帰朝、彼使者相通北京、當夏之時分可為着岸之旨、様子聞届候、遠路入念申越候段、令祝着候(31)」と述べていて、少なくともその前年に入京の使者とは別に、福建において交渉にあたった使者の帰国があって、その経過報告が秀忠のもとにも届けられていたことがうかがわれる。恐らくこの時に一〇年一貢制への変更を知り、幕府も島津氏も新たな対応を迫られることとなった。そうした切迫した状況の中から撰されたのが「與大明福建軍門書」であったと解されるのである。

これについては次の『南聘紀行』の記事が注目される[32]。

（慶長）十八年…（中略）…三月又使名護来報曰、政事鉅纖多革前弊一率藩制、且遣使参謀於福建之命、亦併以報実焉、二十一日、松齢公、復尚寧書特嘉之、因報未審、又命文之、代尚寧王撰其與福建軍門書、蓋亦附名護還令愈謀之。

（略）

記事の語るところは、一六一三年（慶長十八）三月、琉球国三司官名護が使者として訪れ、大小琉球国の旧弊の改革に当たったこと、使者を派遣して福建に於いて謀り事に当たれとの命を遂行したこと、また併せてそれに関する事実関係について報じてきた。そして二十一日に松齢公（家久）は、特に尚寧に書を復してこれを嘉した。しかし、報ずるところが審でないので、また南甫文之に命じて尚寧の代わりに「與大明福建軍門書」を撰せしめ、蓋し亦た名護に付し、還令して愈これを某からしめた、というのである。ここで述べられているところから推察すると、福建に特派された使者は三司官の名護自身であった可能性が高い。対明関係については直接使者の口上を島津氏自身が聞き糺すのが一般的であったし、「與大明福建軍門書」の取り計らいも再び名護に委ねられる文言となっている。そして同年六月一日付の島津家国家老らの、豊美城ほか琉球三司官宛の諭達には「名護帰国候者早々可被罷上事[33]」と、明国より帰国次第早々に上国するよう促す一条が見えるのである。名護は福建巡撫との交渉の任に充てられていたと見てほぼ間違いはあるまい。

さて、「與大明福建軍門書」の内容を整理すると、具体的には第一に日本商船の明国辺地への渡航を認めること、第二に明の商船を琉球に派遣して日本との交易を認めること、第三に直接両国が年々遣使をもって貨の有無を通ずること、以上の三案のいずれかの受容を促すもので[34]、それは抽象的な勘合復活要求ではなく、明国側に選択の余地を残すことによって、日明交易の途をより現実的なかたちで切り開こうとするものであったといえる。だがしかし、注目したいのは、かつて紙屋も問題にしたことがある次の箇所である。[35]

三者若無許之令日本西海道九国数万之軍、進寇於大明、大明数十州之鄰於日本者、必有近憂矣

すなわち、三案が受け容れられなければ、日本の西海道九国の数万の軍をもって明国に進寇するというのである。この文言は、まさに琉明関係が変化し、外交交渉の途が狭まる中で、恫喝をもって明国に勘合復活の同意を取り付けようとする姿勢を露わにしたものといえよう。したがって明国の藩国としての立場にあり、しかも貢制を一〇年一貢に限定されようとしていたこの段階において、琉球国がこのような書を明国に差し出すことは客観的にみて困難であった。『異国日記』元和七年（一六二一）六月十二日の条に「先年薩摩ゟ琉球へ書ノ案ヲ遣シ、大明へ如此書ヲ遣候へと申遣候へ共、琉球ゟ如此書ヲ大明へ遣候事は不成由也[36]」と記されているのはそのあたりの事情を示しているといってよいであろう。明国側の史料にもこの書についての記事が見当たらないことからして、琉球国ではついに携行を拒み続けたものとみてよい[37]。「旧記雑録」に名護の対明交渉の首尾に関する記事が見えないのもそのあたりの事情を伝えるものであろう。この頃の琉球国の動きを見ると、一六一四年（万暦四十二）には呉鶴齢・蔡堅らを派遣して貢制の回復を願い[38]、また一六年（万暦四十四）には蔡廛を遣わして村山当（等）安の台湾出兵の動向を報じるなど[39]、むしろ明の藩屏国として忠勤の姿勢を示して同国の態度が軟化するのに期待をかけている様子がうかがわれる。明との関係修復を果たすためには、同国をこれ以上刺激することは避けなければならなかったのである。しかしこうした琉球側の努力と期待も空しく、明国の頑なな態度を翻すことはできなかった。『明史』が「福建の守臣、朝命に遵い却けて之を還す。其の使者、快快として而して去る[40]。」と記すように、一四年に貢制復旧請願のために派遣された呉鶴齢・蔡堅ら琉球の使者らは入京を許されず、空しく福建を去らねばならなかったのである。こうして琉明関係に大きな転機が訪れたのであった。

第三節　村山当（等）安の台湾出兵

大坂の陣を経て一六一六年（元和二）家康が没すると、幕府権力は将軍秀忠のもとに一元化されるが、その後の対外政策で注目されるのは、長崎代官村山当（等）安の台湾出兵を容認していることである[41]。村山は一五年（元和元）七月二十四日付で幕府より高砂国渡航朱印状を受け、翌一六年（元和二）次男ジョアン（フワン）秋安を指揮官として台湾出兵を挙行している。すなわち秋安は同年三月二十九日に一三隻の船隊で長崎を発して台湾に向かい、閩撫台黄與参、「義民」董伯起らと戦闘状態に入った。この時捕虜として董伯起を得たものの、暴風と台湾現地民の抵抗に阻まれて目的を達成することができないまま帰国の途についた。この秋安の台湾出兵について、イギリス商館長リチャード・コックスはリチャード・ウイッカムに宛てて次のように述べている[42]。

（上略）東菴が、フェルモサ島を征服する為めに送りたる小船は、其の目的を達せず（其企図が到着前に発見せられたる為め）唯一隻の小船と、之ゝ在りし者を悉く失へり、彼等は島人ゝ圍まれて逃るゝ途なきを見、自ら其腹を切りたるなり、為めに他のものも入るを敢えてせず、支那の海岸ゝ赴き、其處ゝて一千二百餘の支那人を殺したり、而して其の會せる小舟又はジャンク船を悉く捕獲し、乗組員を海に投ぜり、之が為め、今年支那ジャンク船は、一隻も日本に来らざるべしと思はる、依て長崎なる支那人は、之ゝつき、皇帝に告げんと決心せり、或は東菴が其の生命と、其の有するもの一切を失ふ動機となり得べしと考へらる、

すなわち、このコックスの書翰はまず出兵が成功しなかった理由として、出兵の企図が事前に明らかにされていたことをあげている。黄與参や董伯起の対応から考えて、おそらく長崎来航の唐人らによって明国側に情報は流れてい

たのではないかと思われるが、この点については明確にはできない。またここでは一二〇〇人におよぶ中国人の殺害、ジャンク船の捕獲、乗組員の海上投棄が行われ、そのため一艘の中国船の日本来航ものぞめず、この状況について長崎来航唐人が将軍に訴える決意をしている、という指摘が注目されてよいであろう。また東菴（当安）の軍勢の所行については、唐人たちによって明の官衙に報告されたことも考えられてよい。

コックスはまた長崎の中国人ハウよりの情報として次のような事実を日記に書き記している(43)。

私は長崎（ママ）に向け、キャプテン・ハウからの手紙を一通受取ったが、そのなかで彼は、彼に与えられた贈物に対する謝辞を記し、さらに私に次のことを知らせている。すなわち、トゥアンのバルク船の内三隻が帰って来たが、一行は、タッカ・サンガすなわちフェルモサ嶋に向かって行く筈であったがそこまでは行かず、寧ろシナ沿岸で船狩りをして、同地で船すなわちジャンク船一一隻を捕獲し、しかもそれらの乗組員が反抗して彼等と戦ったため、全員を殺した由である。

すなわちキャプテン・ハウの情報によれば、台湾に赴くはずであった東菴（当安）の船三隻は同地に行かずに、中国沿岸において掠奪行為を行い、小船あるいはジャンク船十一隻を捕獲、船員の殺戮を行ったというのである。この一件については、次の『神宗実録』にある巡撫浙江右僉都御史劉一焜の奏上が該当することを思わせる(44)。

是より先、巡撫浙江右僉都御史劉一焜の奏に略ぼ謂う。倭、大小の船二隻を以て寧區を犯す。海洋に一戦し、風に乗りて去る。其の大陳山姆嶴を犯すは亦二船のみ。把總童養初、四十餘船を領《す》べ、互いに殺傷有ると雖も、而れども醜類未だ殲《ほろぼ》さざる也。倭、寧臺自り追逐《おいはら》われ、出洋するに及び、畢《つい》に大船六、小船廿餘を温に集め、夜燈を懸けて鼓吹し、以て南麂に遇う。我が兵連綜して死戦し、継ぐに火攻めを以てするも、反って自ら焚く。

ここでは倭船二隻が寧波、浙江省台州の島々を侵し、把總童養初らと戦闘を交えたことが明らかにされている。コックスの日記が指摘する船隻数と付合しないが、東菴（当安）の派遣船が台湾を侵し、ついで対岸の中国沿岸で明兵と交戦したことは事実のようであるから、明側に与えた衝撃は大きかったにちがいない。

ちなみにまた、長崎で洩れた秋安の台湾出兵の情報はやがて琉球にも届いたと見え、尚寧王はやはりそれを次の様に明国に報じていたことがわかる(45)。

琉球国中山王尚寧、通事蔡廛を遣し、来りて言う。邇《ちか》き間倭各島を寇《かす》む。戦船五百餘隻を造り、鶏籠山を協取《あわせと》らんと欲す。恐らくは其れ中国を流突《もとめおか》し、閩に害を為さん。故に特に移咨して奏報す、と。

倭が五〇〇余隻の戦船を備えているというのは秋安の船隊の実態とあわず、情報としての確かさを欠いているといわねばならないが、しかしそれが明国の警戒心を一層高めることになったことは疑えない。琉球国の報に接した福建巡撫右副都御史黄承玄は、中国東鄙に近い鶏籠（台湾）が陥ちれば閩州があやうくなり、閩が陥ちることあらば両浙地域も安枕を得ることはできまい、と危機感を訴えている(46)。またこののち、御史李嵩が八項の(47)、應天巡撫王應麟が七項の(48)、そして廣東巡按田生金らが六項(49)にわたるそれぞれ国防強化の進言を行っていることからして、村山らの台湾出兵は明国にまた新たな緊張を与えたことは明白である。

こうした中にあって、翌一六一七年四月十三日（元和三年三月十八日）、台湾征討軍の副官である明石道友が日明勘合再開の途を探るべく再び長崎を発し、福建へ渡航した。この明石の渡航について、やはりリチャード・コックスは次のように記す(50)。

チャイナ・キャプテンが来て私に、長崎から、弟ハウからの手紙を一通受取ったが、そこには、日本皇帝が一〇〇人以上も乗組んだバルク船一隻をシナ沿岸に向けて送り出し、その船では三〇人の紳士〇武士。がシナ皇帝に宛てた書状一通と、黄金作りの欄その他の附属品を備えた立派なるカタン一〇振、同じ様な拵えの槍多数、及び丁銀二〇貫目という高價な贈物を携えて行った、と記してあったこと、こうして人々は本件をどう判断してよいかを語ることができないが、人々は、恐らくシナの皇帝が、彼等〇日本人。から来る物を何も受納しないであろうとだけは考えており、事程さように両国間の憎悪が大きいことを語った、等々。(以下略)

右のやはり中国人ハウからの情報として記録するところによれば、明石らは明皇帝宛の書とともに、装飾を凝らした献上用の武具および丁銀などを携えて、一〇〇人余の渡航となったことがわかるが、日明間の憎悪の念が高まっている折に、これらの献上物が受納されることにはなるまいとする見方がもっぱらであったとする指摘が注目されてよいであろう。この時虜囚の身となっていた董伯起を送還し、明国側の甘心を買おうとはかったが、同国が明石らの要求を受容する余地は客観的にみてやはりなかったといってよい。『神宗実録』の萬曆四五年(一六一七)八月癸巳の条は、明石らと対面した巡按福建監察史李凌雲の次のような奏称を載せている。(51)

因に其の何故に鶏龍・淡水を侵擾し、何故に謀りて北港に據り、何故に内地を擅ままに掠し、與に伯起を挟去し、復た伯起を送還し、及び琉球を侵奪するや等の事を問うに、倶に甘言を以て對《こた》う。

すなわち、李凌雲は鶏龍・淡水・北港などの明国領内の島嶼・沿岸部のみならず、内陸地までうかがい、伯起を挟去したこと、さらには琉球の侵奪にまでさかのぼって明石を難詰したことがわかる。明国においてはこの李の奏上に象徴されるように、島津氏の琉球出兵、そして村山当(等)安の台湾出兵は徳川政権の明国をうかがう行為として意識されていたのである。結局は明側の強固な態度に、道友らはなすすべもなく引き退らざるを得なかった。福建巡撫右副都御史黄承玄にいたっては、道友らの行動さえ疑い、日本の明国窺伺の隙を杜《ふさ》ぎ、疆《さかい》を保ち、圍《まわり》を固めるようにと奏上している。(52)

いっぽう、この当(等)安の台湾出兵が挙行されるなかにあって、同時並行的に幕府が朝鮮に対して信使の派遣を要求していたことは周知の事実である。一六一四年（慶長十九）、宗義智は橘智正を使者として朝鮮に派遣、一五年（元和元）義智が没して跡を継いだ義成も、この年と翌一六年（元和二）に続けて智正を派遣、ようやく一七年になって、朝鮮側は回答使の派遣を決定するにいたった(53)。しかし、当然明国ではこの問題についても当（等）安の台湾出兵と絡めて議論が起こった。『神宗実録』の萬暦四五年十月庚戌の条にはその内容が記されているが、たとえば総都薛三才は、豊臣秀吉の朝鮮出兵にさいして島津氏が虜掠した朝鮮人の人数は三万七〇〇〇余人におよび、彼等は刷還を願っているにもかかわらず、日本において鳥銃・鑓刀の技能を修得しているため、日本の不利益になることを考えて刷還せず、通市の為の餌としている、使者の要求は一時的な権宜（場合に応じて適宜の処置を為すこと）であると述べ、さらに次のように続ける(54)。

倭夷の譎詐變幻は耽《たん》耽として未だ已まず。其れ一に信使往来之故を以て、堅く睦鄰の約を遂げ、而して啓疆の謀を寝めざるは明なり矣。遣使報答は修好の名に據議《したがいよ》るに、要挟の意峻絶し難く、尤も信憑し難きに似たり。朝廷藩の軫卹を寝めれば、方計を海外に遙かに度り難し。亦惟うに該国に申して、機宜を斟酌し、自から長便を畫せしむべし。上これを是とす。

史料の大意は、倭夷の人を欺き惑わす態度は奥深くて未だに已む気配がない、表向きは信使の往来を求めるのであるが、親交の約を堅くしつつ、国威を広げようとする策謀寝《や》まざるは明らかである。遣使報答は修交の名に拠るために要挟の意は峻絶し難く、信憑し難いように思われる、朝廷が藩の軫卹を寝めれば、方計を遥か海外に度り難いものがある。惟うに該国（朝鮮国）に申して機宜を斟酌して自ら長便を画せしめるべきである、というものである。日本に対する不信感、警戒心はこの薛の奏上の中にほぼ集約されているといってよかろう。

こうしてみると、村山当（等）安の台湾出兵は明国を痛く刺激したことが明らかであるが、『神宗実録』萬暦四六年五月戊戌の条にはその後も倭船の入寇を伝える記事が見える。たとえば次の如くである(55)。

初四月の間。倭船一艘、浙稲桿亭外に在て民兵を殺傷する有り。哨官陸大忠・季時衡、各哨を率いて之を攻め、其一船を奪う。倭始めて遁去る。既にして福建参将俞咨皐、亦船を差して截撃し、遂に其船を火《や》く。倭の死無数なり。是に于て浙江御史例に照らして功有る官兵を優賞し、並びに陣亡の軍士を卹《あわれ》まんことを乞う。之に従う。

すなわち四月頃、倭船が浙江稲桿亭外において民兵を殺傷したため、哨官陸大忠・季時衡らは、それぞれ哨兵らをひきいて応戦し、倭船一隻を奪った。いっぽう、福建参将俞咨皐らは兵船を派遣してこれを截撃し、無数の倭人を討ち取った。浙江御史はこの戦闘における有功の官兵を例に照らして賞し、戦死兵を卹まんことを乞い、神宗もこれに従ったというのである。これは、岩生成一が『崇相集』ならびに『中丞黄公倭功始末』によって明らかにしている「桃烟門」（籐右衛門）の一件ではないかと思われる(56)。

また『熹宗実録』天啓元年四月壬申朔の条には、次のような福建・彭湖地方に倭船が闖入し、官兵が賊首黄十二等を虎井島嶼において擒斬した記載が見える(57)。

〔己丑〕　倭船、福建の彭湖地方に入る。官兵、賊首黄十二等を虎井嶼に擒斬す。撫臣王士昌具疏して上聞す。

これらについては今のところ十分な検証はできておらず、今後の検討を期すほかないが、日本の「ばハん」人、もしくは明人の海賊行為であった可能性もあろう。しかしいずれにしても、先の倭船の浙江省稲桿亭外および福建・彭湖地方闖入事件とあわせて、この一件が明国に倭人への疑惑をかきたて、緊張を高めさせることになっていった点が問題となるのである。

むすび

草創期の徳川政権が、自らを東アジア国際社会に位置づけようとするにあたって、最大の外交課題を明国との勘合関係の回復においていたことはこれまで指摘されていることである。しかしすでに見てきたように、幕府は対明交渉を進めるいっぽうで、島津氏の琉球出兵、ならびに同氏領内海民の「ばハん」行為、有馬晴信の台湾偵察を認め、逆に東アジアに緊張関係をつくり出していった。それによって朝鮮・琉球国を通じての交渉ルートはかえって狭められて行く方向へ向かったが、それにもかかわらず、幕府は一六一六年には新たに村山当（等）安に台湾への軍事行動を許し、さらに国際環境を悪化させている。恫喝に満ちた一三年の「與大明福建軍門書」の文言なども合わせて考えれば、「武威」の誇示によって外交的な要求を引き出そうする姿勢が強く、徳川政権の初期外交はおしなべて平和的な外交として単純に評価できないように思われる。「武威」が放棄されるのは家光政権期になってからであり[58]、家康・秀忠政権期の外交姿勢は家光政権期のそれとは一線を画すべきであろう。

注

(1)　中村栄孝『日鮮関係史の研究』下（吉川弘文館、一九六九年）五五五頁。なおドナルド・トビはこうした中村の評価をさらに敷衍し、次のように「大君外交」の積極的な位置づけを行っている。
（略）「日本国大君外交」の確立は、いわばアルキメデスの「立脚点」であり、それによって日本は独立した地位を築き、幕府は世界像を変えることができた。東アジアの他の諸国は、思想的にも外交的にも中国が中心であるとの幻想に依拠していたためにその独立性を失い、やがて西洋—後には日本—に支配される運命に陥った。それに対して日本は、中国中心的な世界観をはねつけ、それのかわりに日本中心的なイデオロギーと外交とをつくりあげた。それにより、他の東アジア諸国よりも日本は自由に行動でき、独立・自治・国民統合を堅持することができたのである（速水　融・永積洋子・川勝平太訳『近世日本国家形成と外交』、創文社、一九九〇年、一七八頁）。

（2）朝尾直弘「鎖国制の成立」（『講座日本史』四、東京大学出版会、一九七〇年）、荒野泰典『近世日本と東アジア』（東京大学出版会、一九八八年）四頁。

（3）朝尾直弘『鎖国』（『日本の歴史』一七、小学館、一九七五年）一〇一頁。

（4）影印本『異国日記』）の各国あて国書を参照されたい。

（5）『大日本史料』第十二編之六、一三一―一三三頁。

（6）中村栄孝『日鮮関係史の研究』下、二八三頁。

（7）田中健夫・田代和生校訂『朝鮮通交大紀』巻五（名著出版、一九七八年）。

（8）「島津家文書　巻之二」一〇五一号。

（9）『那覇市史』資料編第一巻八（那覇市、一九八三年）、一部『薩藩旧記前集』（東恩納寛惇「鄭週及び其の時代」〈同『全集』4、第一書房、一九七九年〉所引）によって訂正。

（10）『歴代宝案　第一集抄』一九四号。

（11）『歴代宝案訳注本』第一冊一―一八―〇四号。

（12）「旧記雑録後編」巻六五、四、七〇三号。

（13）右同巻六五、四、七一六号。

（14）千葉恵菜「近世初頭の『ばはん』問題と島津氏―対明交渉の関係から―（『南島史学』第四七号、一九九六―四）。

（15）「旧記雑録後編」巻六十五、四、七一九号。

（16）右同巻六十五、四、七五三号。なお史料中の「被判」は千葉恵菜が東京大学史料編纂所蔵の「島津家文書」写真帳で確認の結果「破判」であることが判明している（千葉前掲論文）。

（17）「神宗実録』」巻四七三、万暦三十八年七月辛酉条。

（18）『歴代宝案第一集抄』第一巻、一九五号。

(19)「羅山林先生文集　巻十二」（『林羅山文集』京都史蹟会、一九一八年）。
(20)『神宗実録』巻四九六、万暦四十年六月庚午条。
(21)(22) 右同巻四九七、万暦四十年七月己亥条。
(23) 右同巻四九七、万暦四十年七月己酉条。
(24) 右同巻四九七、万暦四十年八月丁卯条。
(25)『朝鮮李朝実録中的中国史料』上編　四七。
(26) 浦廉一「明末清初の鮮満関係上に於ける日本の位地(1)」（『史林』第一九巻第二号、一九四四年）。
(27)(28)「歴代宝案　第一集抄」、一九六号。
(29)『朝鮮李朝実録中的中国史料』上編　四七。
(30)「旧記雑録後編」巻六五、四、八三五号。
(31) 右同巻七〇、四、一〇八〇号。
(32) 伊地知季安編『南聘紀行』。
(33)「旧記雑録後編」巻六八、四、一〇一五号。
(34)「南浦文集」巻之中（『薩藩叢書』第二）。
(35) 紙屋敦之「大君外交と近世の国制」（早稲田大学文学研究科『文学研究科紀要本冊』第三八輯「哲学・史学編、一九九二）。
(36) 影印本『異国日記』〈上〉。
(37) 豊見山和行がやはり「與大明福建軍門書」に基づく斡旋行為を尚寧政権が拒否する行動をとったことを近業で明らかにしている（豊見山「近世初期における琉球王国の対薩摩外交―尚寧・尚豊政権移行期をめぐって―」（『琉球大学教育学部紀要』第五四集、一九九九年）。
(38)『歴代宝案　第一集抄』、二〇一号。
(39)『神宗実録』巻五四六、万暦四十四年六月乙卯の条。
(40)『明史』（野口鐵郎『中国と琉球』、開明書院、一九七七年、以下同じ）。
(41) 村山当（等）安の台湾出兵の経緯については、岩生成一「長崎代官村山等安の臺湾遠征と遣明使」（『台北帝国大学文政学部文学科研究年報』一）にくわしい。その他当（等）安については前掲朝尾『鎖国』一四六―五五頁、高瀬弘一郎『キリシタン時代対外関係の研究』（吉川弘文館、一九九四年）第一三章「長崎代官村山当安をめぐる一つの出来事」等を参照。

(42)「東邦に在る使傭人より東インド商会に贈りし書翰」第三七五号、一六一六年七月十二日（『大日本史料』第十二編之二十五、七九〇頁）。

(43) 日本関係海外史料『イギリス商館長日記』訳文編之上（東京大学、一九七九年）、一六一六年七月六日条。

(44)『神宗実録』巻五五一、万暦四十四年十一月癸酉条。

(45)(46) 右同巻五四六、万暦四十四年六月乙卯条。

(47) 右同巻五四九、万暦四十四年九月己巳条。

(48) 右同巻五五七、万暦四十五年五月己卯条。

(49) 右同巻五五七、万暦四十五年五月辛巳条。

(50)『イギリス商館長日記』訳文編之上、一六一七年四月十三日条。

(51)(52)『神宗実録』巻五五一、万暦四十五年八月癸巳条。

(53) 中村『日鮮関係史の研究』下、二八六頁。

(54)『神宗実録』巻五六一、万暦四十五年十月壬庚戌条。

(55) 右同巻五七〇、万暦四十六年五月戊戌条。

(56) 岩生前掲論文。岩生によれば、「桃烟門」は浙江を犯して兵船を破り、兵一八名を殺し、一〇〇余人を捕らえている。そして、やがて閩に転じて漁船を捕獲するなどしたが、船を岩礁に触れて破砕、のち明に降っている。

(57)『熹宗実録』天啓元年四月壬申条。

(58) 山本博文『鎖国と海禁の時代』（校倉書房、一九九五年）「Ⅲ　武威と対外認識」参照。

※『明実録』等を読み下すにあたっては、西里喜行琉球大学教授のご教示をうけた。記して謝意を表したい。

第五章　琉球支配の基調

はじめに

第三章で琉球出兵の過程について触れ、第四章では家康・秀忠政権期の対東アジア外交と琉明関係の動向を見てきたが、次に問題になるのはその島津氏の占領政策である。この点については断片的にではあるが、これまで触れたことがあるし(1)、また紙屋によって主要な施策についてはあらかた検証し尽くされた感がある(2)。しかし、琉球宛ての諸法令を検討して見ると、重要な内容を含んでいながら、なお十分吟味されてこなかったものも少なくない。本章では、これまでの研究の不備を補う意味で、あらためて諸法令を時系列的に検討を行い、島津氏の琉球支配の基調を明らかにして行きたい。なお法令の存在はただちにそれが実態を意味するものではない。法令分析は実態の検討をまって意味をもつものであるから、論証にあたっては支配政策とその具現過程の両側面に注意をはらいたい。

第一節　琉球検地

一六〇九年（慶長十四）の七月、大御所家康および将軍秀忠によって琉球国の「仕置」を委ねられた島津家久は、まず尚寧王の留守中に大島五島を除く琉球本島を中心とした島々に対する検地にとりかかっている。琉球本島その周辺の主要な島々の検地は翌一〇年に完了し、その翌年から南西の「都之嶋」（宮古島）に検地衆が派遣された。一一年一月十七日付で琉球滞在中の本田伊賀守（親正）・蒲池休右衛門両人の名で「都之嶋」の「御検地組頭」宛に検地条目が出されている点から[3]、宮古島および八重山島を含む先島の検地はやや遅れて着手されたことは明らかである。そしてこれらの離島検地が完了したのは三月の始めか半ば過ぎ頃かと思われる。というのは、三月一四日付で、三原諸右衛門（重種）ら家老衆が川上彦左衛門ほか三人の琉球渡海衆に宛てた諭書に「然ハ其地へ御検地衆差渡候間、定而頃日相済可隙明候条、迎舟として六艘申付差渡候、検地衆へ以談合早々各事も与中之衆同然ニ可帰帆候[4]」と、検地衆の迎船として六艘を派遣する旨伝えているからである。これら琉球検地の具体的な施行過程については明らかではないが、「都之嶋」検地条目に「田畠かくし不申候様ニ、其所之役人・百性被召寄、堅被仰付可被下之事[5]」とみえる点からして、検地に際して琉球国の田畠の洗い出しに力が注がれたことは疑いない[6]。こうした離島検地が完了した後、九月十日付をもって三原ほか三家老、そして琉球現地で諸政策の具体化にあたっていた樺山権左衛門の名で、琉球三司官宛てに納物目録が交付されている。それは沖那波・けらま（慶良間）・与部屋（伊平屋）・いぜな（伊是名）・伊恵島（伊江島）となき嶋（渡名喜島）・粟嶋（粟国島）・久米（久米島）・やえま（八重山島）・宮古島の島々をあげ、「右嶋々より毎年可被相納物数之目録」として「はセを布三千端」「上布六千端」「下布壱萬端」「から苧千三百斤」「綿三貫目」「しゅろ綱百方　真なし　但長六十ひろツヽ」「くろ綱百方　真なし　但長六十尋ツヽ」「筵三千八百枚　内三百ハ長むしろ」「うしの皮弐百枚」を定めている[7]。これよって、検地が行われたのはここに掲げられている沖縄本島を初めとする主要一〇島であったとみてよいであろう。そして注目したいのは、すでに紙屋も指摘するように、納物は主穀ではなくそれ以外の反布や苧・棕櫚綱・黒つぐ綱・筵・牛皮などの諸産物であって、検地による石高確定がかならずしも年貢収取と結びついていない点である。それは琉球に対する知行体系の確立のための、換言すれば当面

尚氏との主従関係の樹立を目途として着手されたことをうかがわせるものである

ところで、この琉球検地と関わって看過することのできないもう一つの事実がある。それは島津氏がこの年の十月に領内の検地に着手していることである。いわゆる慶長内検といわれるもので、松下志朗によれば、それは籾・大豆高による高の水増し（実質的には切り下げ）よる家臣団統制、そして同時に藩財政の窮乏に対処しようとしたものであったといわれる。(8)琉球検地もこの観点から考えてみる必要があろう。島津家久は一六一〇年（慶長十五）七月五日付で国元の惟新（義弘）に宛てた書状で、「来春　禁中御普請可有御坐由被仰出候、我〻儀も来春ハ御普請可仕候間、内〻国中其用意可有之儀肝要存候、就中琉球納方之儀なとも大方ニ無之様ニ、鹿児島役人衆へ被仰聞、被添御心候て可被下候(9)」と述べている。つまり、翌春から始まる禁中の普請のために、国中が用意にあたることはもちろん、琉球の年貢の納め方についても怠りなきように鹿児島の役人衆に言い聞かせておいてもらいたい、というのである。この部分にうかがわれるように、島津氏が財政窮乏の打開策として琉球検地を実施したと考えても無理はない。

いっぽう七月十二日付で国元から家久宛に出された書状に次のような内容が見える。(10)

一河上五次右衛門尉事、此比者をのつから順風無之、未出船候、然処伏見へ上着候者、都之嶋検地之様子共、村田三郎右衛門尉を以可被仰下之由候間、今少出船延引候て、御用之儀共承候へと、紹益ゟ被申事候（以下略）

すなわち、琉球へ向けての使者として差し立てるはずの河上五次右衛門は、順風を得ることができずに出船を見合わせていたところ、（家久が）伏見上着の時に宮古島検地の子細について村田三郎右衛門尉をもって申し伝えるので、出船を延期して御用の件を承るように紹益（島津図書）より指示された、というのが述べるところである。これからみると、家久は「都之嶋」の検地について色々指示するところがあった様子がうかがえるが、先島まで検地の竿を延ばしていったのは財政事情に押されてのことであったと考えてよいであろう。家久は琉球本島の検地をまず断行し、ついで遅れていた先島の検地を急がせ、そして本領内の検地に取りかかったとみることができる。つまり琉球支配を契機に、新たな領主権力基盤の編成へ向けての力が本領内へ逆作用しているようにうかがわれる点が興味深い。それはそれとして、慶長検地は琉球と本領の同一化のための基礎作業として位置づけられてよいであろう。

第二節　諸法令の検討

さて、検地を終了した後の島津氏の対琉球政策として注目されるのは、倭僧西来院の三司官登用である。家久は、一六一一年（慶長十六）六月九日付で琉球三司官あてに書を宛て、国王帰国の際に申し渡す如く諸事油断なきように、と諭すいっぽうで、「別而西来院之儀者日本之様子能依存之儀候、雖沙門之事候相加三司官候間、無遠慮被入精尤候」[11]と述べている。西来院は島津氏の侵攻を受けた際に琉球側の使者として和平に当たった禅僧であり、その功を買われて、家久書状が示すように「沙門」の身で異例の三司官抜擢となったのである。これが島津氏の支配政策を貫徹する上での王府人事の改編であったことは明らかである。そして九月には同十五日付で、家久は西来院を含む琉球三司官らに、琉球国王の帰国に至らしめる島津氏の「懇志」を忘れざるようにと促しつつ、「自然對日本疎意之旨於有之者、始王子衆至諸侍迄、自三司官相理、此方江有様可申越候」[12]と諭しており、予測される王府要路の抵抗に強い姿勢で臨もうとしていた様子がみえる。

それから間もない同月の十九日付で、俗に言うところの「掟」十五条が出される。その内容のもつ意義についてはすでに指摘済みの感もないではないが、なお詳細に検討した研究は見当たらないので、ここで改めて全文を掲げ、そこから明らかになる点を整理してみたい[13]。

掟

一①薩摩御下知之外、唐江誂物可被停止之事、
一②従往古由緒有之人たりといふ共　當時不立御用人ニ知行被遣間敷之事、
一③女房衆江知行被遣間敷之事、
一④私之主不可頼之事、
一⑤諸寺家多被立置間敷之事、
一⑥従薩州御判形無之商人不可有許容事、
一⑦琉球人買取日本江渡間敷之事、
一⑧年貢其外之公物、此中日本之奉行如置目可被致取納之事、
一⑨閣三司官、就別人可為停止之事、
一⑩押売押買可為停止之事、
一⑪喧嘩口論可令停止之事、
一⑫町人百姓等ニ被定置諸役之外、無理非道之儀申懸る人あらは、到薩州鹿児島府可被致披露事、
一⑬従琉球他国江商船一切被遣間敷之事、
一⑭日本之京判桝之外不可用之事、
一⑮博奕僻事有間敷之事、

右條々於違犯之輩有之者、速可被處厳科之者也、仍下知如件、

慶長十六年辛亥九月十九日

（伊勢貞昌）
兵部少輔　（花押）
（比志嶋国貞）
紀伊守　（花押）
（町田久幸）
勝兵衛　（花押）
（樺山久高）
権左衛門　（花押）

条目中で注目したい第一の点は、琉球人の売買禁止である（七条）。つまりこれによれば、琉球人が島津領民と同様に位置づけられたことになり、人民支配権は尚氏にではなく、最終的には島津氏に帰属するにいたったことを意味しよう。第二は用立たざる者、女房衆への知行宛行いの禁止（第二、三条）、社寺多設の禁止（第五条）、私的な主従関係の形成禁止（第四条）等で、これらによって尚氏の知行権は著しく制限されたといいうる。第三は年貢その他公物の藩奉行の定めるところにしたがって納入を命じ（第八条）、町人・百姓に対する恣意的な諸課役の賦課を禁止している点（第一二条）で、これらの内容によって尚氏の年貢・諸役の徴収権はやはり制限を受けたことが明らかである。第四は中国に対する藩の命ずる以外の唐物誂えの禁止（第一条）、島津氏の印判を帯びない商船の許容禁止（第六条）、他国への商船派遣の禁止（第一三条）等で、交易・通商権の制限がまた指摘できる。第五はそうした尚氏の知行権を大巾に制限するいっぽうでの、伝統的三司官執権体制の保持である。藩は王府士臣が三司官を閣《さしお》いて他の権力につくことを禁じているように（第九条）、三司官を頂点とする政治支配の安定化をはかったといえる。先の西来院の三司官人事もその点からまた理解できる。そのほか京桝の使用の義務づけによる計量の島津領内との同一化（第一四条）、押売・押買の禁止（第十条）、私闘の禁止（第一一条）、博奕禁止（第一五条）等にみる治安維持・裁判権にかかわる問題も指摘できよう。

このように、「掟」十五条によって島津氏の琉球支配の基調が判明するが、それらは島津氏が九月二十日付で、勝連・江曽・江洲・豊美城・池城・雲心ら王府要路より徴した次のような起請文の中にもうかがい知ることができる。(14)

敬白　天罰霊社起請文之事

一琉球之儀自往古為　薩州之附庸之条、諸事可相随御下知之處、近年依致無沙汰被成破却、始国主・王子并侍衆至迄被召寄貴邦上者、再止帰国之思候處、　家久様以御哀憐被為帰国、加之過分之御知行被宛行、開喜悦之眉候、以如何斯可奉謝御高恩候哉、永〻代〻奉對薩州之君不可奉存疎意候事、

一若球国之輩忘右之御厚恩、企悪逆者在之而、縦国主雖為其旨同心、唯今此起請文連暑(ママ)之輩者属　薩州御幕下、毛頭不可相随逆心之無道候事、

一此霊社起請文之草案銘〻写置、譲与子〻孫〻、　奉對薩州不可致不忠之旨可令相傳候事

（以下略）

すなわち、第一条目において、まず琉球国は往古より薩州の附庸であったこと、諸事にわたって無沙汰にした非は琉球側にあることを認めさせられている点が注目してよいであろう。そのうえで、国王の帰国容認、知行宛行いを高恩とし、永々代々にわたって島津氏に疎意を懐かざることを要求されているのである。ついで第二条目では、琉球の者が右の高恩を忘れ、悪逆を企む者があって、国主がこれに同心しても、この起請文連署の者は島津氏の幕下に属し、逆心の無道に随わないことが誓わされており、王府要路は島津氏への忠義を第一義とすることを要求されているのがわかる。第三条目でこの起請文を子々孫々にいたるまで写し伝え、薩摩に対する不忠の心を懐かざるように諭していることからも、島津氏は王府要路の忠誠の対象を尚氏とせずに島津氏とし、むしろ彼らを尚氏より引き剥がして尚氏を掣肘せしめる体制を創り出そうとしていたことが指摘できよう。

以上、一六一一年（慶長十六）に出された島津氏の法令を検討してきたが、ここまで見てくると、それらの基本的なものはこの年の九月に集中して発布されていることに気づく。この点と、尚寧王の帰国認可、琉球の知行宛行いなどをあわせて考えると、この時期が琉球支配一つの画期をなしていることをものがたっていよう。

こうして一六一一年に一定の琉球支配の方針が確定したためか、翌一二年の法令発布数は極端に少なくなるのであるが、特にその中で次の三月二十二日付の三司官宛て三原ら連署の「覚」を検討しておきたい(15)。

覚

一①琉球江當分被罷居奉行之内一人、来年迄召留度由候へ共、先ゝ可為帰国之事、

一②其元より納物色ゝにて、上納之儀難成之由候、少ゝ者云相調、其外難成物者、算用次第何色にても可有上納之事、

一③於琉球諸売買御法度之儀、以高札申定候之事、

一④従琉球表渡唐船之時、銀子相隠指遣者於在之者、其地之者ハ不及申、日本人之事茂能ゝ被遂糺明、此方へ可被申越之事、

一⑤其国より渡唐船帰国之節分一其儀、其方次第可被申付候事、

一⑥日本人於其地方ゝ寄宿之儀可為停止之通、制札差遣候之事、

一⑦米積船之儀者其方より如承候申渡候事、

一⑧浦添佗之儀者追而此方より可被仰遣候之事、

一⑨謝納居家其外一跡之事、其元ニ分在之者何と（ケか上原）様にも可被申付候事、

一⑩高麗人被指遣候之事、
一⑪其地之女従　関東御用之由候間、五人程先〻可被差渡候、但十二歳より十九歳までの女可被遣候事、已上、

「朱カキ」
「慶長十七年」
三月廿二日

三原諸右衛門尉
重種（花押）
伊勢兵部少輔
貞昌（花押）
比志嶋紀伊守
国貞（花押）
町田勝兵衛尉
久幸（花押）

三司官

この「覚」は、まず琉球仕置のために置かれていたと思われる奉行についての触れではじまっている。内容からすれば複数のそれが一定期間にわたって派遣されていたようであり、内一人について、来年までの駐留を琉球側より要求したのにたいして、藩では帰国を促したことがわかる。琉球在番奉行制はなおこの段階では固まっていなかった様子がうかがえる。(16) 第二条目は、先に定めた納物が調わなかったため、他の産物による代納を認めるものである。琉球の貢納制そのものにつまずきがみられたわけであり、島津氏は琉球の生産構造に見合う年貢取収を余儀なくされたことが理解できる。第三条目は琉球における売買法度を高札をもって申し定めるとするもので、島津氏は琉球国内における商業・交易統制に一定の方針で臨んでいたことがわかる。第四条は渡唐船に対する琉球・日本人による隠投銀の禁止、第五条は渡唐船の帰唐に際し、琉球側への分一徴収の許可である。この両条によって、島津氏による琉中貿易

の統制強化と運営介入の実態について知ることができる。第六条目は日本人の寄宿禁止をうたったものであるが、その期するところは琉球市場封鎖の徹底にあったといってよいであろう。第七条は、米積船について琉球の申出通りとするのであるが、琉球側の要求がどのようなものであったのか、ここでは詳細は不明である。あるいは積船を琉球船に限定することであったかと思われる。第八条は浦添の侘びについて、追って島津側より申し遣わすというもので、王府重臣の浦添氏に島津氏に対してなんらかの侘を入れねばならない行為があったことがうかがえる。浦添氏とは時の三司官の一人浦添朝師（向里端）[17]のこととみてよい。『中山世譜』には「本年（万暦三十九）。因㆓法司向里端致仕㆒。而毛鳳儀。継㆓任其職㆒。[18]」と毛鳳儀との三司官の交代を伝えるのみで、その具体的理由についてはなにも記さない。しかし、そこには浦添氏と島津氏との間になんらかの確執があったことを想定しないわけにはいかない。こうして反島津と目される者には同氏の粛清の手がおよんだことは、謝名氏の場合がその典型であるが、次の第九条ではまさに島津氏が見懲らしの意味を込めて斬罪に処した謝納（名）氏の居家、その名跡の維持について、琉球側に指示が与えられている。両条ともに琉球王府の士臣の処遇に直接島津側が介入したことをものがたるものといえよう。

第一〇条の「高麗人」派遣の一件についても、これを解する決定的な手がかりを欠いている。ただ『中山世譜』に「本年。以㆓高麗人㆒為㆑師。始造㆓陶器㆒。（本国治陶、自㆑此而始）[19]という記事が見える。この時の琉球下島の「高麗人」が陶工である可能性が高い。この頃茶の湯の隆盛によって舶来の茶器が重宝されていた状況を思う時[20]、琉球における陶磁器生産地としての基盤整備が目論まれたと考えることも無理ではない。最後の第一一条は、将軍秀忠の要求にしたがって、一二歳から一九歳までの琉球女性五人の献上を促すもので、この一件は敗戦によって幕藩制国家に従属的に編成された琉球国の位置を象徴的に示す事柄といってよかろう。

一六一二年（慶長十七）の「覚」は以上の内容をもつものであったが、翌一三年から一四年にかけても看過できない布達が出されている。以下ではさらにその中の重要と思われるものについて検討をつづけたい。
まず一六一三年（慶長十八）のものとして、次の六月一日付の「御掟之条〻」を見よう。(21)

御掟之条〻

一①琉球之様子昔之風体ニ不罷成様、年〻以御使可被仰理之事、
一②従琉球渡唐之船、春者二月下旬、秋者九月中旬ニ可致出船候、又帰帆之時者可為五月下旬候、若右之時節於相違者可致闕所候、為其奉行可被差遣之事
一③上納物以代銀可被納之由候、左候者銀子参拾貳貫目ニ相定候間、其年〻算用可被相究之事、
一④王位蔵入之算用御沙汰候而可被進事、
一⑤百姓共余不痛様可被入念之事、
一⑥御普請夫千石ニ付壱人宛可被仰付事、
一⑦都之嶋へ日本之商人被遣間敷之事、
一⑧至其嶋自何士如何様之用所雖被申遣候、爰許役人之墨付無之儀者一切許容有間敷之事、
一⑨従他領其嶋へ渡海之船雖有之、爰元之御判形無之船者、如前〻御法度被仰付間敷之事、
一⑩不依自他国之船於流来者、致馳走早〻出船候様可被仰付候、若違乱之者於有之者、證跡を取此方へ被為指上候者、其主人へ相届可致其沙汰之事、
一⑪此中耕作ニ専女を差出、男者大形之由候、自今以後者男女同前ニ可入精事、

右條〻違変於有之者、稠可被仰理候間、不可有緩疎者也、

慶長十八年六月朔日　　三原諸右衛門

重種（花押）
伊勢兵部少輔
貞昌（花押）
比志嶋紀伊守
国貞（花押）

豊美城
江洲
摩文仁
池城
名護
西来院

この「掟」のまず第一条目では琉球が旧習にもどらないように、下知徹底のために、年々薩摩より使者を派遣する旨が明らかにされている。琉球側の旧支配体系を打ち崩し、島津氏の領主権の貫徹をめざす動きが読みとれよう。第二条では渡唐船の出船時期を、進貢船を二月下旬、接貢船を九月下旬と明確にし、その時節に遅れた場合は渡唐役人を闕所処分とすること、これを徹底させるためにあらたに奉行を派遣することを述べている。島津氏の琉球貿易の統制がさらに進んでいく状況が確認できるであろう。

第三条は上納物の代銀納制への移行を示すものである。文言からするかぎり、代銀納入の願いは琉球側から出されたようにうかがえるが、低位の生産力状況からいって現物納体制が整わないための転換であったと見られる。まさに海外貿易をもって立国の基盤としていた琉球国にとって、それが適合的であったことをものがたっていよう。

第四条は、尚氏蔵入地の年貢算用に関する指示であり、知行宛行いにもとづいていよいよ尚氏の年貢徴収権の行使が認められたことがわかるが、第五条の百姓愛撫令の存在からも、尚氏の知行権が限定されたものであったことは明らかであろう。

第六条は千石夫の賦課を定めたものである。千石夫はいうまでもなく国家的普請人足役であり、石高制が年貢取収と直接結び付かなかったとしても、検地を経て琉球にそれが貫徹されたことの意味の大きさがこの点からあらためて認識される。

第七条、第八条、第九条は宮古島に関するもので、それぞれ同島への日本商人の渡航禁止、島津側役人の許可無き者の許容禁止、島津氏の印判無き他領船の渡海禁止を内容とするものである。同島が検地を終え、沖縄本島同様に島津氏の手に掌握が完了したことをものがたっていよう。

第一〇条の、他国よりの渡来船があった場合、早々に出船せしめよという指示は、琉球国と他国との遮断政策の重ねての表明である

第一一条は女労男逸の風の改良を促すものであるが、それは科挙を目指す男を女性が支えるという風習をさしているのであろう。一一条目とともに、伝統的な琉球社会の改編が目途されたことを示すものとして注目されてよい。

このほか一六一三年に出された法令の中で、琉球支配の基調がうかがえるものとしては、九月十五日付「覚」九ケ条[22]、同年二十四日付「覚」十二ケ条[23]がある。前者は家久の名で出されたもので、文言そのものは同一ではないが、趣旨はこれまで検討してきた法令の条項と重なる部分が多いので、逐一検討することは避ける。ただその中の七条と八条が看過できない内容を孕んでいると思われるので、掲げておきたい[24]。

一従長崎邊自然　公方様御存知之商船、唐・南蛮より帰帆之刻、依逆風其地へ於流着者、可成程早〻日本のこ

とく可被送候、若又船なとうち破候者、荷物不取散様被入念尤候事、（第七条）

一王子衆並三司官之子共餘多為人質可被差上候事、委別紙在之、（第八条）

七条目は将軍公認の長崎出航の商船が唐・南蛮よりの帰国に際して、琉球漂着の場合、日本に送り返し、破船にあたっては荷物の確保にあたるべきことを促したものである。この条目によって、我々は琉球国が長崎出航の日本商船の送還体制の一端を担わされたことを知りうる。琉球国を幕藩制国家の政治的範疇に編成した意義は、そうした日本商船の安全航行を確保する体制が確立した点にあったと見ることができよう。

第八条目は、王子衆ならびに三司官の子供を多数人質として鹿児島へ差し上せるよう命じたもので、琉球国の降伏・臣従の証としての証人制の確立がここで確認できる。

次に同年二十四日付の「覚」は三原重種・伊勢貞昌が連署で三司官宛に出したものであるが、やや興味深い内容であるので、やはり全文を示しておきたい。(25)

覚

一① 今度以両使被仰越儀、能〻被成御熟談肝要候事、

一② 佐敷被成在麑嶋、諸事琉球之儀可有沙汰被　仰出候、因茲新地千石可被進由候事

一③ 毎年渡唐之船頭被相定候事、付右船頭衆へ御法度之條々両人へ被仰含候事、

一④ 池城・豊美城、佐敷へ被相付、替〱可為在麑嶋候事、

一⑤ 惣別御支配有之事、様子在別紙、

一⑥ 質人可被差登せ候事、様子在別紙、

一⑦ 兵具御改之事、付鉄砲堅可有禁制事、

一⑧王子衆・三司官・侍衆自分之持具御免許候事、
一⑨謝納子共此方へ可被差渡事、付無御免日本之者其地へ被召置間敷事
一⑩琉球へ日本より人衆被差渡、御企之通為注進渡海仕候者、御曖之事
一⑪生糸之代銀毎年大黒にて、壱斤付可為拾匁充事、
一⑫王位御蔵入御算用被仰付、毎年御仕分被相定可被進由、両使へ可被仰含候事

慶長十八年九月廿四日　　三原諸右衛門尉
　　　　　　　　　　　　　　重種（花押）
　　　　　　　　　　　　伊勢兵部少輔
　　　　　　　　　　　　　　貞昌（花押）

三司官

まず第一条目によって、この「覚」は二人の使者によって特別に伝えられたものであったことがわかる。第二条目は「佐敷」が鹿児島にあって、琉球の政治向きに関する沙汰を委ねることを理由に、新地一〇〇〇石を加増する旨述べたものである。「佐敷」とは佐敷王子朝昌のことで、尚寧の従兄弟にあたり、当時人質の身であったが、この条目の述べるところからすれば、佐敷は琉球に対する取次人的な位置に据えられたことがわかる。島津氏が琉球に対する政治的影響力を強化するためにさらに王府人事の編成を押し進めるにいたったことが指摘できよう。それは四条目の池城・豊見城を「佐敷」へ付し、交替で鹿児島へ参勤させることを指示している点からも理解ができる。なお「佐敷」の一件についてはさらに後でとりあげてみたい。

第三条目は年ごとの渡唐船頭の任免を指示するもので、これによって島津氏の貿易運営への介入は細事に及んだことが理解できる。それは明国における生糸の購入は一斤当たり一〇匁で当たるよう指示する第一一条からもいえるで

あろう。

しかしこの「覚」のなかでもっとも注目したいのは、第七条目と八条目である。七条目は兵具改めの実施を令すると同時に、「付」で鉄砲の所持禁止を定めているが、いっぽう八条目は王子衆・三司官・侍衆の「自分持具」について認める内容となっている。これらの二つの条目は、琉球の武装権の存否について考えせしめる注目すべきもので、結論からいえば、王府士臣の武具の所持は全く禁止されたわけではなく、鉄砲所持禁止という限定付きではあるが、琉球王府士臣の武具保持権は一応認められたということになろう。

第九条目は「謝納」（謝名）の子供の鹿児島引渡しを命ずるもので、先の一六一二年（慶長一七）三月二十二日付の「覚」において、謝名の居家・名跡の維持を琉球側に指示していたことが確認できたが、ここでは謝名の係累を島津氏の監視体制下に置こうとしている意図が見える。同家を擁して反島津の空気が醸成されるのを封じ込める意図があったと理解される。「付」で島津氏の許可なき者を召置かざるように、重ねて指示している点からも、人の去留についても統制を強化し、内外の攪乱要因の排除をはかっていったことが知りえる。第六条にみる証人制度に対するこだわりも、琉球の動きに神経を尖がらせていた証左といってよいであろう。

第一二条目は王位蔵入分について、毎年仕分け算用を促すもので、これは給地分の算用との分離を強調したものと解せよう。王府士臣の直接支配を目ざした様子がうかがえた点からすれば、この条目も簡単に看過できまい。

このように、一六一一年から一三年にかけて発布された各法令を検討してみると、琉球支配の基調はほぼこの間に固まった感がある。わけても特別に使者をもって伝達された右の九月二十四日付の「覚」こそが琉球支配の根幹にかかわるものであると認識されるが(26)、最後に翌一四年（慶長一九）四月二十八日付で鎌田左京亮（政喬）・川上又左衛門（忠通）らが三司官に宛てた「覚」の中の、特に重要と思われる内容について見ておきたい。それは七条からなるもので、その中には証人制、公事訴訟の公平保持、年貢の皆済期限及び蔵米の請け取り、払い方に関する定法遵守など、これまでの布達内容の徹底を促す条目ももちろん存在する。しかし別けても注目されるのは、次の三つの条目である。(27)

一三司官衆以番賦那覇へ被相詰、上下船改之儀、諸事入念可被仰付事、付下着船之人衆宿之儀、那覇役人切手を以被相定候而可然候事、（第一条）

一那覇之津致衰微たる躰候間、以来有付候様ニ御分別肝要候事、（第六条）

一今鬼神わん両湊へ然々役人被召置、萬可被入念事、（第七条）

第一条目は三司官衆が番賦をもって那覇に詰め、上下船の船改めに当たること、および下着船の船子の宿賦り等について、那覇詰の役人の切手をもって定めることを促すもので、那覇の港湾管理体制に関心がはらわれていたことがわかる。第六条目も那覇の衰微を指摘して、その振興を促している点からいえば、港津の振興によって琉球・鹿児島間の物流を円滑にしようとする意図は明らかである。第七条の北部の要港「今鬼神わん」（今帰仁湾）への役人配備令もまた同様の点から理解できよう。

第二節　琉球支配の具体化

1　尚豊政権の成立

これまで諸法令の検討を通して、島津氏の琉球支配の基調をまとめてみたのであるが、しかし私たちはそうした基調の検討をもって島津氏の琉球支配の実態が明らかとなったと考えるわけにはいかない。本来諸法令の発布と、その貫徹の具体的実態とは別物だからである。以下ではこの観点からその支配基調の具現過程を検証してみたい。

それにあたってさしあたり注目したいのは、一六一六年（元和二）六月十五日付で藩が尚寧王より徴した次の起請文である。(28)

覚

一王位御子孫向後於無之者、佐敷之息江相続可然存候事、
一琉球国之諸置目、佐敷王子被聞、節々以渡海、日本与琉球之様子、被致熟談候様ニ於被相定者、可然存候、然者三司官者如前々不相替惣別之儀ヲ佐敷可被聞事、
一大明与琉球商船往還、純熟之調達弥可被入精事、

以上

右之條々慥承届候、聊疎意不存候、□其申付候畢

「朱カキ」
「元和二年」六月十五日

中山王（花押）

すなわち、第一条目では、尚寧王子孫なき時は佐敷王子の子息にこれを相続せしむべきこととしている。尚寧は、この段階では実子が無く、その後嗣を決定する必要が生じていたが、島津氏はそれに佐敷王子の男子を据えたのである。そして第二条目では、王府政治は佐敷王子を通じて島津氏と熟談を遂げて行い、三司官の職務は従来通り認めながらも、基本的な権限は佐敷王子が掌握することを尚寧に承認させているのである。

すでに一六一三年（慶長一八）九月二十四日付の「覚」でみたように、佐敷王子は人質の身として鹿児島にあって島津氏の取次ぎ人的位置に据えられたことを指摘したが、一五年（慶長二〇年、七月十三日元和改元）許されて帰国するにあたり、次のような趣旨の起請文をたてている。(29)

敬白　天罰起請文之事

一去年為質人被召寄貴邦上者、永可為在麑嶋之處、案外ニ御暇被下致歸国、加之琉球国之諸置目等ニ司官与可致熟談由被　仰付、并過分之御知行被宛行、以何如斯之可奉謝　御厚恩哉、永〻代〻奉對　御當家不可奉存疎意候事、

一奉對　惟新様　奥州様若逆心之輩有之者、縦縁者親類知音たりといふ共不致同心、則可致言上候事、

一若球国之輩忘御厚恩企悪逆者有之而、自然国主雖為其旨同心、於拙身者属薩州御幕下、毛頭不可相随逆心之無道事、

一此方之儀、何篇以讒訴致言上輩有之時者、可被遂御糺明事奉頼候事、

一此起請文之草案写置、譲与子〻孫〻、奉　對薩州不可致不忠之旨可令相傳候事、

右之旨若於偽申上者、

（以下牛王神文略）

佐鋪王子
朝昌　花押「血判」

慶長二十年六月吉日

高崎大炊助殿
町田駿河守殿

まずこの起請文で注目されるのは、第一条目で明らかなように、佐敷王子が知行宛行いを受けた見返りとして、島津家に対して疎意なきことを誓っていることである。これは王子と島津氏との間に尚寧王と同様の臣従関係が成立し

たことを意味する。そして第二条目から四条目においては、琉球国における惟新・家久に対する反逆に同心しないこと、島津氏に讒訴・言上を行う者の糾明方を伺うことなど、まさに具体的な奉公の内容が定められているのである。

こうして、王府の政治的実権を島津家の従臣としての佐敷王子自身に集中し、さらに王子の男子を琉球国王位の継承者として位置づけするかたちで、王府傀儡化の手だてがほぼ整えられていったことを知りうるのである。そして、この点を決定づけたのは一六二〇年（元和六）、尚寧が薨じた後、王子自身を国王（尚豊）に任じたことであった。(30)

2　王府内部の分裂と対立

しかしこうした島津氏による琉球王府士臣の直臣化は王府内部に分裂と対立を生み出すことにつながっていったことが推測される。ここでそのことをうかがわせる一つの事件を取り上げてみよう。

「旧記雑録」の中に次のような元和三年三月二十三日付の比志嶋紀伊守・町田図書両氏連署の「覚」が存在する。(31)

覚

一江州之知行被召上候、其納方被相添候而江州へ可被返進候事、

一津賢之知行永代被召離候事、

一越来与津賢同領之義ニ付、越来之知行先以被召上候事、

一江州之子息をへす、此中遠島之由候、早速可被召帰事、付本領可為安堵事、

一津賢口事篇ニ付、御曖之御條書之儀、御判今度者御上洛前ニテ不罷成候間、御下国之刻被成御判、佐敷帰国之節可被相渡事

元和三年巳三月廿三日　　　　比志嶋紀伊守（花押）

町田圖書頭（花押）

琉球王府摂政・三司官宛に出されたものかと思われるこの「覚」の条目を見ると、三司官の一人江洲、同じく重臣の津賢、越来、江洲の子「をへす」（上江洲）らの絡む事件が起こり、それについて知行の召上げ返還などの処置を指示していることがわかる。この一件を詳細に伝える一次的ともいうべき琉球側の史料は今のところ見い出しえてないが、ただ、『球陽』の中にこれに関連する次のような「二十七年、全興盛、法司毛凰朝を讒愬し、貶して百姓と為す。」(32)という綱文のついた記録が存在する。

全興盛（俗名津堅盛則）、騎馬を能くし、馴法を善くす。而して名、薩州に聞ゆ。惟新公招来して之れを見、寵愛已に厚く、恰も珍宝に似たり。此れに因りて、津堅心志甚だ驕り、人民を凌侮して、威勢自ら大、権、朝野に重く、敢へて拂悖するもの莫し。一日、毛鳳朝を訪ひて曰く、余疏文を具して、津堅島を領せんと欲するも、聖主の兪允するや否やを知らずと。鳳朝、怒りて曰く、古より以来、未だ一島を専領する者を聞かずと。黙して再言せず。津堅愧を抱きて去る。乙卯の年に至り、津堅、具疏して、題請す。田場港を濬ひ、以て倭船湾泊の所と為さんと。聖上、その請ふ所を准す。遂に津堅に命じて其の奉行と為し、吉を択びて工を起さしむ。時に鳳朝の長子、毛振薇（上江洲親雲上盛相）は、具志川総地頭を署理す。即ち田場に往きて、以て他の事に赴く。偶〻便毒を病み、暇を告げて家に回り、医を請ひて服薬し、一旬にして愈え、再び田場に赴く。津堅叱して曰く、汝病に托して家に回り、王事に勤めず。素餐する者と謂ふべきなりと。振薇之れを聞き甚だ怒る。然れども、其の威勢甚だ盛んにして、諍弁する能はず。即時家に回り、以て其の地頭職を辞す。興盛、父の長男を挑唆して、王事を懈怠せしむるの事を将て、王に讒愬す。遂に鳳朝獄に係ぐ。獄司深く冤枉を知るも、他の威勢を畏れ、敢へて是非を弁ぜず。竟に鳳朝をして、職を革め、貶して末吉邑の民と為らしめ、長男振薇は粟国島に流し、以て采邑を許さざるの恨に報ゆ。其の夏、三司官、書を薩州に寄す。而して、其の書に鳳朝の名字無し。是れに由りて、光久公、他の罪を獲るを知り、特に平田氏・猿渡氏等を遣はし来りて中山に至る。而して其の事を聴得し、敢へて弁決せず、遂に津賢と鳳朝とを帯びて薩州に赴く。始めて以て決を為す。是に於て鳳朝、仍、原職を拝す。

右の記録の語るところを要約すると、①全興盛（津堅盛則）は馬術をよくすることが薩摩にも聞こえて惟新（義弘）がこれを寵愛した。②これによって津賢は傲慢となり、毛鳳朝（江洲）に津堅島の専領を申し出たが、三司官の毛が旧来より一島の専有を許した例が無いことを理由にこれを退けた。③乙卯の年（元和一・一六一五）に、津堅（賢）は田場港（具志川間切の天願川の河口に開けた津口）を倭船停泊のために整備を願って許されたが、江洲への遺恨により、その男子で折しも具志川総地頭にあった毛振薇（上江洲親雲上盛相）の勤務のあり方を批判して上江洲を辞職に追い込んだ。④津堅はさらに上江洲の勤務の懈怠はその父の江洲の使嗾によるものと王府に讒訴し、首里末吉村の百姓身分に落とし、男子上江洲は粟国島に流刑に処した。⑤これに対し、島津氏は、三司官書状に江洲の署名のない事で事件を知り、平田・猿渡の両氏を派遣して津堅・江洲を鹿児島に召還して対決せしめ、その結果、江洲は原職に復帰することとなった、以上のようになる。

他に決定的史料を欠くため、これらの内容をすべて受け容れることは憚られるが、島津氏に接近をはかり、倭船の通航の便をはかることで薩摩との経済関係を強化しようとする津堅のような動きが王府士臣の間から出ても全く不思議ではない。島津氏の領主権力を背景にした琉球上士の動向が火種となって起こった王府内部の政治的抗争というのがこの事件の性格であったと見ることができる。中国との冊封関係を基軸として権力編成、社会編成がなされてきた琉球国に対する島津領主権力の浸透過程は、こうした矛盾をともなわずにはおかなかったというべきであろう。

ところで、ここでやはり注目されるのは、先の三月二十三日付比志嶋・町田連署の「覚」によれば、この一件に対する王府の裁判が覆され、いったん召し上げられた江洲への知行は徴租方法を添えて再び下げ遣わされ、津堅が知行召し離しとされていること、江洲の男子上江洲が流罪を解かれて本領を安堵されていることである。(33)裁判権が最終的に島津氏のもとに掌握されていたことはここでも明らかである。島津氏はこうした抗争事件の裁定を通じて、その点を琉球国に広く認識させていったのである。

3　琉球渡海の統制

琉球支配の具体的な側面は、また渡海統制にも示される。日本人の琉球への寄宿、および島津氏の印判なき者の渡海が禁止されたことはすでに見た通りである。それがどの程度具体化されたのか、さほど明確ではないが、ただその後の断片的な法令や事実のなかにある程度の様子をうかがうことができる。

一六一五年（元和元）の大坂夏の陣の後、落人の探索令が出されるのは周知の事実であるが、注目されるのは琉球にまでその令達がおよんでいることである。幕府の命令を受けた島津氏は、十月十一日付で中山王宛てに、「抑今度就大坂落城、彼地之落人堅依被成御改、若至其邊不審成者於忍居者、早〻被捕如日本可被相渡旨、慥雖申達、猶以為可入念以彼両人令申之条(34)」と念を入れて両人の使者をもってこれを申し伝えさせることを述べている。島津氏の琉球支配の意義は、こうして琉球を幕令が行き届く政治領域として編成しえた点にあったといってよいであろう。

ところで、イギリス商館長のリチャード・コックスはその日記に秀頼が大坂城を逃れて琉球に潜伏しているとの風聞をさかんに書き留めているが、城内で自害した秀頼はともかく、西軍の中には琉球に落ち延びた者が存在した可能性は無くはない。一六一五年（元和元）、シー・アドベンチャー号で琉球に寄港したウイリアム・アダムズは、その一月二十一日付の『航海日誌』に、名は記さないが、大坂の陣から逃れた「位の高い人」が首里に来たことを書き載せている。(35) 大坂方の落人が琉球に潜伏しえたとするならば、それを可能とするルートの存在を考えないわけにはいかない。その点では一六一八年(元和四)一月晦日付で比志嶋国貞らが連署で琉球三司官に宛てた「覚」の中の次の二条が示唆的である。(36)

一此度柳屋其国へ罷下候刻、於大嶋堺衆両人召つれ差下候由、相聞得候、曲事深重之儀候間可有御糺明事、

一他国之人爰許之手形於不持来者、弥許容有間敷候、稠可被相改事、

すなわち、最初の条目は堺商人の柳屋が琉球渡海に際して堺衆を大島に差下した一件について糾明するように命じ、かつ次の条目は島津氏の手形無き者の許容を禁じ、厳しく手形改めを実施するように命じているのである。これらの条目からうかがうかぎり、この段階まで琉球のへの渡航統制は比較的ゆるやかであったことが想定される。しかし右のように、元和四年の法令で統制強化が企図されているところがここでは注目される点である。この点についてはたとえば翌五年九月二十三日付で琉球国宛に出された伊勢兵部ら連署の「覚」の中の次の一条からも知りえる。(37)

一紹薫子気任ニ致渡唐付、紹薫并那波役人之儀も此中被召失候哉、然者先〻被召置由、御談合尤候、若紹薫子将亦□向其地へ帰朝申候者、いかやうニも稠可被仰付事、

すなわち、ここで問題になっているのは、紹薫なる者の子の渡唐一件について触れたものである。紹薫がいかなる人物かいまのところ明確にしえないが、その子が「気任ニ」渡唐したこと、ならびにそれを許した紹薫ならびに那覇の役人をそのまま放置したことを問題にし、両者をいずれ召し捕らえるべきこと、紹薫の子も琉球へ帰朝の折は厳しく処断すべきことなどを諭しているのである。

以上の事実は、琉球征討後さほど明確でなかった渡海制限政策が、元和段階にいたって厳格化の方向へ向かっていったことをものがたっている。それは広い観点に立てば、秀忠による外国貿易の平戸限定集中化政策の一環をなすも

のであったということができよう。

第四節　島津氏の領主的危機と琉球支配

次に従属関係の経済的指標ともいうべき琉球国に対する年貢・諸役の実現状況をみてみよう。近世初期幕藩体制の確立期における領主財政の脆弱性は一般的であるが、島津氏の場合、元和期の家久の財政政策の中にその点を見出すことができる。その琉球政策もそうした初期の領主的危機と無縁ではありえない。以下島津氏の財政窮迫とその克服をめざす政策が具体的にどのように貫徹をみていったか検証してみたい。

まず、元和段階における島津氏の財政窮迫の状況は次の樺山権左衛門宛て比志嶋国貞・町田久幸書状に端的に語られているといってよかろう[38]。

追而去年之一匁出銀、于今未進之由相聞得候、不可然候間、早々皆済候様ニ可被仰付候、已上、
熊申入候、去々年已来度々御上洛之入目、於江戸御屋形不慮之火事出来候、彼此御銀子千貫目余在之儀ニ候、此
御返弁、一年ニ者罷成間敷候、来秋之出銀、一石ニ一匁三分充可被仰付之由相定候、扨者銀子・鳥目・八木、此
三色之内にて可有上納候、八木直成之事を追而可申定候、兼日為御用意、先以用一書候、早々可被仰付候、恐惶
謹言、

「朱カキ」
「元和二年」
五月三日　　比志嶋紀伊守
国貞（花押）

町田勝兵衛尉
久幸（花押）

樺山権左衛門尉殿
人々御中

すなわち、一六一四（慶長一九）年以来のたび重なる上洛に加えて、翌一五年（元和元）の江戸桜田藩邸の類焼という不慮の災害にともなう入費が重なり、借銀は一〇〇〇貫目にもおよんだため、家久はやむなく領内に石当り一匁三分ずつの出銀を命じている。知行高に掛けられる出銀は、すでに慶長期にみられ(39)、一六一一年以前においては一匁に満たない高であったが、その年を期して一匁となっていた。それが一三年には七分に引き下げられ、のち一四年に一匁一分二厘、一五年に一匁となり、そしてこの年三分の引き上げとなったのである。

しかし、「追而」書きの部分で、比志島らが去年の一匁出銀が未だに未進のあることを指摘して、早々にその皆済を申し渡すように促しているように、その収取状況は一様でなかった様子が知られる。翌一六一七年（元和三）七月には、家久は「家中衆奉公無沙汰之輩故、及家之滅却候ハん事、無念之次第ニ候之間、自今已後者、出物未進衆、不依大身少身知行可召上候(40)」と、出物未進衆は大身・小身によらず知行を召し上げることを明言するにいたっていることからもそれは理解できよう。しかし、同年十月二十五日付で比志嶋、町田らが連署で佐多伯耆守に宛てた諭達によれば、秋の出銀は一匁四分と定められたが、さらに十月には「借銀諸返弁等諸事無際限之由」という理由で二匁に増額されている(41)。同じ年にあい次いで出銀高の増高をうち出さねばならなかった点に財政状況がいかほどのものであったかが理解できるが、とりわけ十月二十五日付の諭達も「猶」書きで「出銀之儀、正月相過候而二月ニ罷成候者、未進銀二匁ニ高壹石ツヽ之算用ニ知行可被召上のよし候、是又慥申届候(42)」と、納入期限の一月を過ぎた場合、未進高二匁につき一石ずつの計算で知行高の召し上げを断行するとする家久の意志を伝えている。それだけでない、一六一九（元和五）年七月の「家久掟書」[43]には、知行割りかえ、地方知行制より俸禄制への転換、上知による蔵入地の拡大化、出物未進衆に対する知行召上げなどの実施が明示されており、領主財政基盤確立のための改革が着手されたことがわかる。

こうして一連の家久の政策過程をみると、生産力の低劣な辺境の大名が、その財政基盤の安定化にいかに血みどろのあがきをしていたかが明らかとなる。しかも、そうした領主権力の強化政策は、当然のことながらいっぽうでは内部矛盾を拡大膨張させていくことになった。その一端はたとえば次の一六二〇年（元和六）十二月二十九日付で本田源右衛門に宛てられた伊勢貞昌ほか連署状の一節に明らかであろう[44]。

一先書ニも被仰越候御蔵入物成弥無然〻由、咲止之至候、然者出水長嶋百姓廿人餘逃参之由、何方へ参候哉、定肥後なとへ可参与存候、御外聞不可然儀ニ候、有所被聞召立被召返尤候、其元之儀者各御在国之事ニ候間、能〻被聞召合、風損水損の上ニ収納餘稠敷被仰付候而、後年御蔵入之煩ニ不罷成様ニ御故実尤候、よき所悪所之沙汰能〻可被聞召合候、一所一名之内ニ而も善處悪處有之物ニ而候、其段者不及申候事

すなわち、ここでは御蔵入物成が底をついている状況に加えて、出水長島の百姓逃散の事実が触れられている。島津領内の農村が、風損・水損という自然的災害に適応できないほどに危機的状況にあったことがわかろう。収納をあまり厳しくて後年の御蔵入の煩にならぬように然るべき手当をと、指示しなければならなかった点にまた矛盾の深さを読みとることができる。

島津氏の領主的危機を示す史料をいま一つ示しておこう。それは一六二一年（元和八）六月二十四日付でやはり伊勢貞昌らが本田に宛てた次の諭達である[45]。

諸所衆中近年堪忍就難成、方〻江被行散之由、地頭ニ無届其所江不被罷居衆ヲ知行被召上、御内可被相離候、若

又私ニ御内相離、誰人江茂奉公なといたすニおひてハ、重罪之御曖可被仰付候、此旨を以諸所地頭并曖衆可被
念入者也、仍御法度如件、

元和八年
六月廿四日

伊兵部少　貞昌判
比宮内少　国隆在判
三備中守　重種判
町田圖書頭　久幸
喜攝津守　忠政判

本田源右衛門尉殿
御宿所

すなわち、家久の過度の負担転嫁に耐えかねた所衆中は、地頭に断りなく方々へ「行散」る有様で、私に他へ奉公をする者について、重罪をもってこれに対処しなければならないほどに島津氏の領主権力体系は大きな危機に直面していたのである。

初期の琉球政策も当然のことながらこうした領主的危機とけっして無縁ではなかった。たとえば一六一五年（元和元）六月二十六日付の惟新より家久宛ての書状に次のような一条が見える[46]。

一琉球納方之儀如承、去年當年両度之出物ものそかれ、加之さハかしき事をも遠方故不存、ゆる〳〵と彼国之衆者罷居候条、毎年之上納者銀子三十二貫目之究ニ候へとも、當年者分而頼之由被申理、一倍にして六拾四貫目可致上納由とよミ《（与（と）か―上原）》くすくうけあひ候て、為使如琉球歸国之間、定而其分者吴儀有間敷候、彼是巨細者麑嶋より可被

申上候条、為御心得候事、

これによれば、琉球は前年の一六一四年（慶長一九）およびこの年も掛かり物をまぬかれていたようであるが、義弘は両度の大坂の陣に巻きこまれることもなく「ゆる〳〵」と暮らしているとして、上納銀三二貫目を倍にして六四貫目とするよう、来鹿中の琉球三司官豊見城《とみぐすく》に請合わせていたことがわかる。

その後一六一七年（元和三）に石当たり八分の銀子が掛けられ、同四年も同率であったことは、比志嶋より琉球三司官あての八月三十日付書状に「當年出物之事、如去年高壱石ニ付銀子八分ツ、たるへき事(47)」とあることから明らかである。しかし一九年（元和五）九月二十三日付の伊勢貞昌ら連署の書状には「池城主御理被申候付、元和四年・五年両年之出銀百貫目充ニ相定候處ニ、薩州様今少可致用捨之由被　仰出候間、當年之儀者、知行高壱石付壱匁充之出銀被相調尤之事(48)」とあり、一八年（元和四）、一九年の両年の出銀は一〇〇貫目宛のところ、用捨され、一九年に関しては石当たり一匁ずつの出銀と定められている。したがって一八年は一匁以上の出銀が課されていたことは明白である。こうした出銀の賦課はまた、上布・下布・舟綱・棕梠・牛皮・菜種子油・久米綿・黒木など出物の対象とされた琉球産物の他国出し禁止(49)によって実現が期されたのである。

むすび

琉球出兵後の島津氏による琉球支配の基礎作業はいうまでもなく検地であった。それは琉球本島周辺の島々については一六一〇年（慶長一五）に、宮古・八重山のいわゆる島にはやや遅れて翌年一月に着手され、三月の初めか半ば過ぎにかけて完了したものとみられる。島津氏が占領間もない琉球に取り急ぎ検地を実施したのは、出兵が窮迫した領主財政の打開が目的であったことをものがたっている。一一年（慶長一六）の禁裏手伝い普請への対応のために先島の検地が急がれた点からもそれは理解できよう。

この琉球検地を経て本領への検地が実施されている。琉球検地は単純にみれば、島津領内と同様に幕藩制的知行制、年貢夫役収取体制が貫徹される基礎的な手続きということができるが、見方をかえれば、実質的な高切り下げの論理を秘めた本領検地を抵抗無く受け容れさせる梃子の役割を果したともいえよう。

出兵後の諸法令を検討してみると、尚氏の琉球国に対する領知権の制限が進んだことがわかる。その点を以下列挙すれば、まず第一は、人民の支配権そのものが最終的に島津氏に帰属するにいたったことである。それは琉球人の売買禁止に象徴されていたし、また国家的な夫役である千石夫の賦課は、琉球人民が幕藩制国家の他藩領の人民と同列に国家的な編成をうけることになっていったことを意味するものであった。

第二は年貢徴収権の制限である。年貢は藩の奉行の定めるところに従って納入を行うこととされたように、百姓に対する賦課権は制限された。

第三は家臣に対する知行宛行い権の制限で、王府士臣への知行宛行いを通じて島津氏への奉公を第一義とする事を要求し、尚氏を掣肘せしめる体制を作り出そうとする動きも確認された。西来院の三司官補任、佐敷王子の重用はそれを具体化したものであったということができる。

第四は治安裁判権の制限である。私闘、博打の禁止令にみられるように、島津氏の治安維持にかかる禁令は琉球を覆うことになったほか、謝名氏、浦添氏の処遇にみられたように、謀反、もしくはそれに類する反逆行為についての判決権は、最終的に島津氏の許に掌握された。

第五に、琉球国の存立基盤であった対外貿易・通商の統制である。島津氏の印判なき者の許容、およびその許可なくして他国への商船派遣は禁じられたのをはじめ、唐物貿易についても許可なくしての誂え物の禁止、渡唐船への隠投銀の禁止、渡唐船の出帆時期や船頭の任免の指示など、法令は細部わたって統制の実態を伝えている。琉球の場合、貿易・通商は外交と一体をなしていたから、これらのことは、基本的には琉球の外交権が島津氏の領主権の中に包摂されたことを意味する。

以上の諸点から、尚氏の領主権は島津氏の支配下に制限された下級のそれとして位置づけられたことになるが、島津氏はそうした尚氏との間の支配従属の関係を担保するために、王子衆ならびに三司官等王府要路の証人制度をもって臨んだことが理解できたし、また琉球社会の伝統的な慣習にまで容喙し、その日本的な同化をはかろうとする意図が存在したことも指摘できる。

そうした琉球支配の基本路線とともに注目されるのは、琉球国王の傀儡化である。すなわち、島津氏は証人として鹿児島にあった尚寧王の従兄弟佐敷王子朝昌との間に知行行宛いを行って主従関係を結び、同人に政治的実権を集中させたばかりでなく、やがて尚寧王亡き後国王の座に据えていった。王府上層士臣に対する取り込みの手は佐敷以外にも及び、そのこと自体右の島津氏の支配路線も手伝って、当然のことながら王府内部に分裂と矛盾と対立を生み出さずにはおかなかった。ここでは王府重臣の津堅（賢）・越来・江洲らの絡む事件がそれであったとみたい。史料的に確たるものを欠いて不明な部分が多いが、この一件で島津氏が王府の裁断を覆し、江洲・上江洲親子の知行回復をはかっている点は、事件の持っていた政治的意味について理解せしめるし、またそうした重大な政治的事件にかかわる裁判権は基本的には島津氏に帰属していたことを示している。

王府政権の傀儡化が目途されるなかで、また看過せないのは琉球への渡航制限の強化である。関係法令をうかがう限り、一六二八年を期して、従来比較的緩やかであったとみられる琉球を介した物と人の流れを封じ込めようとする動きが強化をみている。その背景についてはなお検討の余地があるが、有力なそれとしては幕府の一六年（元和二）の八月八日令の発布が考えられよう。

最後に元和年間に入って年貢・諸役の収取が強化をみていることも一つの特徴としてあげうる。これまでそれは、賦課率、収取期限ともに配慮が加えられてきたが、本領並に実現が強く要求されるようになっている。そのことを促したのはとりもなおさず大坂の陣後の島津氏の領主財政の破綻であった。

注

(1)「薩摩藩における唐物仕法体制の確立過程」（九州大学文学部『史淵』第百十二輯、一九七五年）、「琉球の支配」（加藤栄一編『日本近世史講座3　鎖国』、有斐閣、一九八一年）。
(2) 紙屋敦之『幕藩制国家の琉球支配』・同『大君外交と東アジア』。
(3)「旧記雑録後編」巻六六、七九〇号。
(4) 右同巻六六、四、八〇七号。
(5)（6）本田・蒲池も「検地条目」を示したうえ、「去年當国衆も加様成墨付可仕之由被仰候間如此」と述べている。（「旧記雑録後編」巻六六、四、七九〇号）。
(7)「旧記雑録後編」巻六六、四、八五五号。
(8) 松下志朗『幕藩制社会と石高制』（塙書房、一九八四年）一二二一—三七頁。
(9)「旧記雑録後編」巻六六、四、七〇三号。
(10) 右同巻六五、四、七一二号。
(11) 右同巻六六、四、八四〇号。
(12) 右同巻六六、四、八五七号。
(13) 右同巻六六、四、八六〇号。

(14) 右同巻六六、四、八六三号。
(15) 右同巻六六、四、八九二号。
(16) 琉球在番奉行については真栄平房昭「鎖国形成期の琉球在番奉行」(『琉球の歴史と文化―山本弘文博士還暦記念論文集―』、本邦書籍、一九八五年)
(17) 浦添朝師(毛国端)は尚寧王の叔父にあたる浦添朝喬の六男。元和六年卒(真境名安興・島倉竜治著『沖縄一千年史』〈松尾書店、一九六五年版〉付録「歴代三司官一覧」)。
(18) 『中山世譜』巻七、尚寧王万暦三十九年辛亥条。
(19) 右同巻七、尚寧王万暦四十五年丁巳条。
(20) 田中作太郎「陶芸」(『原色日本の美術』第一九巻、小学館、一九六七年)。
(21) 「旧記雑録後編」巻六八、四、一〇一六号。
(22) 右同巻六八、四、一〇四六号。
(23) 右同巻六八、四、一〇四九号。
(24) 右同巻六八、四、一〇四六号。
(25) 右同巻六八、四、一〇四九号。
(26) 一六一六年(元和二)三月二一日付で、家久が中山王尚寧に宛てた書状で、「去歳十月初六日之芳墨漸頃到来、披閲多幸、抑其国政道之儀、以使節申定趣皆同懐之由、不可為国家長久之基乎」(「旧記雑録後編」巻七二、四　一三二九号)と、王府内部において島津氏のかかげた支配方針がまがりなりにもうけ容れられたことに、安堵の色を表している
(27) 「旧記雑録後編」巻六六、四、一〇九五号。
(28) 右同巻七二、四、一三五六号。
(29) 右同巻七一、四、一二七一号。
(30) 尚寧王の後嗣には、佐敷王子の嫡男尚恭が世子とされたが、尚恭が夭折したため、佐敷王子が王位に据えられた。
(31) 「旧記雑録後編」巻七二、四、一三九四号。
(32) 『球陽』附巻一(球陽研究会編、角川書店)一七号、尚寧王十七年(一六一五)条。

(33)「旧記雑録後編」巻七二、四、一三九四号。
(34)「旧記雑録後編」巻七一、四、一三一二号。
(35)比嘉洋子(訳)「ウイリアム・アダムズ　琉球諸島航海日誌　一六一四—一五年」(『南島史学』九号、南島史学会、一九七六年)
(36)「旧記雑録後編」巻七三、四、一五三七号。
(37)右同巻七四、四、一六四三号。
(38)右同巻七二、四、一三四七号。
(39)島津家家臣の出銀・出米高の変遷については、秀村選三・桑波田興・藤井譲二「藩政の成立」(岩波講座『日本歴史』10、近世2、岩波書店、一九七五年)の桑波田執筆担当部分「二　外様藩政の展開-薩摩藩」を参照。
(40)「旧記雑録後編」巻七二、四、一四二四号。
(41)(42)右同巻七三、四、一四七一号。
(43)「島津家文書之三」一五四〇号。
(44)「旧記雑録後編」巻七五、四、一七一五号。
(45)右同巻七六、四、一七三八号。
(46)右同巻七一、四、一二七四号。
(47)右同巻七三、四、一五三七号。
(48)右同巻七四、四、一六四三号。
(49)右同巻七七、四、一八四七号。

第六章　秀忠政権の対外政策と島津氏の動向

はじめに

島津氏の琉球支配の実態解明は島津氏と琉球貿易との関わりを検討することなしには果たせない。本章ではそれに先立ち、元和期の幕府の対外政策と、そのもとでの島津氏ならびに琉球の対外貿易をめぐる政治環境について明らかにしておきたい。周知のように、幕府は一六一六年（元和二）八月八日付をもってキリシタンの禁教と、ヨーロッパ勢力の商業活動を平戸・長崎に限定する法令を発布する。それはこれまで「鎖国」令の原型として位置づけられてきたものであるが、まずこの八月八日令のもとでの琉明交渉の実態を把握しておきたい。ついで島津氏・琉球国に積極的に接近をはかり、安定的な貿易基盤を確保しようとするイギリスの動向を追跡するなかで、秀忠政権のもとでの外交政策転換の意義を確定する。

なお、八月八日令とともに秀忠政権の対外政策のうえでエポックをなすのは、いうまでもなく元和七年七月二十八日にヨーロッパ諸国ならびに九州の諸大名に通達されたとみられる法令である。すなわち日本人の売買禁止、武具輸出の禁止、海賊禁止などを内容とするものであるが、ここでは禁令の中の特に武具輸出禁止条項に着目し、従来の研究の補足を行いたい。

第一節　幕府の唐船処遇策

すでにみたように、一六一二年（万暦四十・慶長十七）に入貢した栢寿・陳華らに、明は琉球国の一〇年一貢を通告したが、このことは本多正純・山口直友を通じて家康・秀忠にも報告され、幕府も認識するところとなった(1)。幕府にとっては、琉球を介した明国との通交交渉の途が一層遠のいたことを意味し、いっぽう島津氏にとっては領内への明商船の招致、さらに琉球貿易の展開に大きな問題に直面したことを意味したから、事態の打開へ向けて琉球側の努力が促されることになった。一四年（慶長十九・万暦四十二）には国頭親方（呉鶴齢）・喜友名親方（蔡堅）らが貢制の旧例への回復を求める使者として派遣されたが(2)、一六年（元和二・万暦四十四）三月二十一日付の家久の尚寧宛の書状は、前年十月六日付の書状で琉球国の政道に関する定に同懐したことを喜びつつ、いっぽうで「次国上（国上親方-上原注）以渡唐大明与球国純熟之才覚在之由、尤肝要之至也、国上帰帆之節、早速注進所相待也(3)」と、国上親方の明国との関係修復交渉に期待を表明している。また先に掲げた同年六月十五日付「覚」の末尾の条は「大明与琉球商船往還、純熟之調達弥可被入精事(4)」と、交易に入精すべきことを諭している。

しかし、島津氏にとって、琉球の対明関係の行き詰まりとともに、幕府による外国貿易に対する統制の動きが新たな問題となりつつあった。まず一六〇六年（慶長十一）三月二十七日付の本多正純より家久宛の書状で、この度の島津領内へ着岸した唐船については長崎奉行長谷川藤広（左兵衛）の管理下に置くことを伝え(5)、また一二年（慶長十七）十月二十日付の山口直友宛の書状も「然而今度薩摩浦唐船着岸致候へ共、長崎ゟ奉行被付置候付而、陸奥守ゟ御構不被成候由、蒙仰候(6)」とあって、家康はこの時の薩摩浦来航の唐船も長崎奉行に対応を委ねている。しかし、一四年

（慶長十九）になると、当の長谷川自身が五月十七日付をもって家久宛てに、「次唐船之儀被仰下候、着岸之時分者、何様にも唐人次第可被仰付候(7)」と駿府から書き送っているように、これまでの方針を変じて、家康は唐船の島津領の入港の時期についてはその自由に委せることにしたことが知られる。この書状において、長谷川が冒頭で帷子・反布・赤貝漬物などの音物の進上とともに、入念な使者の口上を受けたことに謝意を表しつつ、「用所於御座候者、自是可申上候(8)」と、用向きがあれば家康に取り次ぐと述べている点からすると、この方針の変更も駿河の長谷川に対して口添えを依頼した結果とも考えられよう。

ところで、この長谷川の書状は、国許の義弘のもとに送られ、義弘は家久に一六一四年（慶長十九）六月二十六日付で、「琉球傳ニ参候唐船之儀、長谷川左兵衛佐殿より彼唐人共心次第早〻致商賣候様ニと被仰候、其状先日従中途被遣候、慥相届候、紀州・勝兵より其分ニ被申付候、併向後大事之儀候間、長谷川殿書状為證跡不失様ニ召置候へと老中衆ニ申渡候(9)」と答えている。すなわち、このくだりによれば、長谷川書状の内容は琉球伝いに来航する唐船は自由に商売が認められた、とする内容であったことになる。このことは島津氏にとって琉球伝いという名目によって領内における唐船招致が可能ということを意味し、義弘がこの長谷川書状を後々の「證跡」になるものとして保管を命じているのもそのように理解したためであろう。琉明関係の正常化はこの意味でもいよいよ重要な課題となっていった。一六一六年（元和二）に入って、対明関係の「純熟」に向けて琉球側の尽力が期待された背景もそのように理解することができる。

しかし、同年の六月、周知のように幕府の方針はまた変化する。すなわち、島津領内への唐船の係留を禁じ、再びその寄港地を長崎・平戸に限定するにいたった。これをうけて、家久は「須知」を作成して明商船に示し、この点に了解を求めようとしているが、ただ次の一条が注目されてよい(10)。

一将軍之素心、不愆不忘、卒由舊章、由是観之、今雖令長崎為商客之所止、後必泊商船於我薩州、以為貿易所須之處、亦未可知也、商客姑待之今也

すなわち、旧法にしたがうことを常とする将軍の立場よりみれば、今後薩摩をもって日明貿易の基地とするやも知れないので明国の商客においては姑くこれを待ってもらいたい、としているのである。このようにみると、島津氏は幕府の方針が一時的なものであるとする感触をもっていたことになる。果たして八月八日付をもって、幕府はキリシタン禁令と黒船・イギリス船の長崎・平戸を除く他港への寄港禁止をセットにして打ち出したが(11)、「追而」書きで「唐船之儀は何方へ着候とも、船主次第商賣可仕之旨被仰出候(12)」と、明船のみには船主の意向に任せて自由な交易を認めるにいたる。この触は、現在島津氏以外に土佐の山内氏、紀州の浅野氏など、黒船・イギリス船が着岸する可能性のある諸大名に出されていることが判明しているが(13)、島津家久はこれを「後証」のために軸装している(14)。そうした処置はこの段階においてめまぐるしく変わる幕府の外交方針にそなえてのものであったとみてよい。

ところで、秀忠は外交問題について、年寄や崇伝などの内奏に対して形式的に決裁するのではなく、自ら意見を述べ、実質的に政策決定にかかわったとされる(15)。そうした秀忠のもとで、対明政策にかかわる大きな転換がみられた。すなわち、これまで家康が待ち望んでいた勘合回復要求に対して答えた万暦四十七年(一六一九・元和五)年六月付の浙江都督の書簡が、明国商人単鳳翔によってもたらされたが、将軍秀忠は書簡の内容・形式に疑義を呈した崇伝の言葉を受け容れ、その受け取りを拒否したのであった。その背景について、ドナルド・トビは、大坂の陣の平定に引き続いて、家康の死と、それに続くいわゆる「二元」政治固有の緊張の消滅、後陽成院の逝去による将軍正当性への国内の潜在的敵対勢力の弱体化、一六一七年(元和三)の朝鮮使節応接の外交的成功、朱印状制度の成功、オランダ人・ポルトガル人間の激烈な闘争、などいくつかの点をあげ、「こうした中で、幕府は明と直接関係を持つという僅

かな利益のために、芽生えてきた自主的正当性の構造を損ねる必要をもはや感じなくなっていた」[16]とし、また永積洋子は「幕府は自らの正当性を主張するために、外交を利用する必要がなくなって来たのである」[17]とする。たしかに家康の存生時代と違い、秀忠の時代になると、琉球の対明交渉に期待をかけることを示すような文書は見当たらなくなる。対明関係については秀忠段階において一線を画すべきかと考えられるが、しかし、貿易統制という点からは、なお揺れ動いていたというべきであろう。

そうしたなかにあって、島津氏のもとで、琉球の二年一貢制の回復へ向けての対明交渉は積極的に展開されている。すでにみたように、一六一六年（元和二）には村山当（等）安の台湾出兵を知らせることを目的として蔡廛らが派遣され[18]、この時撫院より賞給がなされたことを受けて、翌一七年にはあらためて豊見城親方（毛継祖）と喜友名親方（蔡堅）が、貢期回復を願う使者として送られている[19]。これに対して、明廷はやはり旧例にしたがって飯米の賞給をしたものの、福建布政司では「計《かぞ》うるに今六年にして尚お未だ期に及ばざるに、復た修貢せんと欲す。明旨は照然たれば、誰か敢えて悖逆せんや」[20]と、一六一二年（万暦四十・慶長十七）に一〇年一貢と定めたのに、それから六年を待たずして入貢してきたのは、勅諭に対する違背行為であるとして、一〇年の期満ちて後に入貢するよう促している。毛継祖らは失意のうちの帰国となったが、しかし帰国後秋には島津氏の御物銀三〇貫分の購入生糸が納入されており[21]、この時貿易の上では一定の成果を収めたことがわかる。一〇年一貢を定められた以後、一四年（万暦四十二・慶長十九）の呉鶴齢（王舅）・蔡堅[22]（正議大夫）、一七年（万暦四十五・元和三）の毛継祖（王舅）・蔡堅（正議大夫）らの、貢制回復要請を目的とした遣使[23]にさいしても、応分の交易銀が携帯されたことは間違いあるまい。琉球側としては実質的な対明貿易の持続をはかりつつ、一〇年目の正規の入貢へつなげていく策が講じられていたということになろう。正式入貢を翌年にひかえた二〇年（泰昌元・元和六）五月、島津家家老衆の喜入忠政らは三司官宛に特に毛鳳儀（池城親方）を入貢の使者に当てるよう指示しており[24]、その首尾に期待を寄せていたことがうかがわれる。

そうした正式の入貢体制が整えられるなかにあって、琉球では、九月に尚寧王の死去という重大な出来事に遭遇するにいたった。秋に毛鳳儀（王舅）・蔡堅（正義大夫）が尚寧死去の報告と尚豊の冊封を請う使者として送られると[25]、それを機に明国礼部では、琉球国の貢期について議論がなされた。その結果、一六二三年（天啓三・元和九）三月には五年一貢に貢期を短縮することとされ、聖旨を得て、それは琉球側に移咨された[26]。

いっぽう、この間、明国でも帝位の交代が相次いだ。すなわち、一六二〇年（泰昌元・元和六）七月に万暦帝が死去し、それにともなって泰昌帝が即位した。しかし泰昌帝はわずか在位一ヶ月で没し、九月には天啓帝が即位、そして二一年四月に同帝の皇后冊立と国事が多端を極めている。天啓帝、すなわち熹宗の即位と大婚の詔書は二三年（天啓三・元和九）、蕭崇基を使者としてもたらされており[27]、熹宗のもとでも朝貢国としての琉球国に対する処遇は変わっていない。五年一貢に貢期を緩めたのもその表れであったといってよいが、琉球側はそうした宗主国と自国の相次ぐ慶弔事に事寄せて盛んに使船を送っている。すなわち、一六二〇年の尚豊請封の使者が「通国の印結」と世子の表文を欠いていることを指摘されると[28]、二五年（天啓五・寛永二）にはこれをあらためて蔡廛らに託し[29]、また別に明使蕭崇基を護送するために金応元の船をも派遣している[30]。さらに二六、二七年と相次いで尚豊の冊封を請うために使者を送り[31]、三〇年（崇禎三・寛永七）には五年一貢の貢期を迎えて入貢[32]、そしてこの年、冊封使の正使に杜三策、副使に楊掄が確定すると、冬にはその迎接使として蔡廛らを送っているのである[33]。

第二節　イギリスと琉球国

将軍秀忠による貿易統制の方針が明確にされるなかにあって、このように島津氏の琉球国による明国への貢制回復交渉に対する期待は強まっていったことがわかるが、いっぽうこうした状況のなかで、琉球国になみなみならぬ関心を示したのはイギリスであった。イギリス東インド会社より派遣された東洋派遣船団の司令長官ジョン・セーリスは、家康の外交顧問の地位にあったウイリアム・アダムズの協力を得て、平戸への商館設置にこぎつけた。しかしやがてイギリス側は、日本が毛織物の販路としては狭隘で、むしろ日本貿易に参入するためには中国産の生糸・絹織物、東南アジア産の皮革・蘇木・胡椒などの輸入が重要であることを悟り、そのための足場を対馬、琉球に築こうと画策するにいたったのである(34)。

イギリス側の琉球に対する関心は一六一四年十二月二十七日（ユリウス暦）、ウイリアム・アダムズを乗せたシー・アドベンチャー号が那覇に寄港して以来急速にたかまっていった。シー・アドベンチャー号はシャムへ向けての初めての航海で暴風雨に遭遇し、漏水個所を修復すべく、奄美大島を経て那覇に寄港したのである。しかし、船体の修復は琉球側の非協力的な態度と乗員の賃金支払いをめぐる紛争が重なって容易に進まず、ついに翌年二月琉球側から三ヶ月以内に退去するよう勧告を受けた。アダムズは、乗組員の反乱のためやむをえずシャム行きをあきらめ、一五年（元和元）五月二十二日に平戸へ向けて琉球を離れた(35)。琉球より出航勧告を受けたことについて、アダムズは「これから三ヶ月後支那から船が入る事になっていて、もし我々がここに滞留している事が原因となって貿易の利を失うかも知れない。彼等はただこの貿易によって生活の途を立てているのだという(36)」と、その『航海日記』に書き留めている。三ヶ月後の中国船の到来ということについては事実関係が確認できない。しかし、この頃季節風に乗って唐船の来航も頻繁であったことが理解できる。琉球国では中国との関係修復をめざしている時に、朝貢圏以外の異国との関わりが、これら唐船を通じて明国に知られることを回避したかったとみて間違いはないであろう。

いっぽうこうした琉球側の排他的な態度とはうらはらに、このシー・アドベンチャー号の寄港を契機として、イギリスは琉球に対する市場としての期待を高めている。琉球よりリチャード・ウイッカムが一月十九日（元和元年正月元日）に平戸の商館長リチャード・コックスに送った書翰によれば、ダッチイ（インド産の厚手の綿布、腰布）は相応の需要があること、最良の竜涎香が多量に貯蔵されていることなどが報告されている。(38)これが刺激となったのであろう、コックスの日記には以後島津氏への接近を積極的に求めていく様子がうかがえる。一六一五年六月、島津家久が大坂夏の陣の帰途、平戸を通過することを知ると、ウイッカムとともに、贈物を携えて通商を乞うている。(39)いっぽう家久もイギリス人が通商のため薩摩を訪れたならば、国民も好意をもって歓待するであろう、と歓迎の意を表しており、(40)両者に通商成立の可能性は大いに存在していたかのようにみえる。

ところで、シー・アドベンチャー号が琉球に寄港した際、イタリア人航海士ダミアン・マリン（マリネス）に関する興味深い事件が起こっている。すなわち、船が那覇に停泊していた時、宮古島から三隻の船が入ったが、その船に米や獣皮などとともに竜涎香が積まれていた。(41)八ないし一〇カティーといわれる竜涎香をダミアンが買い占めたため、東インド会社はそれを全く入手できず、商館長のコックスはアダムズに手紙で彼の衣装箱を差し押さえさせている。(42)しかし、竜涎香はダミアンによって深く秘匿され、オランダ商館へ売り込みも画策されたようであるが、結局六カティー、銀にして六貫七〇一匁におよぶそれが、コックスとの間に小麦一一七五袋と現金で取引されている。(43)竜涎香についてはすでに真栄平房昭が明らかにしているように、ウイッカムやセイヤーらの商館員らも入手しており、セイヤーの分三カティーは長崎で売却するようにコックスより指示されている(44)。

ここで注目したいのはシー・アドベンチャー号の乗組員たちが琉球国より大量の小麦および竜涎香を入手している事実である。すなわち、このように一定度の市場に投下できる量の穀物の存在と、市場的な要求に応じて貿易品が輸出されている事実に向きあうと、やはり島津氏の琉球支配体制はなおこの段階において堅固な形に確立するまでにいたってなかったのではないかという感を強くする。

ウイッカムがこうした琉球において、商館設置の余地があり、島津氏もたやすくこれを承認するのではないかとの認識にいたったとしても不思議ではない。同人は一六一五年九月二十八日に京都から平戸のリチャード・コックスに次のように書を宛てている(45)。

予は大琉球の那覇 Naufa に商館建設の望あることを、キャプテン・コッピンドールに報じたるが、若しホジャンダー号の発遣後、貴下が薩摩 Xatchma に航海せんと欲すならば、貴下は薩摩侯島津殿 Ximusu Dono より容易に之を獲得すべきを信じて疑はず。貴下が彼に謁見するは（同様の事を計畫せる）オランダ人より良好なり。依て予は貴下が彼等を妨げんことを望む。此業務にして成功せんか、尊敬すべき会社に満足を與へ、貴下の信用を増すこと多大なるべし。次の便によりて予は貴下に同地にて賣れる商品、並びに其の年額、及び年々同地にて為すべき営業及び利益等委細を報ずべし。キャプテン・スペックは大仕事を為さんと約したるが、彼はダミアン Damian を鐵錠より釋放すべし。是他意あるに非ずして、彼を琉球にて利用せん為めなり。願はくば、最後の便にて、都合好くば、来る十一月半頃と思ふが、予の江戸より帰還後、如何なる手段を取るべきかを予に告知せられたし。取急ぎ貴下の業務を全能の神の保護に委す。さらば。

従順にして貴下の恆に愛する友

リチャード・ウイッカム

千六百十五年九月二十八日都にて、
オランダ人に託送す。

すなわち、同じ計画をもって家久に接近を計ろうとするオランダに対して、イギリスは優位にあって、この計画がイギリス東インド会社に満足をもたらすことになると、ウイッカムはコックスに自信に満ちた進言を行っている。いっぽうオランダが、かつて琉球よりの竜涎香購入に実績のあるダミアンを利用して琉球貿易に乗り出すことに危惧の念が表明されているように、イギリスの琉球への商館設置構想は、オランダに対する対抗路線の一環として推し進められようとしていたのであった。

ウイッカムが一六一五年十月十三日付で、駿府よりバンタンのジョン・ジュルダンに送った書翰は、「我等は琉球島に商館を設立すべき最良の手段を探したるが、本年中に之を得んヿを望めり(46)」と、その年中には琉球への商館設置を実現させることを望んでいる。商品については、「同地にてカンバイヤ織りは売捌かるべく、特にダッチィは年二千反は賣れ行くべし。粗羅紗、ビラムや、カデッキ・マウヰは殆ど賣れざるべし。依てダッチィ若干送付せらるるならば、不首尾なるヿなかるべし(47)」とのべるように、カンバイヤ織、ダッチィなどのインド産綿布を考えていたようである。

駿府のウイッカムをして琉球への商館設置へ向けて自信をつけさせたのは、駿府到着後間もなく家康より琉球通商の認可を得ることができたことであった。同人が十月十三日付で平戸のエドモンド・セイヤーに送った書翰には「我等の駿河到着後、二日内に皇帝に謁見を許され、翌日其の他の贈物を呈して、三日後、指令と琉球通商とに對する皇帝の書翰を得たり(48)」と述べており、またウイッカムは十月十三日付で、平戸のサー・トーマス・スミスに書を宛てて次のように琉球の市場としての有望性に触れながらその事を伝えている(49)。

此の諸島の住民は、支那人種より出で、髪は長くし、頭の右方に於て結び上ぐ。平和にして静穏なる人民なるが、近年薩摩の王島津殿 Ximos Dono,king of Satchma に征服せられたる為め、今や日本の法律及習慣によりて治められ、此によりて支那に於ける通商と特権とを喪失せり。此国は米、小麦及び諸種の穀物、牛皮、□等、日本にて売れる商品に富めり。猶ほ世界に産する最良にして、且つ極めて白き若干量の竜涎香を産す。又年々印度織物三千反、暹羅の蘇木若干、其の他同地需要日本産商品の賣行あり。キャプテン・コッピンドールが、駿河に居る皇帝に贈品を呈せんとて上り来るや、予はキャプテン・アダムズを動かして、我が国民の該地に通商し得る為め、皇帝に書を求めしめたり。

皇帝之を許して、薩摩王（諸島は此王に属す）に命ずるに、我等が其の地に商館を建て、日本皇帝の領内何處にても、我等の有せると同じ特権を付與すべきことを以てせり。而して予は明春其の実現せられるべきことを疑はず。

すなわち、まずここで注目したいのは、琉球が島津氏の支配下に置かれ、その法律・習慣によって治められるようになり、中国との通商権も喪失してしまったとする指摘である。こうしたイギリス側の認識は慶長の出兵以後の琉球の置かれた客観的な状況を理解するうえで無視できないものであるが、加えてまた、琉球は米・小麦その他の穀物、牛皮の供給地として着目されていた点も重要であろう。琉球において米や雑穀類の生産高が把握できない時点におけるこうした指摘は、先のシー・アドベンチャー号によるそれらの購入量と合わせると、興味深いものがある。ウィッカムはこれらの商品をインド産の織物、シャム産の蘇木その他の日本産商品の供給で贖おうとするものであり、琉球にインド・日本・シャムなどを結ぶアジア貿易の一環を構成する市場としての価値を認めたウイッカムは、ウイリアム・アダムズを動かして家康より琉球に商館を設置し、日本の領内において認められているのと同等の特権を行使することを認める、とする朱印状の獲得に成功したのであった。

コッピンドールが、一六一五年十二月五日付で平戸からパタニの商館長アダムデントン等に宛てた書簡にはさらに次の様に述べられている。(50)

キャプテン・コックスの意見に従えば、貴下方から送付された白と褐色の縞織綿布がどちらも薩摩の国王《キング》の領内で売行が良いらしい。この国王は日本のもっとも西方の島々を領知し、大きな勢力を育ち、琉球という島々を征服した。その島々が中国の領土であったことはそう古い昔のことではない。大琉球には最上質の龍涎香が豊富に産出する。またダッチィのような粗布が年に千五百反売捌かれる。私が皇帝《エンペロル》の許にいた時、薩摩の国王に宛てて、私たちが日本の他の地方と同様、琉球その外彼の領国に自由に通商することを許すように認めた手紙を手に入れた。二月になると、リチャード・ウイッカム君がその地に渡り（皇帝《エンペロル》の命によって得た特権に従って）、そこに留まることになるはずである。

内容は先のサー・トーマス・スミス宛てウイッカムの書簡とほぼ同様であるが、翌年二月にはウイッカムが琉球に渡航し、具体的に商館設置にあたる予定であったことが理解できる。

琉球における商館設置に関して島津氏との交渉の機会は、一六一六年（元和二）三月に訪れた。同月二十九日、病床の家康を見舞うために駿府に向かう島津家久の船が平戸港外に停泊した。コックスは早速オスターウイックをともなって家久を表敬訪問した。この時オランダも商館長ヤックスペックスも家久への面会を求め、両者が後先を争うかたちとなった。(51)島津氏との通商権を求めてイギリス・オランダの両国の争いが表面化していった様子がうかがえるが、結局スペックスの会見のあと、コックスは家久に家康の朱印状を示して通商の希望を示している。しかしこの時、家久は帰国の途次イギリス商館を訪ねて満足のいく返事を与えるとし、配下の者一人をイギリス商館に派遣、数々の贈品に対する答礼として、四三匁の棹金一〇個を贈ってきたのみであった(52)。その後家康の死去にともない、島津氏も平戸を上下する機会があり、六月三十日には島津家の重臣たちがイギリス商館を訪問している。彼らはこの時見本用の薬壺・水差し・湯呑・スープ用深皿・硝子の姿見・手帳・インド産更紗・飾り腰帯等に値段をつけるなどしており(53)、貿易に取り組む姿勢があったことをうかがわしめる。事実、コックス日記の七月六日の条には、松浦鎮信の縁者の報として、次のように島津家久がイギリスとの貿易に踏み切る旨を決意したことを記している(54)。

（前略）シャシュマから帰って来た平戸の紳士、すなわちフォニー様〇故松浦法印鎮信。の近親者がイギリス商館に来て私に酒二樽と魚二尾を贈物として届けた。彼は私にこう語った。すなわち、シャシュマの王は既に協議の上で我々にリケア諸島竝びに彼の領土の総ての他の部分で自由な貿易を営ませることを決意していたが、しかし先日当地に来た二人の貴人は王からの命令がないため、敢えてありのままを私に告げはしなかったのであり、しかも、〔王は〕そのことが真実であると彼に念を押した由である。

これによれば、イギリス・薩摩間の通商関係が「リケア諸島」（琉球）を巻き込むかたちで成立する方向に進んでいったことがわかる。

だがしかし、それからふた月後（旧暦八月八日）の法令が結局はこの構想の進展を阻むこととなった。コックスが板倉勝重に「皇帝がこのような命令に我々を縛りつけるのは我々を直ちに日本国外へ追放するのと同じであろう。何故なら我々はここ三年間以上の経験によって知る通り、かの地〇平戸。では何の販賣もできないからである、と答えた」(55)と述べているように、イギリスはもちろん、オランダにとっても、長崎・平戸への封じ込めは国外追放に等しい処置であったのであり、イギリスの薩摩領内および琉球における貿易に活路を見出そうとする思惑はもろくも打ち砕かれる形となったのであった。その後事態の打開をはかるべく、コックスは本多正純への接触を試み(56)、また土井利勝のもとを訪れているが(57)、両人にはコックスの要求に応える動きは全くみられなかった。気性の激しい秀忠の勘気を蒙るのを両人が恐れたためであったことがコックスの日記からうかがい知れる(58)。

第三節　武具輸出禁止令

秀忠の外国勢力に対する貿易統制の動きは、その後武具の輸出統制のかたちとなって現れる。幕府は一六二一年（元和七）に日本人を買い取って異国へ渡すこと、刀・脇差など、すべての武具類を輸出すること、日本人の躰をなしてばはん行為をすることなどの禁止を打ち出している。これらの禁令は、七月二十八日付をもって松浦・大村・細川などの諸大名に伝達されていることはすでに永積洋子によって明らかにされている(59)。しかし、これらの条目が伝えられたのはこれが初めてではなかった。たとえば武具の輸出禁令そのものは、これ以前にすでにイギリス・オランダに対して適用されている。リチャードコックス日記の一六一七年（元和三）十月十三日および十四日付の条には次のような記述が見える(60)。

十三日（略）

私はウイッカム君に宛てて手紙を一通書き送り、油二〇〇ないし三〇〇ガントを買い入れて、最初の便で平戸へ向けて送る旨を報じた。それは、トットン君が私に、かの地にはまったく闕乏している旨、手紙を寄越したためである。ウイカッム君は返書を寄越して、人々が堺に於いては我々に甲冑も小銃も買わせようとせず、それは、如何なる外国人もそうすることを許されないとの禁令が出されているからである、と報じた。

十四日（略）

私はウイッカム君に手紙を一通書いて、知事に對して、我々は、我々が輸出するものよりも優良な小銃を日本へ輸入したこと、我々は彼等〇日本人。の国を弱めたり、彼等の敵を武装させるためにこれらを買附けるのではなく、寧ろ［それらは］彼等の味方たちのところへ送られるものであること、また我々がそれらを入手しようがしまいが、私はさほど気にしていないことを傳えるよう命じた。

すなわち、平戸のトットンの要請をうけてウイッカムに油の調達を指示したところ、同人より堺の町には甲冑・小銃の購入禁止令が触れられていたことが伝えられている。コックス自身がそのことを知らなかったということは、この禁令は堺奉行の長谷川藤廣が堺に限って触れた、いわば局地的なものであったと見ることができる。その理由はいうまでもなく堺が前代以来武具の製造、供給地としての位置を占めていたことによるものであろう。コックスは早速ウイッカムをして武具は日本の「敵」に売りつけるのではなく、日本の「味方」に送られるものであることを説いて堺奉行より武具の輸出の再認を取りつけるよう促しているのであるが、堺における長谷川の独自の対応が、幕藩制国家の存立をおびやかす状況への配慮だとするコックスの見方は自然であったといえよう。コックスがここでいう「敵」とは具体的にはどのような者たちを指すのであろうか。まず考えられるのは大坂の陣で破れた豊臣氏恩顧の者たちであろう。しかしそうだとするならば、禁令の発布はやや時間的にずれているような気がする。これについて一六一七年十月十七日付の日記に、同人が事態を打開するために、長谷川藤廣のもとに遣わしたアダムズよりの報告として書き留めたなかに、次のような注目すべき箇所がある(61)。

十七日（略）

私はキャプテン・アダムズに命じて、私の名代として知事サフィアン殿〇長谷川左兵衛藤廣。を訪問して彼に、彼が私に送った贈物に對する謝意を表わし、且つ彼に、我々が江戸へ向けてと同様長崎へ向けても貿易を営むのを許された旨の手紙を示し、且つ彼に、下《しも》の方《かた》では私のできるだけの御用を彼のために務めたいと申出させた。彼は病気で、ともに語ることはできなかったが、しかし小銃及び甲冑の買入れのことに就いては、そのことは朝鮮人〔迎接〕のことに關聯して皇帝により禁止されたところであるが、しかしそれにも拘らず、我々定宿の主人その他の人々が、一時に三ないし四點ずつそれらを供給することは差支えなく、自分はそのことに就き黙過するつもりである、との傳言を寄越した。

すなわち長谷川はイギリスの平戸・長崎での貿易に協力を約すると同時に、武具輸出の件についても大量にではなく、一時に三〜四点ずつの購入は認める態度に出ているが、禁令そのものは朝鮮使節の来朝に対応するために、将軍秀忠によって出されたというのである。その通りだとすれば、幕府は日本の武具が外国人たちの手を通じて来国中の朝鮮使節一行の手に渡るのを恐れていたことになる。

この堺に対する処置が、朝鮮使節一行による武具入手の途を封じることを意図したものであったことは、ごく最近の米谷均の研究(62)が明らかにするところである。米谷によれば、すでに一六〇七年次使節（回答兼刷還使）が宣祖の意向に沿って日本在留中、京において長柄一〇〇柄、堺において鳥銃五〇〇挺を購入している。そしてこの一六一七次使節（回答兼刷還使）においても、国王光海君は国家所用の朱紅とともに、上品の銃剣を多数購入するよう指示していたのである(63)。

当時対馬を通じて釜山倭館にも多くの武器類が持ち込まれていたが(64)、朝鮮側が武器輸入に執着していた背景には、いうまでもなく後金国との緊張関係があった。日本へ使節を派遣した翌一八年、ヌルハチの率いる後金軍と明軍との大規模な戦闘が遼東地方で行われ、さらに一九年にはサルフの戦いで明軍が敗北を喫し、また富車の戦いでも明・朝鮮連合軍は敗れている。[65] こうした東北アジアにおける情勢の緊迫が朝鮮に日本製武器の輸入を渇望させていたのであり、一七年の朝鮮使節の来日にあたって武器輸出が禁ぜられたのは、幕府自身がその事実を認識していたことを示している。

幕府はこの年、鉛についても同様に輸出禁止令を打ち出している。鉄砲玉として使用される鉛については、イギリス・オランダより幕府が独占的に購入にあたっていたことはすでに岡田章雄によって明らかにされているところであるが[66]、幕府は一六一七年十月二十八日に「鉛隠売申者、是又はたものに可申付之、買申候ものも雖為同罪、依申出被成御免事」[67]と鉛密売の者は「はたもの」、ただし買い付けながらも自訴の者は御免、とする厳しい法令を出している。この鉛の密売買禁令が発布された日付からいって、先の武器輸出禁令と明らかに連動していることがうかがわれるのであり、やはり朝鮮使節の来朝と深くかかわるものであったことは疑う余地がない。

ちなみに武田万里子は、将軍が鉛の枠を決めずに買い取ったのは一六一七年であるという重要な指摘をおこないつつ、次のように述べる。[68]

イギリス人・オランダ人も鉛が彼らの貿易のかなめであると知って、積荷のかなりを鉛でまかない、これに対応した。一般には、鉛が軍需品のため、将軍が独占的に買上げたとされている。これは事実であるが、もっとも肝心の大坂の陣の前後には全量の買上げの例がなく、一六一七年から始まったことは、そこにもうひとつ、貿易制限令の施行にあたっての、英蘭人に対する幕府からの見返り、あるいは貿易保護の意味が見出せるのではないか。

（以下略）

ここで述べられように、鉛が大坂の陣の前後に全量の買上げの例がなく、一六一七年から買上げが始まったというのは、まさしく朝鮮使節一行によるその輸入を封じるためであったとみてよい。すなわち、将軍による鉛の一括購入は、政治的実権者として、貿易上の先買権、独占権の行使という問題でなく、また貿易制限の見返りとしての保護の意味から出たものではなく、ひとえに東北アジアの軍事的緊張へ巻き込まれまいとする配慮によるものであったといってよい。

ところで、この頃将軍秀忠以下幕閣が武具・鉛などの軍需品の禁輸出対象国としたのは、単に朝鮮だけではない。すでに見たように、コックスはイギリス側が買い受けた武具類は日本の「敵」ではなく「味方」に送られるものであることを強調していた。では、この場合の「味方」とはどこの国を指すのであろうか。それはおそらく日本に積極的に通交を求めてくる安南・シャム・パタニなどの東南アジア諸国を指しているのであろう。とくにイギリスはシャムとの通交を維持するために、国王への進物用として日本の武具を多く購入していたが、そのあたりの事情は、コックスが一六一四年（慶長十九）十一月二十五日付でシャム渡航をめざすウイッカムに宛てた書状の次の一節から知られる。(69)

次に暹羅国王其の他に贈るべき方物につきては、ルカス・アンテニス君、その他最も長く同国に滞在せる人々に相談して品質と数量とを定めらるべし。此等の武具、銃、槍、刀、及び弓矢は最も珍重せられる〻ものにして、其の目的にて買入れたり。然れども残品あるか、過剰あらば、売却して儲くる方、それ丈多額の金を携帯するよりも宜し。是に付きアダムス君と相談せば、彼は満足して貴下に害を為さゞるべし。

これによれば、日本産の銃・槍・刀・弓矢の武具類はシャムにおいては珍重され、商品としての評価が高かったことが理解される。一六一五年六月二十七日付のコックスの「日記」によれば、ルカス・アントニソン、ショングルネイ両人よりペグー（ビルマ）とシャム王との戦争が始まったため、同国との商況が不調であることが伝えられている。(70)いっぽう阮氏と鄭氏の覇権争いが激化していた黎王朝下の安南国においても、(71)一六二四年（寛永元）には日本人の角蔵・末吉らが国王の書をもたらし、「剣十柄」「匕刀拾柄」「細腰刀拾柄」を乞うている。(72)日本よりの武器流出の背景としては、東北アジア情勢とともに、こうした東南アジアの国々における政情不安があったことも考慮にいれる必要があろう。

オランダ船の積荷目録と平戸商館の会計帳簿等によって、オランダのインドシナ貿易を分析した加藤栄一は、軍事品の積荷に着目し、平戸商館が設立当初から貿易中継市場の機能以上に東南アジア水域における戦略機能の方が重用視されていたことを指摘した(73)。これに対して、永積洋子は日本製の武器は品質が劣るため、バタヴィヤからも本国からも断られ、また大砲類の修理場としても日本の技術は信頼されなかった、と、これに反論している(74)。しかし、ヨーロッパ側から見て、和製の銃砲類が技術的に劣るものであっても、右に見たように、東南アジアの国々で献上品、ならびに戦闘用として一定の価値が存在し、そしてそれらが輸出されていた事実は、米谷がいうように簡単に看過できないであろう(75)。やはり一六二一年（元和七）に幕府が武具輸出禁止の立場を明確にした意味を考えないわけにはいかないのである。

なおこの武具輸出の禁止条目の具体的な施行時期について気付いたことを述べておきたい。武具輸出禁令についてはコックスの「日記」の一六二一年七月二十六日（和暦六月一八日）の条にすでに次のように表れている(76)。

一通はトラゼモン殿からの長文のもので、皇帝が、我々もオランダ人たちも我々の船で彼の国から如何なる武器も、如何なる日本人も運び出してはいけない旨の命を発したこと、彼が手紙には書くことができないほど多くの我々及びオランダ人たちに對する悪評が皇帝及びその評議會のところへ報ぜられているので、間もなく平戸に彼が到着したら口頭でそれに就き話すつもりであることを記したもの。

右の記述内容からすると、イギリスに通達されたのは通説のように、和暦の七月二十七日ではないことになる。この点で注目されるのは、永積が紹介する平戸松浦史料博物館所蔵の五ヶ条からなる無名の奉書である。永積は『新旧東インド誌』に収められている元平戸オランダ商館長ヤックスペックスがウイレム・ヤンセンに宛てた弁明書に引用されている五ヶ条の覚書きの内容が、同史料のそれと符合することを確認している(77)。そしてこれを受けた総督クーンが司令官ヤンセンに日本人を送り出す許可を得るようにという命令が六月十一日付、つまり和暦で元和七年五月二十二日付の書であることからして、「日本人を海外に送ってはならないという禁令は五月二十二日令より前におそらく口頭で、すでにオランダ人に伝達されていたと考えられる(78)」としている。その点は武器輸出禁令がこれ以前から施行されている点からすれば、大いにありえることであろう。問題は五月二十二日令であるが、それは九州の諸大名にまでは通達されなかったとしても、イギリス・オランダ側には松浦氏の家臣桃野太郎左衛門を通じてすでに通達されていたことを、右のコックスの「日記」はものがたっている。そうだとすれば、法令は七月二十七日付をもって土井利勝・本多正純・酒井忠世ら閣老が連署のうえ、あらためてイギリス・オランダ側に示され、ついで翌日九州の諸大名にも通達されたものと考えてよいであろう。

このいわゆる七月二十八日令が契機となって、武具輸出の摘発が一段と強化をみていった様子は以下のコックスの「日記」の内容からわかる。たとえば「日記」は一六二一年九月十一日(和暦八月六日)の条で、松浦氏のオランダ船に対する処置について次のように述べる(79)。

また、キャプテン・スペックが本年日本に滞留しないことで王は不満を抱いているらしく見える。何故なら彼がオランダ商館に使いを派して、ジャカトラに向けて送る準備を終えて既に或る帆船の船上に運ばれていた槍を探索させたからである。しかも王はそれらを再度陸上に運ぶようにと命じた。もっとも、キャプテン・カムプスは、それらが昨年皇帝の命令の出る以前に買取られたものであると主張したが、しかしその言葉は何の役にも立たず、それらは再度陸揚げを余儀なくされたのである。

平戸領主松浦氏は七月二十八日禁令の通達後、オランダ商館長スペックスの動向を注視している様子がわかるが、ジャカトラ向けの帆船を捜索して槍の摘発を行い、それらは禁令発布の前年に購入されたものであるとするオランダ側の主張を退けて、陸揚げの挙行をみているのである。

いっぽう十月十六日付「日記」には次のようなポルトガル船よりの武具押収の記事が見える(80)。

> さらにまた彼〇セイヤー。は私に、フリガット船一隻が出航するさい、人々〇奉行人等。はリチャード・ショートを捕らえようと同船の龍骨に至るまで捜索し、しかも總べての衣類箱まで開けさせたが、捕らえることはできなかったこと、しかし一〇〇〇挺以上の槍やランゲノットやカタンを発見してそれを運び戻した上、さらに舵手を抑留しようとしたこと、しかしカピタン・モールは總べての押収された品々に對して責任を負うべき立場にあると主張していることを述べていた。

逃亡イギリス人リチャード・ショートの探索(81)に来ていた長崎奉行らは、その過程で発見された一〇〇〇挺以上の槍やランゲノットや刀剣を陸へ運び戻した、というのである。ここではポルトガル船に大量の武具類が積み込まれていたことに注目する必要がある。それらは当時のポルトガルの通交圏からいって東南アジア諸国向けであったと考えてよかろう。

右の記事はまたポルトガル人が幕府の禁令を無視して、なお密かに武器の輸出を行っていたことを示すが、次のコックスの「日記」の記すところは武器の摘発がいかに徹底されたかを示している(82)。

> (上略)またボンギューたちはセイヤー君から五振、キャプテン・アダムズから一振、キャプテン・クリーヴェンガー(マヽ)から一振、そしてモアトン君から一振のカタンを押収したが、セイヤーは彼のものを五年以上所持していたのであり、キャプテン・アダムズは彼のものをイギリスから持参しており、またモアトン君は彼のものをスマ

トラのジャンビで買ったのである。

すなわち、商館員のセイヤーらのコレクションかと思われる刀剣はおろか、家康の水先案内として功のあるアダムズがイギリスより携行してきた一振までが押収されている。元和七年令がいかにイギリス・オランダ・ポルトガル三国に大きな打撃を与えたかが推測されるが、次に見られるように、コックスが旧状の回復をはかるべく、幕閣への工作に動いているのはそのあたりの事情をものがたっていよう。(83)

二十一日(シワス二十日)(略)

私はキャプテン・カムプスのところへ行って、我々が過去において行っていた通り、それに代價を支拂って我々の船舶で人員や軍需品を運び出すという我々の従前の特権を安堵して貰うため皇帝の評議会へ我々の請願書を提出する件に就いて、何をするのが最善であるかを相談した。しかし、オイェン殿の秘書カカゼモン殿は我々に次の傳言を寄越した。すなわち、もし我々が何事かに心を痛めさせられて我々が救済して貰いたいなら〔それを〕彼等に知らせるように、と評議会が我々に差圖するまで待つのが最善で、そのときになったら我々は我々の事態を訴えることが許されるのであり、そうしないで、もし我々がその時の来る以前にせいてそのことをしようと努めるなら、事柄は放置されて、それに就いての何等の顧慮もなされずに終るであろう、と。そこで我々は、そんなことをして當地○江戸。に餘りにも長く引留められていることになるのを怖れる旨を申立てたが、しかし彼等はさようなことはない旨を約束した。

これによれば、コックスは軍需品と日本人の海外移送という旧来の特権回復の交渉を幕閣と行ったが、土井利勝の用人横田角左衛門を通じてもたらされた意見は、幕閣よりなんらかの指図があるまで待つのが得策で、せいては逆に放置される、という慎重論であったことがわかる。秀忠を刺激することが逆効果だというこの土井の指摘から、我々はこの元和七年令がもはや外からの力では撤回させられる状況にはなかったことをまた知りえよう。

むすび

対明交渉が容易に進展しない中にあって、幕府の唐船処遇策は激しくゆれ動いていた。すなわち、一六〇六年（慶長十一）以降、島津領内へ着岸した唐船を長崎奉行長谷川左兵衛の管理下に置くことを命じながら、一四年には島津領内に自由に着岸することを許し、そして一六年（元和二）六月にはまた方針を変じて、その寄港地を長崎・平戸に限定するにいたった。ところが、さらに八月八日のヨーロッパ船の平戸・長崎集中令では唐船に着岸地の自由を保障する方針を打ち出すなど、変転をきわめたのである。こうした唐船に対する対応策の変更にあたって幕府内部においていかなる議論がなされたか明瞭ではないが、最終的に唐船に着岸地の自由を保障したことには、その来航を積極的に促す方針を確立したものとみたい。

琉球出兵後、琉球が明国より一〇年一貢を通告されたことにより、幕府の対明交渉の条件は秀忠政権のもとにおいては極めて狭隘になっていた。そのような状況下において、秀忠政権は揺れながらも唐船招致政策に踏み切ったのである。一六一九年（元和五）、単鳳翔がもたらした浙江省都督の書簡の受け取りを拒否したのは、そうした明商船との私的な通交関係を機軸とした対明関係を創り出す方向を明確にしたものと捉えられよう。

対明方針が定められるいっぽう、一六一六年八月八日令によって、ヨーロッパ諸国に対する対応も明確にされた。これによって大きな打撃を蒙ったのは、オランダに比し対日貿易に未だに深く食い込み得なかったイギリスであった。イギリスは中国・東南アジア貿易へ参入することによって、対日貿易の足場を固めようとし、琉球をインド―日本―

シャムと結ぶ構想を実現しようとはかった。しかしそれを阻んだのが八月八日令であったのである。

この八月八日令のもつ意義については、これまで多くの論著で述べられてきたところであるが、しかし、なぜこの年にヨーロッパ国船の平戸・長崎集中令が出される必要があったのか明瞭ではない。この点については今後の検討課題であるが、予断を恐れずにいえば、それは武具類ならびに日本人の売買の管理統制を行うためではなかったかと考える。

イギリスを含めて、ヨーロッパ勢力の貿易に対する管理統制は、武具輸出の取り締まりを機軸として強化され、早くも一六一七年(元和三)には長谷川藤廣支配下の堺で武具輸出禁止令が施行されたのはすでに見た通りである。当時における武具の最大の輸入国は後金国の圧迫をうけていた朝鮮国であった。武具輸出禁令は、明らかに朝鮮使節による武具調達の途を閉ざすことを意図したものであったが、使節渡来の前年に出された法令も、武具輸出の担い手であったオランダ・イギリス・ポルトガルの船を平戸・長崎で集中的に管理しようとはかったのではあるまいか。

しかし、武具の輸出ならびに日本人の売買はその後も止まなかった。積荷になお武具が存在していたことはすでに見た通りであるが、人身の送り出しも続いていたことは永積が明らかにする通りである。すなわち、オランダは一六二〇年には香料群島において要塞造りなどに使役するために、日本人を送り出しているが、バンダ諸島の原住民が香料の引き渡しを拒んだため情勢が緊迫し、オランダ総督クーンは戦争に使役するための日本人を多数送ることを平戸商館長宛てに訓令している(84)。永積がいうように、「このような総督クーンの性急な日本人戦闘員の要求が幕府の日本人の海外への輸送を禁止する直接の原因となったことは疑いない(85)」。かくして二一年五月二十二日、ついで七月二十八日付をもって三条の禁令がヨーロッパ諸国にあらためて通達されたのである。

幕府が日本人の東南アジア渡航を規制しなければならなかった理由は、今ひとつビルマ・タイ・安南における政治的抗争の展開であった。一六二〇年代に入って東北アジアならびに東南アジアの政情不安は、日本の武具類と労働力の需要を高めたのであり、それが拡大すれば、多くの日本人が戦闘に巻き込まれることは必至であった。将軍秀忠はそうした事態を回避する方針を明確にした。いみじくも、一六一九年（元和五）七月二十八日令が出されてから間もない八月、シャムの使節が来航した際、崇伝がもたらした同国宛ての返書に「吾邦商士留貴域擢首統事之告報、実其身之大幸也」とあるのを、日本人が訴訟などで不都合なことが起きた時、これに関わることになりかねないことを懸念して、秀忠はこれを除かせている[86]。このこともやはり東南アジアにおける政治情勢を考慮に入れての処置であったとみてよい。

このようにみてくると、一六二〇年代の東北アジア、東南アジアの政治的緊張のなかで、秀忠は将軍権威に瑕疵が生ずることになりかねない国際紛争を一切避ける方針をうち立てたことになる。それはまさしく武威外交からの脱皮といえるであろう。

注

（1）「旧記雑録後編」巻七一、四、一二一八号、一二八一号。
（2）『中山世譜』巻七　尚寧王万暦四十二年甲寅条、「蔡氏家譜」（『那覇市史』一巻六　家譜資料（二）上、那覇市、一九八〇年）。
（3）「旧記雑録後編」巻七二、四、一三二九号。
（4）「旧記雑録後編」巻七二、四、一三五六号。
（5）「旧記雑録後編」巻六〇、四、一七六号。
（6）「旧記雑録後編」巻六七、四、九六四号。
（7）（8）「旧記雑録後編」巻七〇、四、一〇九九号。
（9）「旧記雑録後編」巻七一、四、一二七四号。

（10）影印本『異国日記』〈下〉

（11）清水紘一は同令を包括的に検討し、その本質的性格は幕府がヨーロッパ船の将来した全軍需物資を独占的に掌握することを目的としたところにあり、秀忠政権の内政重視路線を示すもので、以後の秀忠政権の外交基調となった法令と位置づけている（「元和二年外国船平戸長崎集中令の一考察」〈『社会文化史学』一六、社会文化史学会、総合歴史教育研究所、一九七八年〉）。

（12）「旧記雑録後編」巻七二、四、一三八八号。

（13）清水紘一「元和二年土佐漂着スペイン船の処遇について—外国船平戸長崎集中令発令前後の一状況・附同関係史料」（『京都外国語大学研究論叢』第XVII号、一九七六年）、木崎弘美「元和二年八月八日令追而書の意義」（『洋学史研究』七、洋学史研究会、一九九〇年）

（14）末尾に「在裏」の注記があって、「此御触状、為後證成一軸置者也」と記されている（「旧記雑録後編」巻七二、四、一三八八号）。なお、木崎弘美は八月八日令に関する諸説の検討を行うとともに、同令が出される前後に口銭銀制創設にみられるように、唐船貿易は統制の方向にあったとし、「八月八日令は、追而書で唐船船主次第の貿易を認めたことになっているものの唐船貿易放任を意図したものではなく、禁教を前提とした幕府の貿易統制強化策として位置づけることができると考える」と結論づけている（木崎「元和二年八月八日令追而書の意義」）。本研究では島津側への対応から秀忠政権の唐船政策はやはり揺れ動いていたものと解したい。

（15）永積洋子『近世初期の外交』（創文社、一九九〇年）、五一頁。

（16）ドナルド・トビ『近世日本の国家形成と外交』五九頁。

（17）永積洋子前掲書、一二〇頁。

（18）『歴代宝案訳注本』第一冊、一—〇七—一七号。

（19）『中山世譜』巻七、尚寧王万暦四十五年丁巳条。

（20）『歴代宝案訳注本』第一冊、一—〇七—一八号。

（21）小葉田　淳「近世初期の琉明関係—征縄役後に於ける—」（『中世南島通交貿易史の研究』刀江書院、一九六八年）。

（22）『中山世譜』巻七、尚寧王万暦四十二年甲寅条、『神宗実録』万暦四十三年条。

（23）『中山世譜』巻七、尚寧王万暦四十五年丁巳条、「蔡氏家譜」九世紫金大夫諱堅の条（『那覇市史』一巻六　家譜資料（二）上、那覇市、一九八〇年)。
(24)「御令條寫」小葉田前掲書所引
(25)『歴代宝案訳注本』第一冊、一—一八—〇九号。
(26)『熹宗実録』天啓三年三月丁巳条。
(27)『歴代宝案訳注本』第一冊、一—〇七—二〇号。
(28)右同、一—〇四—〇六号。
(29)右同、一—一八—一〇号。
(30)右同、一—一八—一一号。
(31)右同、一—一三—〇三号、一—一三—〇四、一—一三—〇五。
(32)右同、一—一三—〇六号。
(33)右同、一—一九—〇六号。
(34)岡田章雄『三浦按針』(岡田章雄著作集V、思文閣出版、一九八四年)、幸田成友『日欧通交史』(岩波書店、一九四二年)、西村孝夫「平戸商館を中心とする舊イギリス東インド會社の経済活動」(『社会経済史学』二二—四、一九五六年)等参照。
(35)岩生成一訳注『慶元イギリス書翰』(雄松堂、一九七五年改定復刻版)六八号。
(36)比嘉洋子〈訳〉「ウイリアム・アダムズ　琉球諸島航海日誌　一六一四—一五年」(『南島史学』第九号、南島史学会、一九七六年)。
(37)竜涎香は抹香鯨の体内に生ずる高価な香料で、当時ヨーロッパでは貴重な商品の一つであった(岡田前掲書、一六七頁)。
(38)『慶元イギリス書翰』六五号。
(39)(40)『日本関係海外史料　イギリス商館長日記譯文編之上』(東京大学史料編纂所、一九七九年)一六一五年六月四日条。
(41)岡田前掲書、一六七頁。
(42)『日本関係海外史料　イギリス商館長日記譯文編之上』、一六一五年六月十一日条。
(43)右同、一六一五年七月十四日条。
(44)真栄平房昭「イギリス・オランダ商館の貿易活動と琉球・薩摩—一七世紀初期の動向」(九州大学『史淵』百二十五輯、一九八八年)。
(45)『慶元イギリス書翰』七〇号。
(46)(47) 右同七二号。
(48) 右同七七号。
(49) 右同八二号。
(50) 岡田前掲書所引「Diary of Richard Cocks. Tokyo, 1899. Vol. II」、一七二頁。
(51)(52)『慶元イギリス書翰』一〇一号。
(53)『日本関係海外史料 イギリス商館長日記譯文編之上』、一六一六年六月三〇日条。
(54) 右同、一六一六年七月六日条。
(55) 右同、一六一六年十月七日条。
(56) 右同、一六一六年十月七日条。
(57) 右同、一六一六年十月八日条。
(58) 右同、十月八日の条には次のように記されている。
(前略) 結局、誰もが事態は老公の時代よりも一層悪くなっていること、當公は役人を交代させたり、トノたちを置き換えてひとりを別の國へ送ったり、交代させたばかりしているとの不平を抱いている。その結果、そのことに對して多くの嫉妬が生じ、誰もが相互に法に訴えたり苦境に陥れたりし合っているのであり、そのため、何がそこから生ずるかは神のみぞ知るのである。何故なら、一般の噂が示すところでは誰ひとりとして彼等が彼の不興を蒙ると考える事柄については皇帝に敢て語ろうとせず、彼はそれほど狂暴であって、死か破壊以外の手段をもたないのだそうである(以下略)。
(59) 永積洋子「平戸オランダ商館日記」(永積洋子・武田万里子『平戸オランダ商館・イギリス商館日記 碧眼のみた近世の日本と鎖国への道』そしえて、一九八一年)。
(60)『日本関係海外史料 イギリス商館長日記譯文編之上』、一六一七年十月十三日、十四日条。
(61) 右同、一六一七年十月十七日条。
(62)(63)(64)(65) 米谷 均「一七世紀前期日朝関係における武器輸出」(藤田 覚『十七世紀の日本と東アジア』山川出版社、二〇〇〇年)。
(66) 岡田章雄「江戸幕府による軍需品の輸入について―特に鉛を中心として―」『社会経済史学』第六巻九号、一九三六年。のち岡田章雄著作集Ⅲ『日欧交渉と南蛮貿易』所収)。
(67) 御制法七(『大日本史料』十二ノ廿五　二二九頁)。
(68) 武田万里子「平戸イギリス商館日記」(注(59)永積・武田著書)。
(69) 『慶元イギリス書翰』五三号。
(70) 右同、六八号。
(71) 藤原利一郎「ヴェトナム諸王朝の変遷」(岩波講座『世界歴史』一二、中世六、岩波書店、一九七一年)。和田正彦「廣南(クアン・ナムの阮(グエン)氏と日本との関係について―一六世紀後半から一七世紀前半を中心にして―」(『南島史学』第四七号、南島史学会、一九九六年)。
(72) 影印本『異国日記』〈下〉。
(73) 加藤栄一『幕藩制国家の形成と外国貿易』(校倉書房、一九九三年)「第二章　戦略拠点としての平戸商館」。
(74) 永積洋子「平戸に伝達された日本人売買・武器輸出禁止令」(『日本歴史』第六一一号、日本歴史学会、一九九九年)。
(75) 米谷前掲論文。
(76) 『日本関係海外史料　イギリス商館長日記譯文編之下』、一六二一年七月二十六日条。
(77) 永積注(59)著書、同注(74)論文。
(78) 永積注(74)論文。
(79) 『日本関係海外史料　イギリス商館長日記譯文編之下』、一六二一年九月十一日条。
(80) 右同、一六二一年十月十六日条。
(81) ショートはポルトガル修道士たちに誘惑されて逃亡したため、コックスが他の逃亡イギリス人達とともに長崎奉行の用人に探索を依頼していた(『日本関係海外史料　イギリス商館長日記譯文編之下』一六二一年九月二十九日条)。
(82) 『日本関係海外史料　イギリス商館長日記譯文編之下』一六二一年十一月二十三日条。
(83) 右同、一六二二年一月二十一日条。

（84）（85）　永積洋子「平戸商館はオランダの戦略拠点か」（中村質『鎖国と国際関係』、吉川弘文館、一九九八年）。
（86）　永積洋子『近世の外交』（創文社、一九九〇年）四八頁。

第七章　琉球政策の展開

はじめに

武具輸出禁制の側面から対外貿易統制が強化され、独自の貿易政策の展開に大きな影響が出る状況の中で、島津家久を取り巻く領内の政治状況に変化がおとずれる。すなわち、一六一九年（元和五）には父義弘が死去、そして翌年には琉球においてやはり国王尚寧が死去し、尚豊政権が成立する。この陰に陽に家久の家政に強い影響力をもった父の死と、島津氏の出兵の原因を作った琉球国の当事者の死を転機に、家久の領内ならびに琉球政策に大きな変化がうかがえる。本章と次章ではこの点を具体的に論じたい。

第一節　大島五島の直轄化

秀忠政権によって外交的主導権が示されはじめる元和年間、家久の「道之嶋々」に対する支配政策が急速な展開をみせる。

一六一〇年（慶長十五）に奄美に置かれた大島代官は、一三年大島奉行と改称し、「道之嶋々」支配にあたったが、一六一六年（元和二）には徳之島奉行が別置され、徳之島・沖永良部島・与論の三島を分管するなど、徐々に奄美五島の支配体制が整えられていった。そして一六二一年（元和七）には道之島に検地が実施され、さらに二三（同九年）にはそれらの島々に対する支配綱領としての「置目之條々」が定められたのである。「置目之條々」は大島に対するものが『名瀬市誌』[1]と「島津家列朝制度」[2]に掲げられ、また喜界島あてのものについては「喜界島代官記」[3]に見ることができるが、徳之島あてのものは残念ながら未だ確認しえていない。しかし同内容の「置目」が徳之島にも示されたことはほぼ間違いないと思われる、ただし現存する右の「置目」もいずれも誤脱と思われる箇所があり、正確なものとは言い難い。そこで以下では「島津家列朝制度」収載のものを底本とし、それを他の二つの史料で補うかたちで、左に復元を試みたい。史料中の［　］内が「喜界島代官記」、〈　〉内が『名瀬市誌』からそれぞれ補った内容である。

大島置目之條々

一①島中田畠之名寄帳、可被書調事、
　付　荒地並仕明地、可相記事
一②おほや、向後相やめらるべき事
一③ウハ木の與人・目指、可被止事
　付　御扶持米、被下間敷事
一④郡ニ、與人三人宛、相定候事、
一⑤村ニ掟壹人相定、壹人ニ付、切米壹石、可被下候、
一⑥郡ニ、筆者壹人ヅツ、相定候、
　但、壹人ニ付、切米壹石ヅツ、可被下候、
一⑦與人壹人ニ付、切米五石被下、知行可召上候事、

一⑧與人・筆子並諸役人之数、御定之外は、停止たるべき事

一⑨かつら〈からう〉(唐芋)・米・筵・布・酒、男女によらず、出間敷こと、

一⑩與人・筆子、百姓を色々召仕儀、皆為停止事

一⑪おつる〈おつか〉の方(負荷)ニ、御百姓を、人々内之者ニ相成候儀、曲事候間、元和元年より以来の者、相かへすべき事、

⑫[一諸役人田畠作職いたすましく候、但百姓にまかり成候ハ、作職可レ仕事]

一⑬島中におゐて私ニ人を致成敗儀、堅可為停止、

　但、殺し候ハで不叶科人は、可得御意事、

一⑭諸役人、百姓に對し、私ニ檢断致儀、可為停止事、

一⑮島中諸役人、百姓をやとひ、供につれまじき事、

一⑯かいせん作まじき事、

一⑰日本衆、其島へ被参候共、致進物[禮物]間敷事

一⑱折目祭、夫々仕米・すくるやふにしゃうに収納可致事、[おりめまつり早〻仕、米すたり候ハぬやうに自由ニとりおさむへき事]

　付、島中之者、百姓等ニ至迄、草履はくべき事、

⑲[一諸役人琉球ニいたり、はちまきのゆるし取事可レ為ニ停止一

　付　嶋中之もの百姓以下ニいたる迄さうりはくへき事]

一⑳赤津久・黒つぐ・馬之尾・牛皮、不残御物を以、可買取事、

一㉑島中麦之内、小麦を、専ニ可仕事[嶋中麦納は小麦をもつはらにと〻なへきこと]

㉒一からを・筵・芭蕉・わた、御物を［御物を以］、買取可納事［可二相納一事］、
㉓一牛馬、年々ニしるし、役儀可仕事
㉔〈一諸百姓借もの三わりの利にとるへき事〉
㉕一諸百姓、可成程焼酎作、可相納事、
㉖一追立筵之儀、人数付之上を以、可相納事
㉗一納物、不依何色、百姓ニ請取を可出事
㉘〈一諸役人御物を取こミ候御沙汰之事〉
㉙一数年百姓未進事［未進之事］、
㉚一百姓手前より、役人共［役人共江］色々出物仕候、向後、何色によらず、可為停止候間、田畠之納、相かさむべき事［可二相守一之事］
㉛一米、此地仕上せ之時分、二月より船を被遣、三月此方へ着船之事、又四月より六月迄、先は上下可仕事［五月六日までニ上下可レ仕事］
㉜一七月より明ル正月迄は、仕上せ船之上下、可為停止事、
㉝一與人、御算用可参刻は、主従三人可罷登候、多人数召列候儀、可為停止、
付、滞在中、飯米可被下事、
㉞一右御算用ニ付、可罷上刻ハ、與人壹人壹人ニ付、御船間貳拾石、可被下候、
右條々、若於相背は、稠敷可有其沙汰事、
元和九年癸亥［閏］八月廿五日
備中守印
宮内輔印

兵部輔印
摂津守印
下野守印

以上、「置目之条々」は三四条にも及ぶ詳細なものであるが、これらから指摘できる点は以下のようなことである。まず冒頭の条をみると、名寄帳作成による荒地・仕明地（開発地）の記載を命ずるものとなっている（①）。幕藩制下における地方帳簿の作成が「道之嶋々」にも普遍化されていくこと、これが第一に指摘できることであろう。そして、第二は、同時に、村落行政機構の改編が目途されたことが多くの条目によって理解できることである。琉球国支配下の村役人の「おほや」（大親）役、「ウハ木」（上木）與人・目指の廃止（②③）、與人一郡二人制（④）、掟一村一人制（⑤）、「てくこ」（筆子）一郡一人制、そしてこれら郡村役人への切り米制の実施（⑥⑦與人は知行召し上げ―⑦）、また年貢算用のために鹿児島表へのぼる與人について、供連れの制限（三人に限定―㉝）、一人あたり二〇石の船間の許可（㉞）等々が定められていることは、旧琉球国の農村支配機構を否定するのではなく、むしろその整序を通じて新たに編成していったことをものがたっている。

第三に指摘できることは、間切・村役人による恣意的な農村支配の排除、百姓保護がうち出されていることであろう。與人・てくこによる百姓使役、供連れが禁止され（⑩⑮）、また債務奴隷におとしめられることからの解放―元和元年以降の債務のかたにとられている者の解放―や（⑪）、借り物利の制限（三割利―㉔）、私的に制裁を蒙ることからの保護（⑭）などが打ち出されている。百姓への草履ばきの認可（⑲の「付」）も間切・村役人の特権制限、小百姓保護策といってよいであろう。

第四は琉球国との政治的関係の遮断、琉球国的社会慣習の改革である。諸役人が琉球王府より位階の象徴としての帕《はちまき》（冠）を受けることの禁止⑲、伝統的な祭りへの容喙⑱などは、この頃の琉球王府と「道之嶋々」との関係を考えるうえで重要な条目である。これによれば、慶長の出兵後も「道之嶋々」に対して王府より位階の授受が行われて、実態としては島々はなお琉球の政治的影響化にあったことがうかがわれる。その前提として当然一定の貢租の納入もなされていたことが考えられるのであり、島津氏に対する年貢未進の指摘㉙もこの点とかかわっているものとみることもできよう。また琉球王府支配下の社会で培われてきた伝統的な収穫祭・予祝祭としての「おりめまつり」（折目祭り）を早々に執り行い、かつそのための米穀費消の抑制を促しているのは⑱、これに加えて琉球国との精神的紐帯を断ち切ろうとするものであったといえよう。「おりめまつり」を早々に執り行うことを促しているのは、琉球国社会では、祭事や祝事はトキ・ユタと呼ばれる巫覡・巫女的な職能者の日取り選定によって挙行され、しかも祭祀は共同費消をともなうものであったから、島津氏にとって島固有のそれは年貢の確保のうえで大きな障害となっていたのである。

そして第五に明確になることは、そうした年貢・諸産物の確保政策である。島津氏の志向するところは伝統的な「おりめまつり」に左右されない収穫優先政策にすでに示されているが、それはそのほかいくつかの点から明らかとなる。すなわち、赤つぐ・黒つぐ・馬之尾・牛皮・からを（麻苧）・筵・芭蕉・わた等の独占買入れ⑳㉒、小麦・焼酎・筵の生産・納入の強制等㉑㉕がそれを示す。「かいせん」（楷船）の仕立て禁止⑯はこれら諸産物の島外への流出を防ぐ意図から定められたもので、島々の経済的な封鎖のうえに諸産物の収取がはかられたことを示すものである。もちろん収取の対象は諸産物に限られたのではなく、牛馬への賦課もなされている㉓

これらのことに加えて、諸役人に対する出物を禁じ、かわりに年貢納入の厳守を促している点㉚も注目されてよいであろう。私的な収取関係を排除し、切り米制により村役人による収取機能を維持していこうとする意図が見てとれる。諸役人の御物の取り込みを禁止すると同時に(28)、これを抑制するために百姓に対する「請取」の発行も義務づけられ(27)、また年貢納入にあたる「仕上船」の安全確保のために、薩摩・「道之嶋々」間の上下期限までが指示されている(31)(32)。

以上、「置目之条々」からうかがうかぎり、一六二三年(元和九)を期して「道之嶋々」の支配方針が具体化され、実質的な蔵入化へ向けて大きく踏み出していったことがわかる。

第二節　流通・貿易政策の展開

大島五島の直轄化そのこと自体、紙屋がいうように当然のことながら琉球政策と表裏をなすものであった。[4] その点でつとに注目されてきたのが次の一六二四年(寛永元)八月二十日付の「定」である。[5]

定

一① 三司官其外諸役職之扶持方、自今以後者可為御分別次第之事、
一② 科人死罪流罪之儀、此方ニ不及御伺、御分別次第たるへき事、
一③ 日本名を付日本支度仕候者、かたく可為停止事、
一④ おりめまつりの儀、此方御蔵入之分者、耕作時分不違やうにと被仰付候、御分領之儀者御分別次第たるへく候事、
一⑤ 他国人其地へ参儀可為停止事、
右條々向後不可有違篇者也、

寛永元年子八月廿日

比志嶋宮内少輔（花押）

伊勢兵部少輔（花押）

嶋津下野守（花押）

ここに定められている内容は、それぞれ第一条目と第二条目が三司官そのほか諸役の扶持の給与、科人の死罪・流罪は琉球国王の分別次第とするもので、以下それぞれ第三条目が琉球人の日本名を名乗り、日本の風俗に化することの禁止、第四条目が「おりめまつり」の開催自由の容認、第五条目が他国人の琉球渡海の禁止となっている。これを見ると、奄美五島に対する政策とは明らかに違うことがわかる。紙屋はこれら扶持給与権・裁判権・祭祀権の委譲、そして日本風俗の禁止などという事実をもって、琉球国の「自立」化・「異国」化として位置づける処置と捉えているが(6)、それは概ね当たっていよう。

先の大島に対する「置目之条々」や右の「定」を見るかぎり、一六二三年を期し、出兵後琉球国とルーズにつながっていた「道之嶋々」を引き離し、実質的な藏入地化に着手していったことが判明する。すなわち、奄美五島と琉球に異なった支配論理が貫徹されることになったという点でこの年は琉球支配の画期をなすものといえよう。

ではその背景としてはどのようなことが想定されうるのか。その一つとしてはやはり尚寧王の死去という事実を無視するわけにはいくまい。島津氏は琉球国を軍事的に抑えたものの、尚寧王の存命中、「道之嶋々」を蔵入地として実体化することをためらったのではないかと思われる。しかし同王が死去し、尚豊政権の樹立に成功した島津氏は大島五島の本格的な直轄事業に乗り出した。翌年に「道之嶋々」に検地を実施し、一六二四年（寛永元）検地高四万三二五七石余を御蔵入高として表示している事実(7)はそのような線で理解できよう。

その後の家久の本格的な領国の基盤編成作業も琉球を取り込むかたちで展開を見ている点もまた注目してよい。家久は一六二六年（寛永三）にいたると、従来の閉鎖的な経済政策を改め、流通・貿易の展開によって領内経済体制の立て直しをはかる政策を推進している。たとえば、家久は大坂から同年六月三日付で家老の島津下野守・喜入摂津守に書を宛て、次のような示達を行っている。(8)

猶以如此談合者いつも有之事候へ共、驘而又わけもなく成行候事、前ゝ5淵底候、於今度之儀者、少も向後不相替様分別肝要候、

今度国家之肝要於爰元談合申付、其趣川上式部太輔・蒲池備中入道・東郷肥前守ニ申含遣候、細ゝ被聞届日夜入精以相談可被相調事、不可有油断候、餘ゝ百姓町人諸浦之者共、疲はて国茂荒はつる躰之由聞届候、其上他国之商人茂曖不可然故出入無之、諸廻船も不有付由、自国他国之失外聞候、此等之趣、今度談合所へ申聞、此中之法度少ゝ相改候、就中唐船之曖、去年自江戸申遣候筋相替、唐人共致迷惑候つる由、天下之批判笑止絶言語候、国中之百姓商人共有付、他国人なつき候やうにてこそ、国家も目出可為繁栄候間、萬事以其心得、今度談合之趣、少も無違変、堅可被相守候也、謹言、

六月三日　　家久〇（花押）〔御判〕

下野守殿

喜入摂津守殿

すなわち、家久は大坂において重臣たちと「国家之肝要」について談合をはかり、その趣旨を川上式部・蒲池入道・東郷肥前守の三人に託して急遽国許に伝えせしめたのである。その骨子は、現在の百姓・町人・諸浦人の疲弊、国の荒廃は他国との流通関係の遮断にあるとし、他国商人、そして唐船招致へ向けての尽力を促すものである。唐船

の招致についてはこれまで進めてきた政策であったが、他国商人の出入りについては、たとえば家久が上洛にあたって、一六二四年（寛永元）十一月十三日付の「留主中法度之条々」において、「他所之商人諸郷江出入停止之事」と、禁止令を出している。それが国中の百姓・商人どもが「有付」＝安住し、他国人がなつくことこそが国家の繁栄のもとである、と述べるのであるから、「此中法度少々相改候」とするように、この示達はまさにこれまでの政策を大きく転換するものであった。そして家久がこの新たな政策の徹底を期していた様子は、「猶」書きで、従来の談合の結果が雲散霧消のかたちで潰えてしまったことを批判して、「於今度之儀者、少も向後不相替様分別肝要候」と、家臣の意識の改革をも促していることに知られよう。(9)

そうした家久の方針は、さらに七月二十九日付の諭達をもってまた繰り返し述べられている。(10)その第一条および二条目は大坂の談合の結末を、川上ほか二名の者をもって申し達すること、この度の談合の趣旨について違変ある時は曲事とすることとし、ついで第三条目・四条目は諸役を申し付けられた士衆の侘びがましき事への批判、蔵入嗳の入精を促す内容となっている。そして第五条目には「川上式部太輔・山田民部少輔、別而諸事ニ精入、存知寄候儀共無用捨老中へ可申談候事」とあって、川上式部・山田民部らに対して新しい政策の徹底を促すものとなっており、両人が家久の政策遂行の要に位置づけられていたことが注目される。一つおいて第七条目は「押米」未進衆の知行召し上げの徹底を促すもので、「押米未進之衆終不致上納由候間、弥稠被申付、其上にても無沙汰之衆者、知行可召上由、去々年上洛之時分、以判形申置候、其段不可有緩候事」とある。ここで述べられているように、前々年の上洛にあたっての「留主中法度之条々」にもその件は触れられているが、徹底をみなかったのである。(11)

こうして一連の条目をみてくると、家久の領主的基盤は経済的にも政治的にもなお盤石のものでなかったことが理解できるが、経済政策の一環としての唐船招致政策は第六条目に次のように示されている。(12)

一度〻申遣候唐船之儀、縦異国遥〻ゟ来候而商賣茂仕合能様にと可存處、致迷惑候様ニ有之儀者非道之至候、自先年分国ニ来着之唐船者、荷物ニ封を付唐人之儘ニ不成、色〻窮屈成様ニ仕懸候故、少茂能物を為積船者、長崎之様ニ行候由、其沙汰候、尤左様ニ可有之候、よき唐船共来着候程、人之集多候て国中之うるほひに成候処、少之理を得候ハんとて、六ケ敷様に仕懸候而、為ニ不成儀者自他国之覚茂違、国之衰微ニ成候事眼前候間、唐船之曖者、前ニ如申遣候、いかにも思付候様に可被申付候事、

すなわち来着唐船に色々と窮屈なことをしかけ、良品を積んだ唐船を長崎に追いやっているような状況にあることを指摘し、唐船の来航が商人たちを呼び寄せることになり、ひいては「国中之うるほひ」つながるとして、その取り扱いに心を砕くように命じているのである。家久が特にこうした唐船の取り扱いを委ねたのは山田民部であった。一六二六年（寛永三）七月八日付の「覚」では「唐船御取扱之事、付当年奉行山田民部少輔殿相定候事」とあって、山田を唐船奉行に任じてあらたな唐船招致政策に取組む姿勢を示している。家久は領内を海外貿易の拠点にすることを企図していたことになり、いいかえればそれは幕府の長崎・平戸の外国船集中令に対抗する方向へ進もうとしていたことになる。そのように見てくると、その後の琉球政策にもまた理解が深まってくる。

「道之嶋々」を琉球国から引き離した後、一六二五年（寛永二）十月一日付をもって、比志嶋ら藩家老衆は琉球国三司官宛に次のような「覚」を発している。[13]

覚

一① 今度御物之銀子百貫目被遣候事、

一② 右之外ニ御物銀子貳拾貫目三ハり利ス、借銀被申事、

一③ 今度山鹿越右衛門尉へ唐物隠候糾明之事、

一④八重山へ参たる南蛮人、今度琉球へ差下候事、
一⑤壱匁出銀今年一年之儀、半分御免之事、
一⑥爰許之儀、後日琉球へ可相渡談合之事、
一⑦琉球へ住宅之他国人被為上間敷事、
一⑧津見被成御下候事、
一⑨（略）

寛永貮年拾月朔日　比志嶋宮内少輔

喜入摂津守

島津下野守

三司官

この「覚」のうち、最初の三つの条目は琉球貿易に関するものである。第一条目は、この度藩御物の銀子一〇〇貫目を貿易銀として託するというもので、第二条目は、このほかに琉球渡唐銀として二〇貫目を三割の利で藩が貸しつけるとする内容である。この二つの条目によって琉球貿易が藩御物銀によって維持されていく方向性が明確にされている。すでにみたように、藩では元和年間に一〇〇貫目程度の投銀を行っていたとみられるが、当面は同額程度をもって琉球貿易に関わる方針であったものとみえる。しかし、第三条目で、山鹿越右衛門尉に抜荷唐物の摘発が命じられているのは、やはり琉球貿易に対する統制が強化され始めたことをものがたっている。

第五条目は一匁出銀の上納を一六二五年（寛永二）に限って半減を許すというものである。おそらく琉球側の訴えに譲歩して一年限りの半納を認めたものであろうが、ここでは、琉球国と島津氏との間に一匁出銀をめぐって隠微な

かたちで攻防が展開をみていたことに注目しておきたい。第六条目は文意は明瞭ではないが、後日鹿児島より使者を派遣すべく談合したことを伝えるもので、この条目も琉球と島津氏との間になんらかの交渉を要する問題が生じていたことを想定せしめよう。第七条目の琉球居住の他国人の上国禁止は、琉球を介しての日本人の帰国をも不可能となるのであるから、一六三四年（寛永十一）の幕府禁令に先立つ日本人の帰国禁止令ということになろう。第八条目は「津見」を鹿児島より下向せしめるというのであるが、「津見」とは先に見た江洲と田場港の整備をめぐる一件で糾問をうけた王府重臣であることはいうまでもない。「津見」は例の一件で鹿児島に連行、蟄居を余儀なくされていた可能性が高い。その「津見」の送還は琉球国に対する裁判権の還付と一体をなすものであろう。

　このように「覚」の内容は島津氏の琉球政策の新たな方向性を示すが、その点は翌一六二六年（寛永三）十月十一日付の「覚」によって一層鮮明になる。それは琉球側の伺い（〈ア〉〈イ〉〈ウ〉〈エ〉）に対して、家久の指示のもとに島津家家老衆が逐一答えたもの（①②③④⑤）で、長文にわたるが、重要な内容を含んでいるので、やはり次に全文を掲げて検討しておこう。(14)

覚

〈ア〉
一白糸之直成、唐ニ付而百一斤ニ付ち、ミ銀拾匁充ニ可買取由、先年御條書を以被仰付候間、唐へ渡申候才荷、官舎へ堅申付候へ共、唐之商場次第にて候間、不及力由申候事、

①
一白糸直成之事、唐ニ而一斤拾匁充ニ可被買由、雖被仰越候、唐之商場違候由、細〻承置候事、

〈イ〉
一大嶋五嶋之儀、先年以條書申上候事、唐之為覚、又者　勅使渡海之刻者、依風波五嶋之内へ着津候刻者、飯米・野菜・薪・種〻肴等□為可致馳走、又前〻者那覇へ御来着之時者、五嶋之役人なはへ参候而、其役儀相勤申儀御座候つる、唐使為被存儀候間、一節成とも琉球へ被召加候而可被下由申上候、

雖然、右之様子於罷成者、唐勅使渡来之時者右如申上候、それ〳〵の用意相達候様ニ五嶋の役人中へ堅被
仰付候而可被下候哉、何共唐為通融如此申上候間、被成御校量候て可被下候事、

一②大嶋五嶋之儀、唐之使舟其地へ来着之時、風により五嶋之内へ着津之時、為自由一節成共其方へ御付候へと
御申候、其段上方へ得御意候処、此儀無御納得之由被仰出候間不及是非候、若唐船可参時分者、飯米・野
菜・薪・肴等、馳走可申様ニ可申付事、

一〈ウ〉従琉球仕上候物数、御用物召上候而、残分者仮屋之蔵本ニ而賣立、銀子ニ而上納申渡候事、

一③従其許仕上せ之物数、御用物之外者、其方かつて次第申付候事

一〈エ〉毎年壱匁出銀之由雖蒙仰候、唐之　勅使可被申請之用意ニ銀子過分ニ入申候、又者唐へ遣銀無之候条、勅
使可　被成渡間者、可被成御用捨様ニ、御侘申上度事、

一④毎年其地出銀高壱石ニ付壱匁充被　仰付候、右之分唐之使渡海迄者御侘之由候へ共、是も無御納得候、委細
之　儀者口状ニ申達候事、

一⑤右御侘従お綾御申ニ付、去年壱匁出銀之内五分之儀者為御合力御指置候、右之段去年拾月、其地之使者佐鋪
帰国之時、被　仰遣候事、

以上

寛永三年丙寅拾月十一日

喜入摂津守〔判〕○(花押)

島津下野守〔判〕○(花押)

三司官中

この「覚」の論点となるところをあげると、まず第一は中国における白糸の購入値段についてである。すなわち〈ア〉①によれば、島津氏は琉球に白糸を一斤当たり銀一〇匁ずつの値段で調達を命じたが、渡唐役人の才府・官舎らは中国における商品相場の点からいって力の及ばなかったことを報告したようである。島津側はこの点について承知した旨を答えているが、渡唐銀の付託を契機に、こうして中国における商取引に容喙するようになっていったことがうかがわれよう。

第二は冊封使渡来時における大島五島の一時的な琉球国への復帰をめぐる問題である。〈イ〉②の条目をみると、琉球側は中国との通交維持を理由にして、大島五島は勅使船漂着の節はその馳走にあたり、かつ那覇来着の節も島役人たちも役儀を勤めたことは使節も熟知しているとし、使節来航中の一時期なりとも琉球領に召し加えるか、それが許されなければ相応の用意を申し付けてもらいたい旨、訴えていたことがわかる。このように、中国冊封使渡来時に限っての大島五島の一時的な旧領への復帰を願ったのは、これら島々の実質的な蔵入化が進められていったのに対し、島々を琉球国に繋ぎとめるねらいがあったことは明らかであろう。したがって、さすがの家久もこれを認めず、封船渡来時に大島五島へ飯米・野菜・薪・肴等の馳走を求めることのみを許している。

第三は〈ウ〉③の条目に示される納入物の残余を鹿児島の琉球仮屋の蔵元にて販売する件で、これについては勝手次第と琉球側の要求を認めている。ここにおいて仮屋は他藩の大坂における蔵屋敷と同様に正銀確保機関の機能を与えられたことになる。

第四は冊封使を迎えようとする琉球側の一匁出銀負担問題である。〈エ〉④⑤の条目で明らかなように、琉球側より冊封使迎接のための入費を理由に、一匁出銀の免除が幾回となく願われたのであるが、島津側は前年より五分の免除を認めていることを理由に拒絶している。冊封使馳走のために、島津氏への課役負担を免除することは、同氏にとって一時的にせよ琉球に対する支配権が空白に帰し、年貢徴収権がなし崩しになることを怖れたためであろう。

このように、この「覚」の内容を見る限りにおいて、琉球は中国市場における商品購入に裁量権を堅持し、かつ日本市場に対しては特産物の販売権を確保することに成功している。さらに容認されなかったとはいえ、大島五島の完全分離の回避、一匁出銀の軽減を企図して、積極的に嘆願行動を展開していたことが理解できるのである。それらの動きはまさに、家久による大島五島の実質的な蔵入化、本格的な琉球支配政策の推進に対抗して出てきたものといってよいであろう。

第三節　島津家久と寛永の琉球使節

こうして大島五島の実質的な蔵入れ化政策、ならびに対外貿易への参入策が打ち出されていくなかで、先の一六二六年（寛永三）十月十一日付の「覚」は琉球国と島津氏との間には一定の矛盾が顕在化していたことを示しているが、家久にとってそうした琉球政策を推進するにあたっては琉球王府の一定の合意を取り付けつつ、その支配体系を構築することが大きな課題となって目の前に横たわっていたことになろう。此の点を前提にして、寛永期に入ってからの家久の琉球との関わりを見ると、いくつかの重要な事柄に行き当たる。まずその第一は、一六二六年の後水尾天皇の二条城行幸に際しての家久の琉球使節・楽童子の強請である。家久の要請を請けた尚豊は、九月六日に挙行された後水尾天皇の二条城行幸（九日まで滞在）に際して、今帰仁王子と三人の楽童子を派遣している。行幸は前年から計画されていたから、おそらくその段階に琉球側にも何らかの指示が家久から出されていたに違いない。二条城と洛中を金銀・綾羅錦繍でもって埋めつくされたといわれるこの行幸の(15)、いかなる場面において琉球使節が引き具され、琉球楽が奏されたかは明らかではないが、在京中の薩摩藩士岩切六右衛門（信充）が十一月十八日付で国許の下野守・鎌田出雲守にあてた書状で、「任幸便一書令啓上候、然者琉球之楽人衆叐許仕合能仕舞被申候而、御暇被下候間、今日京都を打立被罷下候、従　禁中様銀子廿枚、従　仙洞様三十枚、六条之西御門跡様より拾枚、近衛様よりちりめん一巻充被下候、為御納得之申上候(16)」と述べている。すなわち、ここで明らかになるように、禁中（天皇）より銀子二十枚、仙洞院（太上天皇）より同三十枚、六条の西御門跡（西本願寺）より同十枚、そして近衛家よりはちりめん一巻の下賜を受けており、二条城内の天皇・公家・門跡はもちろん、大御所秀忠・将軍家光の眼前で楽を奏じたであろうことは想定されてよい。琉球使節の天皇家との対面があったとすればおそらくこの時が最初にして最後である。天皇の行幸が新たな朝幕関係の形成を天下に示すための一大政治セレモニーであったとすれば、この「異国」使節の行幸への参列、楽奏の演出はもちろん徳川家にとっても大きな意味をもったに違いない。いっぽう島津氏にとって、それは琉球押えの役としての功をひろく天下に認めさせる契機となったことが考えられる。また合わせて、琉球国に対してはこの政治的セレモニーへの参画を強要することを通じて、他大名と同様に徳川権力へ従属的に結ばれていることを認識させる機会となったであろうことも否定できない。尚豊は、一六二七年（寛永四）一月十一日付の家久宛の書で、「…随而者小童三人指上申候之處、京都迄致供奉、種々蒙御憐愍、剰天下希代之行幸拝見仕候由、彼是以冥加不少候、萬端忝儀難盡寸楮候(17)」と、天下希代の行幸に臨むことができたことを、ことのほか「冥加」と喜んでいる。その真意はさておいても、後水尾行幸をもって諸大名ならびに民衆の徳川権力に対する威服をねらった政治的効果は琉球をも貫いていったとみて疑いはあるまい。

この一六二六年の後水尾行幸が、天正の後陽成天皇聚楽第行幸についで幕藩制的武家官位の成立にとって大きな意味をもっていたことはすでに明らかにされている(18)。周知のようにこの年島津家久も正四位下から、徳川頼房（三五万石）、伊達政宗（六二万石）前田利常（一一九万石）の三家とともに縦三位権中納言へと破格の昇進をとげている。[19]この時の官位の決定が禄高に基づく家格と関係していたことが指摘されているが、[20]しかし島津氏が破格の昇進をとげるにおいて、琉球使節同伴の果たした意味が大きかったことは、先の天皇・公家・門跡の反応からも推察されよう。こうした点が認められるとするならば、官位叙任がまた琉球支配の正当性を補強するうえで一つの意味をもったことになろう。ちなみに家久は、一六二六年（寛永三）十一月六日付で中山王（尚豊）宛に、大御所・将軍の上洛が滞りなく終了したことを述べ、ついで「中就我等儀被任中納言、於仕合者無残所間、可安御心候[21]」と、中納言叙任の喜びを伝えている。いっぽうこれを受けた尚豊は、明けて二七年一月十一日付で、「抑去歳之季秋於京師　黄門之祚御昇進之旨、謳天下之美誉、千秋萬歳目出度奉存候[22]」と祝儀を述べ、刀一腰・馬一疋（銀百枚）・御酒二甕を金武王子に付して送らせている。

寛永期に入っての家久の政策と琉球との関わりで注目される事柄の第二は、一六三〇年（寛永七）春の薩摩藩邸への大御所ならびに将軍のお成りにともなう一匁出銀の賦課、そしてやはり使節・楽童子の参府要請である。島津氏はそれを二年後にひかえた一六二八年（寛永五）九月十日付の「覚」で「来々年就　御成、此地諸事御繁多候、就其地出物之儀、知行壱石ニ付き銀子壱匁充たるへき事[23]」と諭している。これまで半減されていた出銀が旧率に引き戻されたのである。いっぽう要請をうけた使節・楽童子については、琉球側ではやはり金武王子に楽童子を付して江戸に送っている。[24]

第三は、右の一六二八年（寛永五）九月十日付の「覚」の中に集中的に示される次のような一連の事柄である。その全文を掲げると次の如きものである。[25]

①一年頭之御祝言御中候、則江戸へ言上申候之事、

一②国頭・今帰仁事被召置、如本〻三司官役被仰付、知行屋敷迄如最前可被給由、自江戸被　仰下候之事、
一③さへ・よさ被召直可然由、従江戸被　仰出候、如其申付帰国候事、
一④来〻年就　御成、此地諸事御繁多候、就其其地出物之儀、知行壱石ニ付銀子壱匁充たるへき事、
一⑤従其地毎年御使者就被為差上候、進物等不入御心遣候間、向後分量被定置候、如其可被仰付候、細々別紙在之事
付南蛮船・いきりす・おらんた船曾而許容有間敷事、
一⑥其地毎年出物上納方従跡之分、寛永三年迄算用相済候事、
一⑦兼日申候三線弾之童稽古、同楽、小歌、無油断稽古候而、来年之夏必参上可被申事、付てる布廿端相調候ハヽ、早〻可被為指上事、

以上
寛永五年
九月十日　　喜入摂津守〔判〕◎（花押）

琉球
三司官

まず第一条目は琉球よりの年頭の祝詞は必ず江戸へ言上におよぶ、としている。年頭使の上鹿は江戸の家久のもとに言上におよんでいることを殊更に述べているのは、琉球側にそれを疎かにさせることなく維持・継続させるためであったと解される。第二条目は国頭・今帰仁ら三司官を解職され、知行屋敷を召し上げられていた王府重臣の復職命令である。この件についてはこれより以前の七月十九日付をもって、家久自身が尚豊に直接書をあて、次のように述べている(26)。

（前略）仍先年其地江唐船来着之時分、〔鹿児〕○麑嶋家老衆、巻物等買取候之哉、就其儀、今帰仁・国頭両人曲事ニ候付、三司官役被相離、被追籠之由候、惣別最前之様子始而令承知候、聊之儀ニ付、ケ様之沙汰不可然候故、家老衆へ申事ニ候、無异儀役等被仰付、如此中被召仕尤候、（以下略）

右の書状の語るところによれば、先年唐船が琉球来航の折に、島津家の家老衆が巻物などを買い取ったことで、今帰仁・国頭の両三司官との間に争論となり、両人が三司官職を解かれ、追籠の処置を蒙るという事件があったようである。唐船が来着した「先年」とはいつのことか判然としない。一六二八年（寛永五）に近い年に冊封使船の渡来はないので、それ以外の明商船の来航があって、島津家家老衆による私的な買い物が強行され、それを制止しようとした両三司官との間に争いが生じたものと推測される。問題は争論の当事者である島津家の家老衆が誰であるかということであるが、この点については後に論及することとして、当面注目したいのはこの一件の顛末が家久のもとに全く報じられていなかったらしいことである。家久の怒りはそうした家老衆の専断に向けられていることがわかる。第三条目で召し直しを命じられている「さへ」「よさ」（与座）らも、やはり同じ事件に関わって職を解かれた者たちかと思われる。

第四条目は大御所・将軍のお成り費用石当たり一匁出銀の賦課についての再度の触れである。

第五条目は毎年の使者派遣に当たり、音物高を定めるというものである。詳細は別紙に定める通りとするが、八月十日付の三司官宛ての「従　王位様毎年御音信之定」は、それぞれ老中衆・御使衆・琉球取次衆・同筆者への音物高を定め、末尾を「若緩ニ於有之者、御法度御背被成候ニ可罷成候也」と厳しい調子で結んでいる[27]。音物高の制定は、島津氏に対する毎年の使者派遣が制度化されていくことと軌を一にするものとして無視できないものである。

しかしそれにも増して我々の注目をひくものは、この条目の末尾に付せられているポルトガル船・イギリス船・オランダ船の許容禁止条項であろう。家久はこれまでイギリスにたいして好意的な態度を取り、琉球への寄港を許容してきた点からすれば、このイギリスを含むヨーロッパ諸国と琉球との関係遮断を意図した政策は、大きな路線の転換を意味する。それはすでに見た、琉球を介しての日本人の帰国禁止令とあわせて考えると、幕府の元和二年八月八日令の徹底はかったものとうけとれる。すなわち同令は島津氏を貫き、琉球をも拘束していったということになろう。

第六条目は、旧来の出物の未進分が一六二六年（寛永三）までは算用済みであることを述べたものである。琉球側がやはり近世的な負担体系に対応しきれなかった状況がうかがわれるが、この条目が暗に以後の未進分の完済を促すものであることは理解できるであろう。未進が容易に皆済できない状況のなかで、翌々年の大御所・将軍の江戸藩邸お成り入用の負担が強行されようというのであるから、その先に琉球側と島津氏の矛盾の拡大化を想定することは無理ではあるまい。

最後の第七条目は、大御所・将軍の江戸藩邸お成りを二年後にひかえての楽童子の楽奏・小歌の稽古を促すものである。やはり島津氏が琉球使節・楽童子の派遣に大きな政治的意義をみていたことを、この条項は示していよう。

このように、一六二八年九月十日付の「覚」は家久の新たな琉球政策の具体化を示すものであるが、この「覚」で言及されていた王府重臣の処遇にからむ島津家家老の粛正が、又家久の琉球政策にかかわる事柄の第四の点として見過ごすことができない。その粛正を受けた家老とは比志嶋宮内少輔国隆である。この一件については次章で触れよう。

むすび

以上、元和年間から寛永初年にかけて、家久による領内支配の一環として、琉球支配が本格的に展開されていった状況を明らかにした。まず、一六一六年（元和二）に大島奉行に加えて、徳之島・沖永良部島・与論島を分管する徳之島奉行が置かれ、一六二一年（元和七）には三島に検地が断行された。そして一六二三年（元和九）にはこれら「道之嶋々」に対する支配綱領ともいうべき、「置目之条々」が制定された。それは地方帳簿の整備、琉球王国体制下の間切・村方役人機構の再編、百姓保護、琉球との政治的関係の遮断、伝統的な琉球国的社会慣習の改革等を通じて、「道之嶋々」に蔵入地として、年貢・夫役収取の途を開こうとするものであった。そういう意味でこの年は家久の琉球支配政策の一つの画期をなすものと考える。

奄美五島に対する本格的な蔵入化の推進は一六二〇年（元和六）の尚寧王の死去と無関係でなかったものと考えるが、寛永期に入ると、家久は従来の閉鎖的な経済政策を改め、領内への唐船招致とともに、さらに琉球貿易への参入を進める。こうした積極的な流通・貿易政策による領主経済の建て直し策の展開は、ある意味では将軍秀忠によってうち出された元和の貿易・管理統制策への対抗であったということができよう。ただし見てきたように、琉球貿易への参入は、琉球の中国市場における商品購入にあたっての裁量権の付与、琉球産物の日本市場搬出の容認など、琉球側の要求に一部妥協をはかりつつ、押し進められていったのである。この段階において、家久の琉球貿易政策はなお助走の域を出てなかったというべきであろう。

しかし、右のような直接的でないにしろ隠微なかたちでたえず自立的な要求を続ける琉球に対し、家久は自家にかかわる諸儀礼の挙行にあたって、様々な役を負わせることを通じて琉球に対する支配関係をうち固めていった。すなわち、一六二六年（寛永三）の後水尾天皇の二条城行幸に際しての琉球使節・楽童子の派遣、ならびに二七年家久の官位叙任の祝儀使者の派遣、そして三〇年（寛永七）春の大御所秀忠、将軍家光の薩摩藩邸お成りにともなう一匁出銀の賦課、使節・楽童子の参府などを実現させることを通じて、島津氏への従属関係を否応なしに内実化する方向がめざされたのである。そうした家久の基本姿勢は二八年（寛永五）九月十日付の「覚」でもうかがえるところであった。

注

（1）『名瀬市誌』名瀬市誌編纂委員会、一九六八年。
（2）「島津家列朝制度」巻之十四（『藩法集』8、上、創元社、一九六九年）。
（3）『喜界島調査資料』第二、アーチックミューゼアム、一九三九年。
（4）紙屋敦之『幕藩制国家の琉球支配』、三二頁。
（5）「旧記雑録後編」巻七七、四、一八五五号。
（6）紙屋敦之『幕藩制国家の琉球支配』、二九―三二頁。
（7）伊地知季通「薩隅日田賦雑徴」（小野武雄編『近世地方経済史料』第一巻、吉川弘文館、一九六九年）。
（8）「旧記雑録後編」巻七八、五、二八号。
（9）右同巻七七、四、一八六一号。
（10）（11）（12）右同巻七八、五、三九号。
（13）右同巻七七、四、一八九三号。
（14）右同巻七八、五、六〇号。
（15）朝尾直弘『鎖国』（小学館、一九七五年）二二九～二三八頁。
（16）「旧記雑録後編」巻七九、五、六六号。
（17）右同巻七九、五、七七号。
（18）宮沢誠一「幕藩制的武家官位の成立」（『史観』一〇一冊、早稲田大学史学会編、一九七九年）、李啓煌「近世武家官位制の成立過程について」（『史林』、史学研究会、一九九一年）。
（19）宮沢前掲論文。島津氏の官位は一六七三年に従四位上中将が極位極官と定まった。代々家督相続の時の官位は従四位下侍従であるが、一七一〇年（宝永七）以降琉球使節を召し連れた功績に対し官位を昇進させる慣例が成立する（紙屋前掲書、二五二頁）。
(20) 宮沢前掲論文。
(21) 「旧記雑録後編」巻七八、五、六五号。
(22) 右同巻七九、五、七九号。
(23) 右同巻七九、五、一七九号。
(24) 家久が一六三〇年（寛永七）五月十七日付で中山王宛に送った書状には「當年之為御祝儀到国元国頭渡樶、殊種〻贈給御慇懃之至候、去春正月国元罷立、當時致在江戸候之条、於此地御状令披閲候、抑　大樹、去月十八日・廿一日　両　上様御成御座候而、無残処仕合之段、書中へ難申分候」（「旧記雑録後編」巻八一、五、三二〇号）とあって、将軍・大御所の藩邸お成りは四月十八日、二十一日であったことがわかる。
(25) 「旧記雑録後編」巻七九、五、一七九号。
(26) 右同巻七九、五、一六七号。
(27) 具体的な音物の品々とその量は、老中衆—上布二〇端（但し一人分、以下同じ）、焼酎壺一、御使衆—上布一〇端、琉球取次衆—上布二〇端、琉球取次衆筆者—上布三端とされている（「旧記雑録後編」巻七九、五、一七一号）。

第八章　島津家久の領内編成

はじめに

島津家久による琉球支配策の検討を終えたところで、次に権力分散の要因をなしていた義弘の死を契機に展開されることになる家久の権力編成の動向に視点を移そう。初期薩摩藩における家臣団の編成は、族縁的家臣団の解体を通じてなされていったが、地頭が任地外城に居住する居地頭制が改められ、その城下への召し移しが敢行をみるのは寛永期だとされている(1)。この期の家久の領内政策を見ると、家老比志嶋国隆と有力一所持衆の都城北郷家の処分、「押前」未進衆に対する知行没収の断行、検地による軍役のならし等々、注目されるものがあり、家久の領主基盤の強化過程のうえでは一つの画期をなしているように思われる。以下琉球検地の問題をも含めて、家久の諸政策について論及してみたい。まず比志嶋国隆の一件からみていこう。

第一節　比志嶋国隆の処分

比志嶋の一件については、すでに五味克夫の先行研究(2)があるので、以下それに依拠しながらその顛末を整理してみる。

国隆は紀伊守国貞の嫡子で、朝鮮出兵に際して家久に随い、一六二〇年（元和六）には父国貞の跡を嗣いで高岡の地頭に任じられた。(3)そして一六二四年（寛永元）に家久によって家老職に取り立てられたが、四年目にしてその所行が罪科に問われて失脚したのである。すなわち、一六二七年（寛永四）十二月二十七日付で、家久はその罪状をあげて、直々にその処分を喜入摂津守宛に申し付けたのである。この時の家久袖判の諭書は、国隆の主たる罪状について三条を書き上げているが(4)、明けて二八年（寛永五）二月二十七日付の「宮内少輔違之条ゝ」(5)は十ヶ条におよぶその非違を書き上げている。すなわち、（1）人々は諸人の上に君臨する盗人と噂している。（2）家久の命を幾度となく受け付けることをせず、今にその返事が無いことが多い。（3）自分の意見に固執し、人の意見を聞かないため、相役とも熟談がなりたたない。（4）知行地内を三段階に分けて検地を行うほどの念を入れ、「知行ニ無之石を百姓ニ申付」けるために「百姓過分ニ身上相果」てるという状況にある。（5）それゆえ検者の衆も「無物」をも「有様ニ稠相申成」し、その場をつくろう者がいるよしである。（6）「諸口事沙汰」も口事聞衆の多数の意見に従わないため、口事聞衆も遠慮して自らの考えを述べることをせず、また収賄をしているとのこと。（7）納戸衆より毎度申し出のことがあっても取り合わないため、使いの衆は面目を失う躰にある。（8）親が相果てた時は喪に服すべきところ、内の者（被官）に成敗を加えるという無道の行為を行ったとのこと。（9）琉球の大屋子（官吏）を重科によって死罪に処した際、その財物の検断を行ったところ、国隆が銀子を乞い取って自らのものとしていたとのこと。（10）内の者に対する曖がむごいとの世間の取沙汰である、等々である。

以上のように国隆の専横、無道、強欲ぶりが罪状として指摘されているのであるが、五味が推測するように、国隆が役職を利用して蓄財した部分に琉球貿易による利得が含まれていたことは十分考えられる。(6)先に見た琉球来航唐船より巻物を買い取り、王府三司官を解職に追い込んだのも、当時家老職にあった比志嶋と見てよい。「覚」（9）の琉球「大屋子」の銀略取一件なども同じく関連する事件と考えられ、この頃島津家重臣たちによる渡唐船への貿易銀の付託は一般的であったから、比志嶋が琉球貿易に積極的に投銀を行なったことはまず間違いないであろう。

しかし家久の比志嶋排斥の理由は単にそれだけではなかったようである。一六三三年（寛永一〇）の幕府巡見使が国隆の処分について問いただしたのに対し、川上久国が答えているところによれば、いま一つ隣領飫肥との牛之峠をめぐる山論への対応問題があった。牛之峠は庄内（都城）と飫肥藩との藩境をなすところであるが、一六二七年（寛永四）の春、同所において飫肥藩領の者が船の楷木を割出していたところ、庄内の者がこれに異議を唱え、争論に発展していったのであった。(7) 国隆は船材の伐出しを実力で阻止するよう命じ、年寄衆が、飫肥藩との関係が悪化し、合戦ともなれば、領知の召上げにもなる恐れがある、と制止するのも聞かず、あえて事を構える態度に出たという。争論はその後飫肥藩役人との間に都城、鹿児島において交渉が行われたが、家久はこれには「諸事おとなしく御談合申候へ(8)」と諭し、留め置いた船材を飫肥藩に引渡して、音便に事態の収拾をはかったのであった。家久としては、こうした鄰領との関係修復のためにも、専横の目立つ比志嶋の処分を明確にする必要があったのであろう。

家久は当初比志嶋を寺預けとしたが、やがて一六二八年（寛永五）二月晦日付の、喜入摂津守・川上式部太輔の両人宛の諭書で、「彼人之儀改先非、後日可致奉公人ニ而無之候、結句挿述懐種〻致計策、為国為人可成讐分別不可有相違候、然処大形之躰ニ而可召置儀、可為油断〔候〕《◎之》〔前〕《◎条》、以国分民部左衛門申遣候様ニ、弥種子嶋へ、いかにも無人ニ而可被遣候、自然りくつの儀共候ハヽ、腹□可被申付候、少茂緩之不可有沙汰候(9)」と、国隆が先非を悔いて奉公に報いる者でなく、むしろ国家に讐をなす人物として厳しく糾弾し、種子島への遠島を命じている（のち自刃）。引用した部分の末尾あたりでも明らかになるように、家久はこの国隆やその与党の動向に神経をとがらせている。(10) この点についての詳細は五味の研究にゆずることにするが、たとえば二八年五月六日付の伊勢貞昌・島津久元の喜入摂津守宛の書状には、国隆の改易が確定し、そのことを国隆の領地高岡へ申し伝えに行った伊地知四郎兵・鎌田監物の宿所に、折田四郎右・家村四郎左の両人が高岡衆惣中の名でこれを非難する「書物」を差し出すなどの行為がみられた点からすれば[11]、国隆の処分は領内に緊迫した状況をつくり出したことは疑いない。

特に注目されるのは、家久の家臣団の恣意性の糾弾は単に国隆のみに向けられたのではなく、他の重臣たちにも及んでいることである。たとえば、一六二八年四月十二日付の「覚」には「桂外記殿・平田狩野殿、御蔵入百姓あたり稠之由、被及聞召候間、是又相糺可有　言上事[12]」とあって、知行主の領地支配のあり方にも深く介入していることがわかる。

以上の検討から家久が家臣団の統制を強化し、領主権力の集中化を目指していたことはもはや明らかであろう。見落としてならないことは、それは牛之峠山論の処理で明らかになるように、鄰領との関係の安定化とともに進められていったことである。この点にこそ我々は琉球政策とも相通ずるものを読みとることができる。すなわち、琉球国についても、大島五島の実質的藏入化を促進し、かつ他藩との関係遮断、一匁出銀の賦課、使節・楽童子の派遣の強要など、宗属関係を実体化していくいっぽうで、琉球国王に対しては一定の知行領主権の回復を認めることによって、独自の関係をつくり出していった。それは実質的な宗属関係を確保した上での、琉球国の存立を維持する政策であった。そして、同じ様に家久が外との関係に気を砕いていた政策といえば、また我々はすでにみた対唐船政策を思い起こすことができる。そうした琉球国、明、そして鄰領との外交環境の整備は、貿易・通商関係の推進という一点において結ばれるものである。家久による国隆排除も同様な観点から理解されるべきだと考える。

第二節　家臣団の編成

国隆を処断して後、家久の家臣団編成政策はさらに推進をみている。一六二九年（寛永六）七月には喜入忠正・伊勢貞昌・島津久元の三家老より起請文を徴しているが、五箇条からなる前書きの内容は、新儀のことでなくともしっかり申し合わせて私を捨て、御奉公を守り、御国平安の政道を緩疎無く心掛けること（第一条）、家久の子供大勢につき、それぞれ贔屓の志が生じようとも、その党類に与せず、惣領を専守して御家相続の忠節を抽ずること（第二条）、その兄弟達の仲を悪しきように言う輩がいてもこれに同心無きこと（第三条）、そして「諸曖方、聊贔屓偏頗無之、可致沙汰事」（第四条）、三人の間にもしも讒言がましき事が生じた時、少も疑心無くいつも熟談をもって明らかにするようにはかること（第五条）、などとなっている。(13) これらの内容はいうまでもなく国隆の一件を意識して定めたものであろう。

しかし、島津家領主権力の内部矛盾は単に上層家臣の動向のみにあらわれていたのではない。外城士の間では老中衆をはじめ、分限衆に良き知行を持たせ、外城士には悪しき知行地宛行なっているとする、いわゆる知行配当をめぐる不満が顕在化し、藩ではそれに対する対応を必要とする状況が生まれつつあった。一六二九年（寛永六）十一月二十一日付の江戸家老伊勢貞昌の国家老宛と思われる書状も「御分国中諸士知行之物成ならし之儀、諸国並ニ毎年被仰付尤候事」と、国中の知行物ならしももっともなことだとしている。(14) しかしいっぽうでは、国元からの種々の訴えに対して、家久は「慶長内検に際し、家老衆によき知行を与えたのは悪しき知行では『公界之御奉公』もできかねるという配慮からである。連綿と奉公をしてきた衆中とそうでない衆中と区別をして知行割を行なってきた。この度物成ならしを行えば、毎日辛労している者と、一年に一度も奉公しない者が同一となり、奉公に精出してきた者の努力は徒労に終わる」として、むしろ現状を容認する主張を行なっている。[15]

こうして知行物成ならしについては、江戸の家久およびその周辺と国元の間には認識のズレが存在していた。そのためか、それはただちに実施されている形跡はみえず、それどころか、その後の家久の動向をうかがうと、むしろ中下級家臣団には厳しい対応を示していることがわかる。

たとえばこれまでの軍役履行のために藩から借用した米銀かと思われる「押前」(押米)の未進者に対して、「押前未進方ニ付知行被召上候直成之事」を定め、それによってそれぞれ高一石につき三斗代より三斗五升代までの上地は代銀二〇目ずつ、二斗より二斗五升までの中地は一七匁、一斗代より一斗五升代までの下地を一二匁ずつとしたうえ、次のように厳達している。[16]

如右定知行被召上、永代返被給間敷候、可被指上時者、其所之曖衆より上中下之代成、其坪〻ニをし札を被仕可被差出候、もし緩之儀於有之者、曖衆可為曲事者也、

すなわち、「押前」未進衆に対する処置を強化し、一定の代価を保障するかたちで知行召上げを断行して蔵入地の拡大化をはかっていったのである。翌一六三一年(寛永八)九月十五日の家老衆の算用所宛の諭達は、「寛永八年十月朔日より以後之押物請合之書物者、押物多少次第算用所より上納之日限、遠近の分量可被相定候、若其日限於延引者、知行屋敷可為没収事」[17]と、十月一日付をもって「押物」の多少により納入の日限、そして城下よりの遠近により分量を定め、それに違背すれば知行・屋敷の没収を行うことを伝えている。このことは、十月一日付で、「押前」を負っている者で、親が死去した場合の子供の負担を定めた条目とともに、あらためて申し触れられているが、[18]十一月十七日付のやはり「押前」奉行衆宛の「覚」には藩の方針が次のようなかたちで明確に示されている。[19]

覚

一①押前落着候上ニ、無上納衆曲事之義ニ候間、可為寺領事、

一②知行無之衆ハ、家内闕所ニ可被仰付事、

一③知行少分在之衆も知行被召上、其上闕所ニ可被仰付候事、但すこし知行餘分在之衆ハ、其身夫婦惣領子一人ハ御赦免候、女子ハ雖為嫡子可為闕所事、

一④知行有之衆も、押前之應分量可被召上事、

一⑤理運之申分有之衆ハ、急ニ被申出候へ、被達聞召候て、御沙汰可有落着候、もし理なき義ニ色ゝかこ付、年月を押移すへき人は、向後申分被聞召ましき事、

一⑥百姓未進過分ニ有之衆、一節知行被召上寺領之事、

一⑦御物不致上納もの、一身にて家財無之者者、可為流罪事、

寛永八年辛未十一月十七日

左近将監□（印）

摂津守□（印）

下野守□（印）

押前奉行中

参

すなわち、「押前」を決済しているにもかかわらず、藩への御物の納入を怠る者の寺領（①）、知行無き衆の家内闕所（②）、少分の知行持衆の知行召上げ闕所（③）、知行持ち衆の「押前」の分量高に応じた知行の召上げ（④）、百姓

の未進を過分に生じさせた者の一時的知行の召上げ、寺預け（⑥）、御物を未納し、一人身で、家財無き者の流罪（⑦）、等々が明示されている。道理にかなっていて、すみやかな手続きを経てなされた訴えに対しては聞き届けられる可能性が示唆されているものの（⑤）、これらの諸点から、「押前」未進者の処分を通じて軍役負担能力のない弱小家臣団の淘汰が指向されていることがわかろう。

しかし、こうした厳しい処置は中下級家臣団の不満を増幅させることになったと思われ、ついに寛永九年四月二十二日には物成ならしが指示されるにいたっている。(20) それは物成石当たり三斗五升より上の者には出銀負担高を増し、それより以下の者はこれまで通り一石役とする。差し出しによるならしは急にはととのわないので、先一、両年の平均をみる、連綿と奉公をしてきた者たちとそうでない者との間に差を設ける、などの基本方針が示されている。ただし、百姓を疲れさせ、物成の不足を招いている領主、然るべき内の者を抱えず、収納をゆるがせにしている者、百姓を疲れさせ、知行を荒れさせている者、知行物成を加重に収取している外城士などについては、「次第ニ御沙汰可有之事」とされている。また物成が過分に引き入れとなっている一所衆についても、「右、さし出之上ニ而、又検者被相廻、可有御沙汰」とされており、物成ならしが一所持ちの領主から知行士、外城衆にいたるまで在地支配の監査糾明をもともなっていた点に注目すべきであろう。

第三節　北郷家の処分

国元において「知行物成ならし」が容易に進展しない状況にあって、家臣団の緊張を高めたのは都城（庄内）領主北郷氏の処分である。北郷氏は関ヶ原の戦役の後、都城・安永・高城・山之口・勝岡・梶山・梅北・山田・野々美谷・志和地に四万一〇〇〇石を給され、のち一六一四年（慶長十九）、高城・勝岡・山之口は上知されたものの、生産力に恵まれた都城盆地を中心として、大きな勢力を培っていた。幕藩体制下で小大名に匹敵するこの北郷忠能（讃岐守）は自立的な傾向を示し、島津家との矛盾を深めつつあった。しかし一六三一年（寛永八）三月忠能が死去し、嫡子忠亮（出雲守）がこの跡を嗣ぐにあたって北郷氏の統制に乗り出したのである。家久は川上久国と仁禮景親を庄内に遣わしているが、同人らに託した一六三一年三月二十八日付の袖判状で、[21]「公儀」（島津家）を敬せず、譜代の忠臣、その他下々を含めて殺害に及んだ者は数知れずと、忠能の罪状をあげ、忠亮にたいしては、「雖然、其方不改先非、我心を本として、家老之者共之諫言をも不用、諸事無談合行儀猥於有之者、一旦被續家候共、可為槿花之栄候間、被尋聞聖賢之道、明賞罰、以可被守家之長久事」と、知行の没収をもありうることを示唆しつつ、家老衆の談合による家の存続に心がけるよう諭している。そしてこれに加えて、忠能に悪行を勧めた側近の者を追放すること、北郷家中の者を死罪、知行の没収に際しては鹿児島へ披露のこと、忠亮が鹿児島の屋敷へ移ることなどが示達されており、北郷氏の知行権の削減が打ち出されているのである。こうした家久の強硬な家久袖判状の内容に北郷家が緊張した様子については、川上・仁禮両人の七月十一日付の「覚」の中にうかがい知れるが、その中で忠能そしてその跡を嗣いだ忠亮も北郷源左衛門ただ一人を重用し、同人が忠能の悪行の根源であることが指摘されている。[22]やがてそれから間もない八月六日に、この源左衛門に家久によって死罪が命じられるというかたちで、家久の北郷家に対する支配が強化されていく。源左衛門の処断にあたって、八月七日付で示された「覚」では、忠能の所行と絡めて源左衛門の罪状が次のように指摘されている。[23]

(1)　忠能が譜代の忠臣・家老の者を罪科の軽重によらず数知れず殺害に及んだのは、全て源左衛門のみとの談合による。

(2) 都城の給人知行地内に旅人を入れず、鹿児島ならびに諸外城に親類を持っている者でも互いに出入りが無い。忠能によって成敗を蒙った者達は多分「公儀」（島津家）と親類関係にあって通融してきた者であるとの世間の取沙汰である。

(3) 内之浦への殿役（夫役）を一所衆まで申付けるところとなり、源左衛門に申し渡したところ、それを承諾しておきながら、その後一度も殿役を果たさなかった。

(4) 島津家の御縁が定まった御祝儀として、一所衆はいずれもその年の冬江戸へ使者を差上せてきたのに、忠能は次年の五、六月頃に初めて知ったとして、祝儀を遅延した。「是も公儀と格別之躰ニ候故にて候事」。

(5) 大事小事によらず、家老衆と談合せず、源左衛門一人の考えで処理されたことは曲事である。

(6) 忠能の家中に諸公役や殿役を申付けた際、それを相勤めながらも「色々難渋かましく候つる事」

(7) 家中の士に互いに物を言わざるようにとの「置目」を定めてこれを改めていない。

(8) 財部宗三を島津家が歌道御用として旅のお供に召し連れようとしたが、これを拒否し、忠能は間もなく宗三を成敗した。

(9) 鹿児島に忠亮の屋敷作りを命じたところ、将軍お成りの際に忠亮の召出しがあるやも知れずという忠能の主張に申し切られ、今に普請は行われていない。

(10) 島津家に山城守毒害の噂を申しかけてきたが、確たる証拠の無いところで、これとても源左衛門との談合による。

(11) 忠能は忠亮の母をかたわらに「押籠」め、さしたる処遇をしなかったとのこと。

(12) 去夏「御条書」をもって忠能の時の「悪置目」を改めるよう申渡したにもかかわらず、「源左衛門分別ニ而」

一ケ条も改めなかった。

⒀　源左衛門は忠能死去の後、忠亮を崇敬すべきところ、「前之躰ニ而召置、一人ニ而我意を振舞候事」

以上の一三ヶ条をかかげた後、「右之条々何れも源左衛門校量ニ而致蔑公儀、苦家中北郷家を危仕成候、依不軽罪科、被加御成敗候、向後被改先非可為肝要者也」と、北郷氏の島津家蔑視は北郷源左衛門の考えによるものとして、その処断に及んだのであった。

これら北郷家の非として数え上げられているものの中で、新たな事実として注目されるのは、旅人の拒絶、島津家や他の外城との関係遮断、そして主家への祝儀、殿役（軍役）の不履行、さらに前年に出された「御条書」の無視という事実であろう。北郷氏の自立的な側面はここに一層明らかであり、領主権力の集中強化を目途する家久にとって、一所衆の中で最大の知行地を有する北郷氏との関係を明瞭にすることは避けて通れなかったということができよう。

こうして比志嶋氏、北郷氏という最大の知行主たちを粛正整序し、領内家臣団の注意を喚起する中で、さらにその編成へ向けて一歩踏み出す。すなわち軍役高の改定である。[24]次の一六三二年（寛永九）六月十一日の「覚」にはその基調が示されている。[25]

覚

一①應知行之高、今度軍役之賦申遣候間、以此趣、於其元惣賦、能々念を入相究、其書立、早々可差上事、「張紙」（略）

一②今度申遣候役儀、致其用意、自然之時、緩在之間敷との、致請合之判、可差出候、若難成人有之者、其書立可指出候、即知行召離、軍役可相勤衆へ可遣事、「張紙」（略）

一③此軍役之趣、一天下之法にて候処、若新儀之様ニ存、理くつかましき儀、申輩於在之者、曲事可為深重事、

「張紙」（略）

一④従弐百石上之衆、具足并馬之鞍道具用意候衆之書立、可差上、慥なる検者相廻、可書紀事、「張紙」（略）

一⑤他国之侍者、或普請方之用意、或俄ニ軍役之人数可入時之用意を題目ニ候て、具足・馬鞍、手前〻〻可入程之人数之儀を、不断無油断心懸候故、家内之躰者、如形知行を取候衆も、やう〱朝夕之食を、女房衆調候而、膳をもすへなと候躰ニ有之由候處、国之儀者、具足・馬鞍・人数之用意者無之、其身〻〻分限ニ不及躰ニ而、家内之人をも餘多召仕、緩〻与したる由、取沙汰候、是者町人之作法ニ而、侍之非覚悟候間、是非共自今已後者、先軍役之儀を可致題目儀、可為肝要事、「張紙」（略）

一⑥知行百石取衆又無足之衆にも、手前成候而、自然之時馬を可乗与存候者あらは、其身之好次第、鹿児嶋中無用捨、不断馬ニ乗候而可罷行儀、可為尤、若一陣も乗馬にて為相勤者、其以後者、知行を可被下事、「張紙」（略）

一⑦右之類之衆、就御免鹿児嶋中馬ニ乗候而行候を、なぶりかたきもの在之者、被　聞召付次第、重科ニ可被仰付事「張紙」（略）

右條〻不可有違篇也「張紙」（略）

寛永九年六月十一日

すなわち、第一条目は知行高に応じた軍役賦を指示するものであるが、第二条目はあらたに定める軍役高への請状の差出しを命じ、それを拒否する者は「即知行召離」すこと、ついで三条目でも軍役賦が「一天下之法」であって、これを新儀の法と思って理屈がましいことを申し立てる輩があれば、曲事深重により処断する、として、強固な姿勢で軍役高の設定に当たることが示されている。第四条目の二〇〇石以上の具足・馬の鞍、その他道具の用意を必要とする衆中の書き立ての指示は、軍役編成へ向けての意気ごみを示すものといえよう。第五条目は奉公意識の弛緩した衆中批判である。他国と違い、具足・馬鞍はもちろん、人数の用意を怠り、分限の秩序を失った状況を「町人之作法」として批判し、以後軍役の勤めを題目とするよう諭している。第六条目が基本的にはこの寛永の改定の中心部分であるといってよかろう。すなわち、知行一〇〇石取、または無足衆でも家計に恵まれている者には平常より乗馬を許し、もし一陣でも乗馬にて参陣した者には知行を給することとしている。第七条目は、そうした軽輩の者たちが鹿児島城下を乗馬で通行する際にこれをなぶる者を重科に処するというのであり、この軍役改定が旧来の分限意識の改革をはかりつつ徹底が期されている点が知られよう。一六三二年（寛永九）八月二十二日付で、伊勢貞昌・島津久元は、国元の喜入摂津守・川上左近に書を宛て、朱印高六〇万五〇〇〇石の薩摩藩では本来一二〇〇騎を整えるべきだとしながらも、それは困難とし、せめて五〇〇騎の用意をせよというのが家久の仰せである、と述べている(26)。しかしそれに先立つ六月十一日付の両人の「覚」では四一一騎が現在の保有分で、内五〇騎は御蔵入より仕立て、差引き八九騎が不足人数であると指摘されている(27)。この時の軍役整備は、騎馬人数の不足分を創出するところに最大の眼目があったことは明らかである。そのために「ならしの儀専ニ候、諸士軍役可相勤、知行方平等ニ無之候而ハ可難成、能々談合可被相究事(28)」と、知行高のならしの必要性が強調されたのであった。

島津氏が軍役整備に着手した折りもおり、諸大名の関心を集める事件が起こっている。すなわち肥後の加藤忠廣の改易である。忠廣は領内の苛政を咎められて、一六三二年（寛永九）五月、参勤途中の品川において入封を差止められ、六月一日には肥後一国は没収、忠廣は出羽庄内の酒井忠勝への身柄預けが決定し、四日には九州の諸大名に城請け取りが命じられた(29)。この隣領の事件に藩内は大いに緊張し、幕府の疑惑を恐れた国元家老衆は武具・表具の類の調達は時機をうかがいたいと述べているほどであるが(30)、しかしこれに対して、江戸の伊勢らは次のように主張している(31)。

世上静謐之儀〔与《と》〕ハ申なから、今度肥後なとの儀も不計事ニ不図出来候間、明日ニヶ様之儀出来候〔半《◎ハん》〕も不知候處ニ、道具用意候而、世上之取沙汰如何候ハんなと、て、用捨而已にて、到于時必定御軍役不相調、可被失御外聞候間、日夜其御心［掛］(◎懸)不可有御油断候、

すなわち、世上静謐とはいえ、加藤氏の改易一件は予期せぬ突然の出来事であり、明日にも同様な事が発生するやも知れない、道具を用意して世上の取り沙汰になってはと、その整備を怠るだけで軍役が調わなければ外聞を失うことになる、日夜その心懸け油断なきように、というのである。

以上のように、軍事力の整備が幕府の疑惑を招くことへの恐れと、いっぽうではその不備の譴責を蒙る事への恐れが交錯する中で、藩は軍役整備へ向けて動きだした事情が判明するのである。しかし、軍役整備に着手するにあたって、藩は知行高の不均等制を克服し、軍役基盤を整備する必要性に直面しなければならなかった。十一月に入ると、江戸の伊勢貞昌・島津久元より早打ちをもって、国元宛に書が遣わされ、検地の断行が指示されるにいたる。

第四節　寛永検地と琉球国

次に示した史料は、江戸から国元に急派された相良杢助・大久坊に託された十一月二日付の伊勢らの書状から、冒頭の二条を抜き出したものであるが、検地の着手にいたる事情や検地の基本方針などを理解させるものとして注目される。(32)

一御國諸士知行方之儀、色〻取沙汰申ニ付、兎角御支配被相替候様ニ与被仰出、急度可致談合由、御諚候間、此元各令相談、御支配於被相改者、御検地被仰付候而尤之由、談合衆中より被申上候処、尤之由　御意候而、相良杢助・大久坊を以、其趣被仰遣候事、

一御検地之趣、各以談合条〻書立候て、懸御目候処、今度御検地被仰付諸士之知行、可成程平等ニ被仰付、向後知行替地之沙汰、むさとしたる侘言、曾以無之様にと　思召候間、其元以其心得能〻被入念、御検地之儀可被申付之由、重〻被　仰出候事

すなわち、第一の条目から、江戸では諸士知行高の問題についての検討が家久によって指示され、談合の結果、検地に着手することが確認され、相良杢助・大久坊の両人が国元に急派された事情を知り得る。そして次の条目からは、伊勢が検地に関する談合の条々を家久に上呈したところ、検地によって諸士知行をなるべく「平等」にし、知行替地に関する不満を解消したい旨家久の意志が示されたことがわかる。検地の意図するところは、物成の収取基盤の確定のうえに、軍役高のならしを行うことであった。以後それはこの江戸における家老衆、家久の合意に基づいて十二月より着手され、翌寛永十年六月には知行替えの完了をみるにいたる。そしてこの結果にもとづいて、家久は翌年家光にしたがって上洛の途につくのである。

ところで周知のように、上洛供奉を終えた一六三四年（寛永十一）八月四日付の島津家久宛徳川家光の領知判物において、「薩摩大隅両国并日向国諸県郡都合六拾万五千石余」と並んで「此外琉球国拾貳万三千七百石」が記されるようになる。(33) それにいたる経緯についてはすでに紙屋敦之・松下志朗の両氏が触れるところであるが、(34) 行論の都合上ここで両氏が典拠とした一六三四年（寛永十一）五月四日付の川上将監・野州・霜臺宛伊勢貞昌書状を、「猶〻」書きを除いて左に掲げ、二、三のことを指摘しておきたい。(35)

一書申候、然者琉球之儀御家へ被相付事、先公方普光院御所様之御時代之儀ニ候、然処石田治部少兵亂已後、琉球より　御家へ被致無沙汰候ニ付、　権現様へ被得上意候而、琉球へ人数被差渡、彼地平均ニ被仰付、其節又従権現様琉球御拝領之由被成御朱印、弥属　御幕下候、就其先年被成検地、十弐萬三千四百石餘田帳雖有之、公儀

へ未被成御披露候間、自然御沙汰茂可有之時之為ニ候条、急度被仰上可然之旨致言上候処、尤之由依御意候、琉球知行之高書記、酒井讃岐守殿へ致持参、従上古之様子共、又　太閤様之御時、亀井武蔵守琉球を被申請、既渡海之催候處、　御家へ相付候筋目を　太閤様へ御申候ニ付、被　聞［及］《召》分、如前々相済候、①ケ様之段々細々讃州へ申入候処、則其日被成上聞、翌朝我等を被召寄、　公方様為上意被仰候趣者、琉球之様子初而被　聞召入候、先以御當代ニ吴国之知行之高御披露、一段御喜悦ニ思召候、大隅守へ尚　御直ニ可被成　諚之由候、其首尾ニ候哉、今月朔日被成御出仕候而、御目見相済、御門外迄御出候処、又可有御参之由候而、御前へ被成御祇候、②琉球之儀初而　聞召候、御祝着ニ思召之由候而、殊外之御機嫌にて御座候つる、将又讃州我等へ御内談候者、琉球知行之儀、彼地へ如斯之高有之由被仰上迄ニ候哉、又薩摩・大隅之高ニ被相加、御高を可被上との儀ニ候哉、御尋之由候間、則申入候ハ、自然御陣なとの時、吴国之知行之軍役等、大儀ニハ可有之候へ共、惣高ニ御加候へハ外聞ニ候、大隅守内々如斯被存之由申入候、一段尤之由被仰候、其後大炊頭殿へケ様之御物語申入候へハ、讃州御披露之時、委被成御聞候、惣高ニ可有御加儀、大炊頭殿御同心ニ被思召候、當時何そ役儀なと可被成、御當儀ニ而ハ無之候、自然之時之御為ニ候間、高上り一段尤之由被仰候間、我等當座ニ申候も、③如仰　太閤様以来、終御普請なとも不被仰付候、自然御陣なとの時ハ、如何様ニも可被抽軍役儀ニ候由、申入置候、如此候間、定當公方様より御朱印出可申与存事ニ候、自今以後、琉球へも可有其心得儀と存候、如何様重而委佐様之段、可被成御詫候間、先以可被聞召置候、恐惶謹言

伊勢兵部少輔　◎（花押）
貞昌［判］

「朱カキ」
「寛永十一年」
五月四日

川上将監様
野州様
霜臺様
人々御中

この書状の内容は老中酒井讃岐守とのやり取りを記したものであるが、以下記されているところで注目しておきたいのは次のような点である。島津氏は琉球制圧後、検地を実施し、一二万三四〇〇石余を得たにもかかわらず、その高は幕府に披露におよんでいなかったことは下線部①および②からわかる。紙屋がいうように、「幕府もまた強いて『琉球之様子』を知ろうとしなかったらしい(36)」ことがわかる。つまり、家康も幕府も島津氏に琉球の支配を委ねて以後、琉球を幕藩制下の知行制のもとに明確な位置付けを行なっていなかったことになり、その点からいえば、ここにいたって琉球の石高が幕府に報告されたことのもつ意味は決して小さくない。ではその理由何であったろうか。紙屋はこの点について「だが寛永鎖国の過程で、幕府の琉球に対する関心が高まるにつれ、島津氏は早晩幕府からの指図があることを予想し、自ら琉球の石高を報告したのである(37)」と鎖国体制の確立過程の一環に位置づけて理解している。しかし島津氏が琉球高の認知を幕府に求めたのは、それを含めた軍役体系を創出するところに基本的なねらいがあったといってよいであろう。琉球高の報告について、酒井より披露のみを目的とするのか、あるいは薩摩・大隅の高に加えることを望んでのことか、とその真意を尋ねられた伊勢は、「自然御陣なとの時、㒵国之知行之軍役等、大儀ニハ可有之候へ共、惣高ニ御加へハ外聞ニ候」と答えているし、また土井大炊頭にも同じ申し入れをしたのに対し、「當時何そ役儀なと可被成御當儀ニ而ハ無之候、自然之時之御為ニ候間、高上り一段尤之由」と述懐されたことが記されている。土井自身も、琉球高の島津氏の領知判物への記載は、同氏の軍役基盤の整備のためのものであるとする認識にいたっていたことになる。そして書状の後半下線部③の部分からは、太閤以来、普請らしい普請も仰せ付けられてこなかった琉球も、非常の際には何としてでも軍役を果たすつもりであることを申し入れたことが判明するのであり、島津側としては、「異国之知行」にも軍役が及ぶ体制が同氏のもとで具体化されたことを、幕府に認識させるところにさらなるねらいがあったといってよいであろう。

琉球高の領知判物への記載は、わかりきったことであるが琉球支配のうえで大きな意味をもつものであった。すで伊勢らは先に掲げた寛永九年六月十一日付の国家老に宛てた三八ヶ条の「覚」において、「御国より人衆可被召立之刻ハ、琉球ゟ御合力銀子有間敷哉之事[38]」(一四条)と、琉球を藩の軍役体系の中に組み込むことを示唆している。したがって、領知判物高に琉球を含めることは予定の行動であったといってよいであろう。知行石高に基づいて軍役が実現されていくことを基本原理とする幕藩制下において、そのことは琉球支配の公的な根拠を確立することを意味する。右の史料では、「普光院」(普広院　足利義教)のいわゆる「嘉吉附庸」以来幕下に属し、琉球検地にいたるまでの経緯が述べられるが、幕府への検地高披露すらもなかったとするように、この間の琉球支配の公的な根拠はきわめて薄弱なものであった。琉球高の領知判物高への併記は、島津氏の琉球支配の正当性を根拠づけたという意味で画期的といってよかろう。書状の末尾は「自今以後、琉球へも可有其心得儀と存候、如何様重而委左様之段、可被成　御諚候間、先以可被聞召置候[39]」と、以後琉球へも軍役負担について心得るよう重ねて家久より申し入れるつもりであることを述べている点からも、島津氏の軍役高への包摂が琉球支配にあらたな意味を付与したことを意味していよう。

右の書状で語られた琉球への軍役の賦課については、翌一六三五年(寛永十二)八月二十八日付をもって川上忠通(又左衛門)より金武王子・三司官に宛てに次のような指示が出されている[40]。

覚

一① 去年於京都、従　黄門様公儀ヘ琉球高之儀被仰上、御朱印被成御頂戴候書写、今度差下候事、

一② 琉球国惣高拾弐万三千七百石ニ相窮ニ付、目録指下候事、

一③ 七月十二日ニ江戸上屋敷不残炎上候、　御家珎等悉令焼却候ニ付、此元諸士高一石ニ付、出銀三匁五分充、年内可為皆済由、申渡候事、

一④ 琉球者遠嶋にて海津之渡渉不自由、殊更諸嶋島も偏小候間、可為三匁出銀候、此節者例ニ替心持可入儀候条、急度可有皆済様ニ可被仰付事、付當国者去々年御検地被仰付、高一石ニ納米三斗二升ニ相定候、琉球者先年之検地も、いかにも緩と被仰付候故、當時之納米も爰許よりハ餘分有之由候事、

一⑤ 毎年琉球出物者、次年之八月限ニ可為皆済候、拾月移候ハヽ、如此方出銀利足可被相付事、

一⑥ 當年之糸船帰朝延引無心元候、去春金武王子ニ細々如申談、一年中ニ御物銀子千貫目充、唐へ可被相渡ニ定候、然時者琉球衆之御奉公者、唐口之商賣之外、別ニ無御座候条、弥被入御精へく候、當国之諸士者、或在京、在江戸、或御使、所之御奉公、不嫌夜白、致辛労候儀不一事候事、

一⑦ 軍役方者、馬鞍・具足・鑓・長刀・鉄砲并玉薬・弓矢・えひら・うつほ・のほり・刀、乗船或高相應ニ人数を拘置、出陣之用意等之入目、或公界を相勤候衆之雑作、琉球ニ相替、不大方候へ共、三匁五分出銀相調候事、

一⑧ たはこ出物一人ニ付銀弐分、位之衆者可為御免許候、其下へ者、可被仰付候、牛馬口銭之代銀、壱疋ニ付二分五り、作人之高一石ニ壱分出銀、如右之當国道之嶋ニ到迄、數年納来候處、琉球者無其沙汰候、自今以後出物同前ニ上納被仰付候、若月定より於延引者、出物同前ニ可為利付事、付琉球国中男女之人數付并牛馬之數相改候而、帳を相調可被差上せ事、

一⑨ （略）、

一⑩自今以後琉球諸士之出銀方者、鹿児島出銀藏へ上納候而、御分国中之高奉行へ可有首尾事、

（以下略）

寛永十二年八月廿八日　川上又左衛門尉　○（花押）〔判〕

三司官

金武王子

まいる

すなわち第一条目・第二条目によれば、琉球高に関する御朱印頂戴の事、琉球高が一二万三七〇〇石に確定したことなどが川上を通じて琉球側に伝えられたことがわかる。そして第三条目を見ると明らかなように、七月十二日に炎上した江戸屋敷の再建のための出銀が本領同様に課されている。本領が三匁五分であるのに対し、琉球は遠島であること、海津の渡渉も不自由であること、殊更に諸島も偏小であることなどを理由に三匁ずつの納入を定めているが（第四条目）、石高に基づく賦課であることには変わりは無い。第五条目は琉球よりの「出物」の納入は次年の八月を皆済期限とし、十月を過ぎれば本領同様に利息を課すこととしている。第六条目では、当年の糸船の帰朝の延引に不安を示しつつ、貿易銀として御物銀子一〇〇〇貫目の携行を義務づけ、本領の諸士の在京、在江戸、あるいは「所之奉公」に匹敵する琉球の「奉公」は「唐口之商賣」以外には無いことが明言されている。つまり、本領の家臣と同様に奉公の論理が説かれているのであり、第七条目で本領において琉球と違い、武具の整備、乗船あるいは高相応の兵員の召し抱えの上に、三匁五分の出銀を負わされている点を強調しているのは、琉球も軍役編成の論理から例外たりえないことを認識させようとしたものといえよう。第八条目は位持ちを除く百姓に対して一人当たり二分のたばこ出

銀と、これまで賦課が「道之嶋々」でとどまっていた一疋当たり二分の牛馬口銭が琉球にまで及ぼされ、その遅滞にあたっては「出物」同様に利息の追徴まで行われるようになったことを示している。第一〇条目で琉球諸士の出銀が鹿児島銀蔵への上納、そしてそれが高奉行によって掌理されることが明示されているのも、収取体系が琉球を含めて一元化されたことうかがわせる。

以上のように、島津氏は琉球高の確定を契機に、琉球国に対しても本領同様に軍役・諸出銀の負担、奉公の論理を求めていったことが判明するのである。すなわち、端的にいえば石高制の論理が琉球にも貫徹をみていったということになろう。

むすび

家久は家老衆の中で、恣意・専断が甚だしく、琉球貿易にも積極的に関与していたと目される比志嶋国隆を一六二八年（寛永五）に処断、ついで一六三一年（寛永八）には都城領主北郷氏の家臣で、絶対的な権力を培っていた北郷源左衛門をやはり同じ理由で死罪に処して北郷家の家政に介入していった。比志嶋氏にしても、北郷氏にしても大禄の上に自立的な側面をもつ領主であったから、これから琉球支配の実を上げ、そして歴史的に因縁のある隣領飫肥藩との関係を安定的に発展させ、島津宗家としての権力基盤を確立するためには、こうした有力知行主の粛清は避けては通れなかったのである。

また家久は一般家臣に対しては「押前」未進衆の知行召し上げを通してその淘汰編成を行い、さらに「知行物成ならし」を志向して、一六三三年（寛永十）十二月に検地に着手、翌年六月には知行割替えを完了するにいたった。この検地を契機に、現実に検地の竿は及ばなかったものの、八月四日付の家光よりの領知判物とともに、薩摩・大隅・日向三州高に琉球高一二万三七〇〇石を併記させることに成功している。それは「異国」を軍役高に加えた島津氏の功を改めて幕府に認識させ、琉球支配の正当性を根拠づけたという意味で、画期性をもつものであった。これによって島津氏は「嘉吉附庸」説を克服し、琉球支配の確かな根拠を確保することになっていったということができる。

注

(1)「島津家列朝制度」巻五十一には「一古代ハ、當時之移地頭同前、皆其所ヘ居住ニて候、寛永之比より居地頭御　引取、御城下え被召移、掛持ニ被仰付候」(〈『藩法集八　鹿児島藩　下』、創文社、一九六九年〉四三三一号)とある。なお、秀村選造・桑波田興・藤井譲治「藩政の成立」(岩波講座『日本歴史』一〇、近世二、一九七五年)の秀村・桑波田執筆担当部分「二　外様藩政の展開—薩摩藩」を参照。

(2)(3)　五味克夫「比志島国隆について」(『鹿大史学』一八号、一九七〇年)。

(4)「旧記雑録後編」巻七九、五、一三一号。

(5)右同巻七九、五、一四〇号。

(6)五味克夫前掲論文。

(7)「諸国江上使御下向之節御問被成候御返答」(「旧記雑録後編」巻八六、五、六七六号)。

(8)「寛永四年都城寺柱之内いのはへ飫肥方より船板取候時分万書付写」(『宮崎県史』史料編 近世五、一九号)。

(9)「旧記雑録後編」巻七九、五、一四三号。

(10)寛永五年四月十二日付の「覚」において、「一宮内少へ別而致入魂、種〻之事を申候衆、能〻相糺可被申上之由　御意候之事」と述べている(「旧記雑録後編」巻七九、五、一五二号)。

(11)「旧記雑録後編」巻七九、五、一五九号。

(12)右同巻七九、五、一五二号。

(13)右同巻七九、五、一四九号。

(14)(15)　右同巻八一、五、二七一号。
(16)　「旧記雑録後編」巻八一、五、三二四号。
(17)　右同巻八三、五、四三八号。
(18)　右同巻八三、五、四四七号。
(19)　右同巻八三、五、四七六号。
(20)　右同巻八三、五、五〇七号。
(21)　右同巻八二、五、三六六号。
(22)　たとえば「覚」の四条目には次のように述べられている。「當役人、北郷源左衛門尉同名吉右衛門尉両人ニ而候、　吉右衛門尉事ハ何事も大様成人にて候、讃州之時より源左衛門尉一人ニ而走廻申候、殊外人もおぢ申候、讃州之悪行、多分彼人談合かと、方々より承及候、物を被為聞候も、被仰出候も、源左衛門尉一人之外、別ニ寄付為申人無之由申候、當時出雲守前も同前候事(「旧記雑録後編」巻八二、五、四〇六号)。
(23)　「旧記雑録後編」巻八二、五、四一八号。
(24)　寛永九年の軍役改定令についてはすでに山本博文が言及している(山本『幕藩制の成立と近世の国制』〈校倉書房、一九九〇年〉第四章二節「寛永九年の軍役令と寛永内検」)。
(25)　「旧記雑録後編」巻八四、五、五二九号。
(26)　右同巻八五、五、五六二号。
(27)　右同巻八五、五、五三二号。
(28)　右同巻八四、五、五三七号。
(29)　森山恒雄「加藤忠広」(児玉幸多・木村　礎編『大名列伝　3　悲喜編』、人物往来社編、一九六七年)、「旧記雑録」巻八四、五、五三七号。
(30)(31)　「旧記雑録後編」巻八四、五、五六二号。
(32)　右同巻八四、五、五七七号。
(33)　右同巻八七、五、七五六号。

(34) 紙屋『幕藩制国家の琉球支配』第一部第一章第三節「3　琉球の幕藩制的領有の確定」、松下『幕藩制社会と石高制』(塙書房、一九八四年)第四章第二節「三　寛永期の朱印高と琉球・道之島高」を参照。
(35)「旧記雑録後編」巻八四、五、七一〇号。
(36)(37) 紙屋『幕藩制国家の琉球支配』。
(38)「旧記雑録後編」巻八四、五、五三二号。
(39) 右同巻八四、五、七一〇号。
(40) 右同巻八八、五、八五二号。

第九章　琉球貿易への介入

はじめに

家久は領主基盤の強化を推し進めるとともに、一六三〇年（寛永七）には本格的に琉球貿易を領主財政にリンクさせる方針をうちたてる。すなわち、尚豊王の冊封使一行の来島を機にいわゆる冠船貿易へ参入し、さらに琉球側をして進貢貿易の拡張を画策せしめている。本章ではまずそうした家久による琉球貿易への参入過程を具体的に見ておきたい。

一〇〇〇貫目という膨大な貿易銀の投下による生糸の確保を企図した島津氏は、当然貿易の管理運営強化の道をとりはじめる。しかし、そうした政策は必然的に交易の主体である琉球側との矛盾を醸し、かつ伝統的な進貢貿易のメカニズムとの軋轢を生み出さずにはおかない。ここではその点をもあわせて明らかにし、島津氏の初期の貿易運営の実態にせまりたい。

第一節　冠船貿易への対応

一六二二年（元和八）十月二十五日付喜入忠政の琉球三司官宛書状によると、次年の唐へ持ち渡るべき銀高は一一〇貫目とし、生糸は一斤当たり銀子一〇匁で買い取るようにという指示が与えられている。(1) 島津氏の琉球貿易への関心が高まり、すでにこの頃その投銀高は一〇〇貫目を超すにいたっていたことが理解できる。小葉田淳が指摘するように、(2) 二三年の鄭俊を使者とする進貢船の派遣はこの島津氏の強い要求を受けてのものであろう。そして、一六二五年（寛永二）春には生糸一〇〇〇斤が島津氏のもとにもたらされており、生糸貿易はいちおう島津氏の思惑通りに運んだことがうかがえる。この時琉球側は渡唐船船載の銀高は四五貫目以上は不都合である旨告げており、(3) 琉球は島津氏の投銀高の増大を敬遠する態度を示しているが、しかし島津氏は二五年十月には変わらず御物銀一〇〇貫目を付託し、同時に琉球に対しても二〇貫目を三割利で貸し付けていたことはすでに見た通りである。(4) 翌年尚豊の冊封を乞うために派遣された蔡延は、おそらくほぼ同額の銀高を帯びていたものと思われる。

　こうした島津氏の要求に沿うかたちで、その後さまざまな理由づけをもってさかんに遣船が試みられたのであるが、一六三〇年（寛永七）に五年一貢制への回復と、尚豊冊封の使者として杜三策（正使）楊掄（副使）の両使が派遣される旨が伝えられると、島津氏の側ではこの冊封使一行との貿易（冠船貿易）を領主財政とリンクさせようとする動きがはじまった。すなわちこの年、川上忠通によって窮迫している領主財政の再建策の一環として、積極的な琉球貿易への参入が献策され、家久の受け容れるところとなった。家久は早速翌三一年、川上自身を琉球在蕃奉行に任じたほか、町田勘解由を琉球に派遣して、具体的交渉にあたらせている。(5) 本藩領において「押前」未進衆に対する上知の断行をみている頃、両人は対琉球交渉の功により、一〇〇石の知行加増を受けている。(6) とりわけ川上についてみると、「従琉球表唐へ銀子過分ニ被差渡候儀、近年之御談合ニ而始而為奉行川上又左衛門尉被遣候処、於彼地一段精を入、諸事仕様共神妙ニ候つる由、被及聞召候、ケ様之儀始而被仰付、向後御国之御重寶ニ罷成儀候」(7) と、その働きは藩に重宝なる成果として評価されている。藩が琉球貿易にかけた期待のほどが理解できる。

藩が川上らを通じて琉球側に託した買物銀高はなお一〇〇貫目に過ぎなかったことは「旧記雑録」に「寛永八年辛未、家久為求吾所無之物於大明国、以百貫目餘銀、渡琉球国、使川上又左衛門忠通為奉行[8]」とあることからわかる。しかし当初島津氏はこれより多い五〇〇貫目を貿易資金として投入するつもりであった。一六三一年（寛永八）四月十一日付けで、江戸の伊勢貞昌・島津久元が国元に宛てた書状では、「琉球へ可被遣之由候而、於京都御借銀五百貫目之事、従此方如申遣候、御同心にて百貫目被召置、四百貫目ハ早〻御上せ候、樋爰元へ相届、御借銀返弁、又ハ御買物之代なとへ相拂候事[9]」と述べられている。すなわち、藩では琉球へ遣わすつもりで、京都において五〇〇貫目を借り調えたが、伊勢らの要求で四〇〇貫目は急遽江戸表の借銀返済、または買物代に振り向けられたため、一〇〇貫目だけしか貿易銀として投じきれなかった事情がわかる。借財の返弁に追われ、貿易銀の確保すらままならないのが藩財政の現実だったのである。

当面の貿易利を確実なものにするために、藩より伊地知心悦が琉球の渡唐役人に付せられ、伊地知は琉球人に偽装して福州に渡った[10]。また、翌春尚豊王の冊封使杜三策らの来琉の報に基づいて一行との貿易を円滑に進めるために、新たに新納忠清・最上義時らが冠船奉行として派遣された[11]。冠船とは衣冠を琉球国王に授けることからきた冊封使船に対する琉球側からの呼称である。以後島津氏の貿易政策はこの冠船との貿易と進貢船による貿易の双方に取り組む形で進められていく。

まず冠船貿易についての対応をみると、一六三二年に琉球に着任した新納・最上の両人によって、それぞれ島津・琉球側から三人ずつの、計六人の横目が設置され[12]、貿易の管理運営体制が整えられている。そしていっぽうでは冠船貿易に藩が参入するにあたっての対琉球交渉方針が江戸より次のように示された。すなわち、まず第一に琉球へ藩の御物銀積舟の取り仕立て、「唐ニて之礼銀・加子賃・飯米」、そして鹿児島への「糸積登せ候入目」はこれまで琉球側の負担であったが、冠船の渡来に際しては島津氏側でも算用をもって負担すること、第二に冊封使の滞留中、大島を本琉球に付し、「唐之商買くつろき候様ニ」することである。[13] なお、この年領内に課されるはずであった二匁出銀について、「余労」もさることながら「琉球口之商買、如右入念申儀茂是ヲ頼敷」存ぜられるとのことで、出銀を当年（冊封使渡来年）に限って、一匁五分に引き下げることが諭されているが、[14] この方針が琉球側にも及んだかどうかは定かではない。ともあれここでは冠船貿易参入への合意を取り付けるために、それに要する諸入費の分担、そして、冊封使渡来年に限ってではあるが、奄美五島の琉球国への復帰が認められていることが理解できるが、いっぽう明国における進貢貿易に対してはまず次の「覚」の中にその基本方針をうかがうことができる。[15]

覚

一唐へ年中に御物銀子千貫目も、可被相渡談合肝要候、春秋冬三度船可被相渡事、付毎年可為如此事

一御物銀子唐へ可持渡、那覇之方府御扶持人ニ可被召成事、

一本琉球従先規相定儀、不入事者、此度可被相改事、

一琉球談合衆之内、心持二様ニ御座候由、其聞得候、心持悪衆者、鹿児島へ被指上候へ、於此地可致穿鑿事、

一来年唐之冠船着津候者、道之嶋つゝき狼烟之火立談合之事、

已上

寛永八年辛未閏十月二日

川上左近將監 久国 ◎（花押）［判］

喜入摂津守 忠政 ◎（花押）［判］

嶋津下野守◎(花押)
久国［判］

三司官

すなわち、まず第一条目にみられるように、明市場における藩の御物銀子の投下額を一〇〇〇貫目とし、毎年春秋冬三期にわたって渡唐船を仕立てることとしている。第二条目は御物銀子を明に帯びていく那覇の才府役（史料は「方府」としているが、「才府」の誤読であろう）を扶持人として取り立てることを指示するものである。扶持宛行いによる身分保障により、貿易運営上の責任体制を整える方向が示されたことになる。第三条目は本琉球で先規として定められた事項でも不用な事項はこのたびは改めるよう命ずるもので、貿易参入にあたっては琉球側の旧来の慣習の改編をも意図されたことを知りうる。第四条目は琉球談合衆、すなわち王府重臣の中に二心を抱く者が存在する様子を指摘し、その者の鹿児島送致を命ずるのであるが、これは当面進められている島津氏の貿易参入に対し、王府要路の反発が存在していたことを意味している。島津氏の貿易政策の前途はけして平坦でなかったことが暗示されていよう。

第五条目は翌年冠船の来航に際して、道之島づたいに狼烟の火立てを促すもので、この条目は直接進貢貿易にかかわるものではないが、冠船貿易へ向けての周到な体制づくりがうかがわれる。

さて、藩では進貢貿易の投資枠を一〇〇〇貫目とする方針を固め、以後さらに貿易運営システムについて具体的に琉球側と交渉を進めていくのであるが、その大きな焦点となったのは、すでに見たように、貿易銀の確保の問題であったことがわかる。一六三二年（寛永九）四月十三日付で伊勢貞昌・島津久元らが国元に宛た書状には「琉球へ被遣銀子之儀も、於上方借銀候へと大坂両藏奉行衆へ申渡候、銀子八百貫目程御借候様ニと被仰越候、それ程急ニ可調事ハ不相知候へ共、随分可被致才覚由申遣候」(16)とあり、貿易資金八〇〇貫目の借入れを大坂の藏奉行衆に申し付けている。しかし、貞昌らが懸念しているように、八〇〇貫目という銀高が短期間に調達できたとは考え難い。同年六月二日付けで、川上左近将監・喜入摂津守らが琉球現地の川上又左衛門に宛てた書状はそうした資金調達の問題を含めて、貿易運営上の問題についていくつかの興味深い事実を伝えてくれる。それはまず冒頭の条で「新納加州老・最上土州老を以、唐江銀子過分ニ可被相渡儀申候処、三司官談合を以、如其可致才覚由、御返事被為申候、先以肝要ニ存候事[17]」と述べている。つまり、新納・最上両人をもって藩御物銀を過分に中国市場に投下するにあたっては、琉球三司官よりそれを受け容れる旨の返事を引き出すのが肝要だというのであるから、島津氏の貿易参入には思いの外王府要路の抵抗が強かったことが理解できよう。ついで第二条目を見ると、「冠船ニ商賣之時、商人手前ゟ運上者銀子二分運上たるへき事[18]」と述べられていて、冠船貿易に商人を介在させることが明らかとなっている。その商人とは島津領内の者はもちろんであるが、そのほかに七島衆というトカラ列島に拠点を置くと思われる商人集団と琉球町人らである。七島衆についてはしばしば史料の中に表れるが、その実態についてはよくわかっていない。「覚」の中には次のように三条にわたって触れられている[19]。

一七嶋衆、唐江商賣之仕様、一圓ニ無沙汰不審深重候事、（第三条）

一御国之歴〻、町人并七島衆、内證を以誂銀、堅可被為停止由、三司官江可被仰渡事、（第四条）

一七嶋中銀子持衆江可被成御借銀候談合ニ而候、右之衆、其地江罷居候者、堅可被仰付候、書物別紙ニ候事、但御借銀方於難渋申者、已来本琉球江被遣間敷事、（第六条）

これらのうち、最初の条目（第三条）からは七島衆がこれまでも琉球貿易に深くかかわっていたらしいこと、しかし、その交易活動については島津氏もよく掌握し得てなかった様子が判明する。次の条目（第四条）では、七島衆を含めて、領内の重臣・町人たちがひそかに誂え銀を琉球渡唐役人に託することを禁じており、藩家臣団・町人なみに七島衆の交易活動に対する管理統制が目指されたことを知りえる。そして三条目（第六条）によれば、七島衆よりの借銀が目論まれていることがわかり、彼らを銀主として編成するかたちで琉球貿易が展開されようとしている点が注目されてよいであろう。

このほか、貿易資金の調達の手は直轄化された奄美五島を含めて琉球にまで及んでいる。同「覚」にはさらに次のような条目が続く。[20]

一徳之嶋あやしられ永良部こへきひり、城之大屋子江可被成御借銀由候、和平〔利カ―上原〕も少可被相付候、今度市来和泉守殿ニ而申下候、其許よりも被仰通、可被為請取事、（第七条）

一琉球之歴々幷町人、冠船之可致買物時、爰許之衆なミの運上、王位江可被差上事、（第九条）

第七条目は「徳之嶋あやしられ」「永良部こへきひり」「城之大屋子」より借銀がはかられたことを伝えるものである。前二者はは表記から推してノロ、もしくはそれに類する神職とみて間違いはない。後者は[21]城の地方役人であるが、こうした者たちが、それぞれ蓄財をなしていて、貿易資金の調達源になっていた点はまた興味をひくところである。第九条は、琉球王府の重臣たちや町人にも、国王に対して領内商人なみの運上の納入を前提として、冠船との交易を許すように指示するものである。

さて、このようにみてくると、冠船貿易にあたって、藩は貿易資金を上方のみから賄うことができず、領内の家臣団、町人、七島衆と呼ばれる商人団、旧琉球領で新たに直轄領となった徳之島では神職者や地方役人、また琉球に対しても王府重臣・町人などまで、広く諸階層に資金の調達を求め、商人達には一定度の商利を保障するかたちで臨もうとしていたことが判明する。藩がこの冠船貿易にかける意気込みがいかほどのものであったかが理解できるが、それはこの冠船貿易の成功をおさめることによって明国側を刺激し、さらに進貢貿易の拡大発展をかちとろうとする大きな目論見があったからである。家久は、冠船の来着に際して、冊封使宛の音物を京都より買い調えることを国元の川上将監・喜入摂津守らに示唆しており(22)、琉球との関係を隠蔽するのではなく(23)、むしろ前面に出て明国との通交関係を樹立するきっかけを直接藩独自で作り出そうとする動きすらみてとれる。そして、いっぽうでは琉球国に対し、「御借銀返弁不調候へは、惣御国迷惑ニ罷成候間、琉球之儀も可為同前候、畢竟者諸人之知行被召上ニ可罷成候、能々分別専一候事(24)」と、借銀の返済が調わなければ琉球においても藩領内同然に知行召し上げを実施するほかない、と恫喝をもって事に当たらせようとしている。

こうして藩が琉球貿易に財政再建の命運をかけていた様子が明らかとなるが、そのことをビビドに伝えるのは、なんといっても冠船奉行の最上義時・新納忠清の両人が一六三二年（寛永九）八月二十七日付で、琉球三司官宛てに示した九ヶ条の「覚」である。少し長くなるが次に全文を掲げよう(25)。

覚

一①御借銀七千貫目余御座候、琉球口より〔○ハ〕、唐之才覚ならてハ、御返弁に不罷成ニ相究候条、其御分別毛頭御油断被成ましき由、堅申達候通申上候事、

一②其元へ當夏冠船着岸候ハヽ、勅使へ何とそ被成才覚、唐へ船数参候而、御借銀御返弁候様ニ、随分可被入御精之由、各被為申上候事、付勅使送王舅ニ国頭親方、大夫喜友石〔名カ―上原〕親方被差渡、唐にても御侘あるへき由候事、御侘条之事左ニ書記、

一(ア)三年ニ一度之進貢之事、

一(イ)毎年年頭之御禮之事

一(ウ)馬硫黄相重之事

一（エ）毎年　御誕生御祝言可被申せ之事
一（オ）やこ貝之から毎年積渡進上之事
一③（略）右五ヶ条之内御侘立候へハ、船余多《アマタ》差渡儀、口能有間敷候間、銀子過分ニ相渡、御為ニ可罷成との各被仰由申上候、進貢之儀○ハ前代より定たる儀候条、琉球より之失墜たるへき由候、四ヶ条之儀相調候ハヽ、船数参候、取仕立ハ鹿児嶋より之御失墜たるへき○由申談候、進貢三年ニ一度ツヽ、可渡御侘立候へハ、一年ニ船一艘充可渡事、其故ハ、今年渡唐申候使者、北京迄被参候故年越にて候、乗船者其年帰帆、次之年迎ニ参候、於其後ハ一年ニ一度ツヽ之賦にて候事、
一④勅使當秋帰唐候刻、船一艘ハ王舅之乗船、又一艘ハ武官之衆百人程冠船ニ乗、其元へ被参之由候、船せき候はん間、馳走ニ此衆のせ候而渡候様ニと談合申候、左候へハ、二艘ニ銀子六百貫め程之代糸可乗由、被仰候、乍去、七百五十貫目程可被渡之由、堅申究候、就夫、唐にて船を大ニ作替、糸買調帰朝候様ニと、御談合申候、若、唐秋船二艘ハ送ニ入ましき由、勅使被仰候ハヽ、一艘ハ来春、勅使之船無事ニ帰帆候哉と為可被聞せ、可被遣由、申談候事、
一⑤當夏冠船若○無着津候ハヽ、池城去年四月大明之　帝王・春宮御定候祝言トメ渡唐、此迎［と］○トメ一艘可被遣由候、若池城當年帰朝申候ハヽ、冠船之迎ニまたよし去ヽ年被指渡候、此迎ニ一艘可被遣由候、又勅使當年無着岸候ハヽ、来春ハ様子為可承、船壱艘可被渡由候事
一⑥王舅勅使ニ被相付、當秋渡唐候ハヽ、来年之秋迎として一艘可被遣由候、左候而、此船唐にて才覚候而船大ニ作替、糸過分ニ乗候様ニ可有校量［候］○之旨、相談申候、船作入目之銀ハ、以御物可被調之由申候事、
一⑦銀子八拾貫目程ハ、其許王位様御物、毎年唐へ被遣度之由、各被為申上候通、具ニ申上候事

一⑧数年〔鹿児〕（○麑）嶋にて糸かけよう計目おもく候て、糸之へり　王位様御糸にて被成弁候、其上此中渡唐船取仕立遺物、従其元之御失墜にて候、付才府官舎之手前よりも糸のかけへり弁ニ付、身上迷惑ニ罷成候通、承及たる様子、細々披露申候事、

一⑨渡唐船二艘ハ、水手等其元ニて可相調候、若三艘ニも罷成候ハヽ、道之嶋之者を水手ニ可被仰付之由、被成御申候、是又具申達候事、

以上

「寛永九年」壬申

八月廿日

最上土佐守（義時）

新納加賀守（忠清）

金武王子様

国頭親方様

勝連親方様

参

この「覚」から判明することを整理すれば、まず第一条目は藩の借銀は七〇〇〇貫目にもおよび、それを琉球貿易でもって贖うことについて国王にも認識させるよう促すものである。第二条目は国王は当面冠船来航に際して、渡唐船隻の加増交渉に入精すること、勅使を送る王舅役に国頭親方、大夫役に喜友名親方（史料中喜友石とあるのは誤読）を当てることを定め、ついでその交渉案件を以下のように指示している。（1）三年に一度の進貢、（2）年頭使の派遣、（3）進貢物の馬・硫黄の加増、（4）毎年の皇帝の御誕生祝言を述べる使者の派遣、（5）やこ貝の毎年の積渡し、の

五点である。これらの意図するところは三条目で明らかとなるように、この五ヶ条の認可をとりつけることによって、明への派遣船隻数を増し、過分の銀子を明市場に投下する機会をつくり出すところにあった。島津側としては毎年の渡唐船の派遣を考えており、船数のとり仕立てに要する諸費用については藩負担とするつもりであったことがわかる。第四条目では、勅使船の帰国に際して、王舅船のほかに、冊封使一行を送るために、馳走船を一艘仕立てて計二艘とし、明着津と同時に船を大きく作り替え、銀七五〇貫目分の生糸の積載を可能にすること、勅使より船二艘は無用とされた場合は、来春勅使の無事帰帆を確認するための遣船を行うこととしてる。

さらに、第五条・第六条目をみると、冠船迎接をはじめとする遣船の機会を増大させることが策定されていることがわかる。すなわち、まず第五条目によれば、当夏に冠船が来着なき場合には前年四月に帝位・春宮が定められたことに対する慶賀使として派遣されている池城の迎船の派遣、池城が当年の帰朝となった場合は、すでに前々年冠船の迎接船として派遣している「またよし」（又吉）船の迎船の派遣、また勅使が当年着岸無き場合は、来春はその様子伺いとして、一艘を派遣するというのである。ついで第六条目では王舅が勅使に従って当秋の渡唐となった場合、来年の秋にその迎船一艘を遣わす、その船は「糸過分ニ乗」るように「大ニ作替」える、その入目については藩負担とする、ことなどとなっている。

ついで第七条・第九条目は貿易運営の上で琉球より要求が出されたことを伝えるものである。まず第七条目によれば、国王御物銀として八〇貫目を持ち渡りたいとする琉球側の要求が出されたことがわかり、これは家久のもとに取り次がれている。また第八条目は島津氏による糸の掛目の吟味が厳しく、掛け減りの分については国王の購入糸でこれを弁じていること、渡唐を仕立てるにあたっての諸入費については琉球側の負担となっていること、さらに糸の掛け減りは渡唐役人の才府・官舎も買い糸より、弁納を強いられ、経済的に負担が大きいことなどについて、琉球より不満が申し述べられ、これらがやはり家久に具に披露されたことを示している。これら二ヶ条の琉球側の訴えがどのように処理されたか明瞭ではないが、おそらく島津氏が妥協したものと思われる。最後に第九条目は、渡唐銀は二艘の範囲であれば水手も琉球がまかない、一艘増えて三艘になれば、「道之嶋」の者を水手として徴することを達する内容である。これもおそらく琉球側から出された要求に応えたものであろう。逆にいえば琉球側が島津氏の貿易拡張路線に呼応しつつ、奄美五島に対する水夫役徴発権を確保したことを意味しよう。

ともあれこうして島津氏の貿易参入体制の整備が冠船渡来に照準をあわせるかたちで進み、藩にとっては冠船の来航を待つばかりとなった。しかし、この年すでに大陸より帆走に良好な季節となっても冠船の渡来はなく、藩の焦燥感を駆り立てた。伊勢らが八月二十日付で国元に送った書状で[26]、「琉球へ冠船参候注進、未無御坐候哉、無心元存候」と述べ、「黄門様も節〻被　仰出候、注進候ハヽ、早〻可被仰上事尤候」と家久自身も冠船の渡来を待ち侘びて、情報の有無を問うこと屢々であったことを伝えている。

封使が出発できなかったのは使船の建造が遅れていたためであったが、『歴代宝案』には一六三〇年（崇禎三・寛永七）蔡廛らを冊封使迎接使として立てる十月十日付の咨文[27]が、そして翌年については福建布政司ならびに正使杜三策らの封使未着工を琉球国に伝える六月六日付および六月十一日付の咨文[28]、そしてさらに蔡延を冊封使迎接のために派遣する旨の十月付の咨文[29]等が存在し、頻繁に冊封使の派遣を働きかけていたことがわかる。

明けて一六三二年には前年の秋とその年春に遣わした使船が帰国しているが、島津側はその貿易の首尾に大きな期待をよせていたことがわかる。たとえば十一月二日付で国元に宛てられた伊勢等の書状の一節は次のように述べる[30]。

一琉球より、去年之秋當春被遣候銀子、糸ニ成候而帰帆候由御注進、ヶ様之目出度儀無之候、はや琉球より其元へ彼糸船着申候哉、其御注進承度候、其糸如京都早〻御上せ尤候、今時分糸之直成一段よく候由申候、御上せ候ハん時、いかにも慥成荷付三人程も被仰付、美〻にても少〻御失墜入候とも、慥成舟にて、あふなく無之様ニ可被入御念候、無㒵儀上着候様ニとの御立願共被成候而肝要存候、（以下略）

すなわち、伊勢らは、生糸の価格が高騰しているおり、投下した藩御物銀が生糸になって戻ってきたことを「ケ様之目出度儀無之候」と欣喜し、糸荷には少々の失費でも日向美々津より慥なる船で、慎重に京都に送るべきこと、かつその無事上着の立願も肝要なること、などを申し伝えているのである。

ところが、このような大きな期待とはうらはらに、この時の生糸取引きの結果は総体として不調に終わった。生糸は仕入れ価格の割には品質が悪い上に、過分の掛減りが認められた。そればかりでなく、さらに鉛が混入されて斤目にごまかしが見え、この事を京の糸買衆が取り上げて「事〻敷申ふらし」、買いたたきの目論みさえ見られた[31]。これは貿易が琉球側の生糸仕入れ体制、そして上方市場における信用確立の点に大きな問題を抱えての出発となったことを意味する。しかし、この年に入って一度目は鄭藩献らが[32]、二度目は林国用が派遣され[33]、さらに翌一六三三年には金応元[34]が派遣されるなど、封使迎接のみを目的にかかげた遣使は、三〇年の蔡廛らの派遣以来通算五回にもおよんだのである。遣船回数を増すことによる進貢貿易の内実化という島津氏の要求は強力に推し進められていったことを知りうる。

封使迎接を称えた琉球使船の派遣がつづくなか、勅使杜三策らの一行を乗せた明船がついに一六三三年六月には琉球に姿を見せた。その報に接した家久は、八月二十六日付で中山王に書を送り、「将又自唐之使船来着之由注進候、御満足察入候、一段大船之由、其聞得候間、用之儀共申付差渡候、定可相達候、唐与弥順熟候様可被仰談儀、此時ニ候[35]」と、使船が大船であることを喜びつつ、それにつき特に用向きを伝える使者を派遣すること、また琉明関係を旧状に復する交渉をすすめるにまたとない機会であることを強調している。かくして、旧来の政治的宿願を成就せしめるうえでこの上ない好機と位置付けられた冊封使渡来にあたって、細心に渡る対応策が立てられた。それは例えば川上将監ほか二人の国家老によって、八月十日付で琉球在番奉行・三司官に宛られた示達にうかがうことができる。それによれば、まず第一に貿易資金の調達が上方を中心に行われ、琉球に送る段取りが立てられている。それは「今度従上方御借銀百貫目下候、跡より弐百貫目余可被指下由候、彼是取合、秋中ニ四百貫目程可相下と、肝煎申候事(36)」とするように、当初一〇〇貫目、ついで二〇〇貫目というかたちで秋までに四百貫目ほどを琉球に送銀する計画であった。第二に「御買物談合」のために江川久右衛門が指下されている。「江川久右衛門尉、御買物為談合指下申候、千太夫・弥右衛門尉なと、細〻吟味御させ候て、御為能候する唐物買取、急度可被召上事(37)」とあって、在番衆の塩津千太夫・長倉弥右衛門らとともに有用な唐物の調達にあたるのがその使命であったことがわかる。家久が言及している特命の使者とはこの江川のことかと思われる。

第三は買物の値組にあたっての配慮である。「冠船之買物并唐にての買物、高直ニ無之様ニ可被仰渡候、其儀ハ従江戸も稠可被仰下候、題目上方糸之賣口下直に候由聞得候間、随分直成之儀可入談合候事(38)」とあり、冠船貿易、進貢貿易いずれの場合においても高直の買物無きように江戸表より厳達されていること、上方における糸値が下落していることなどをあげて、値組についてはよくよく談合をとげるべきことなどが指示されている。前年の進貢貿易の不首尾をふまえて、一段と厳しい対応が取られたことが理解できる。

第四は、上方商人の鹿児島下向である。その件については次のように二ヶ状に渡って触れられている(39)。

一今度従上方運上銀指下候衆へハ、手傳人下之儀可有御免由、自江戸被仰下候故、急度京衆手傳可下由申候、其元ニ而ぬけ買なと不仕、其外何そ御買物之さわりに不罷成様ニと、堅可申渡候、乍去ケ様之衆者無心元候間、其地ニ而も右之理幾度も可被仰渡事、一柳屋市左衛門尉此地へ参候而琉球へ御下候へと被申候、自身下向ハ可為無用由申候、午去運上銀四百貫目可持下由申候、此運上も四十貫目程ニ而、一廉　御為ニて候条、可被召下哉共出（掛カ—上原）合候、相究次第可申越事、

最初の条目は上方より運上銀差下しに当たる者達に手伝い人が同伴する旨江戸表より許しがあったことにつき、それに当たる京衆による抜け買い、その他買物の支障になる行為が生じないよう、その厳しい監視を促すものである。次の箇条は上方の糸買い商人の一人と思われる柳屋市左衛門が琉球渡海を望んだのに対して、藩が態度を決めかねている様子を伝えるものである。柳屋の要求は一応断ったものの、貿易銀高は四〇〇貫目（運上銀高とするが、貿易銀高であろう）にのぼり、その運上だけでも四〇貫目におよぶため、藩は柳屋の要求に応えるべきか否か揺れ動いていたことがわかる。このように、冠船貿易にあたって主要な資金源であった上方商人が直接琉球への渡海をも望んでさまざまな働きかけをしていた様子がうかがわれよう。

貿易への参画認可はこれら上方商人に限られていたのではない。薩摩藩の家臣・町衆、さらに他国衆に対しても開放し、ひろく誂え銀の付託を許したのはこれまでの検討からも明らかになったところであって、そのことについては次の条目によっても確認できる。(40)

一諸士・町衆・他国衆なとの買物、別紙送状書分可被召上候、是も平（平田—上原）盛右衛門尉殿・荒（荒武—上原）覺右衛門尉殿送状可被遣候、勿論　御物之送状ニ相混間敷事、

すなわち、諸士・町衆・他国衆の買物に関する送状を平田盛右衛門・荒武覚右衛門の両人の手に委ねることとし、その際に藩御物の送状への混入を避け、書き分けるようにと促している。平田・荒武の両人というのはやはり冠船貿易にあたって江戸より特派された者達で、別の箇条で「平田盛右衛門尉殿・荒武覚右衛門尉殿庄（本マ）者之儀ニ存、御借銀返弁可被肝煎由、従江戸被仰付候間、糸其外唐物之送状彼衆ニ可被遣候、米并嶋のものハ如前〻、琉球奉行へ送状

可被遣事[41]」と触れている。これによれば、平田らは、借銀返済にあたる特別任務を与えられた者たちで、仕入れた唐物を注文書に引き合わせて上方市場への送付にも当たったのではないかと思われる。そして先に掲げた箇条からすれば、それればかりでなく、諸士、町衆・他国衆の買物も彼等が掌理するところであったということになろう。

「覚」には、そのほか、「毎年唐へ糸買ニ参船、自今以後者當国へ直ニ可乗届由、新納加賀守・最上土佐守を以申越候、弥如其可有首尾事、但弐艘之内一艘[42]」とあって、新納・最上ら冠船奉行の指示に沿って糸買いのために毎年派遣される渡唐船は直接薩摩へ乗り届けるように定められている。また唐において買物に「律儀成仕方」であたった者に対して、藩・琉球王府より取立てる事を定める一条があり[43]、貿易を広く奉公の体系に位置づける方針が明確にされている。

冠船貿易がどの様な首尾に終わったかは明確ではないが、藩がそれを契機として進貢貿易の拡大発展策を具体化していったことがわかる。これ以後一六三五年（寛永十二・崇禎八）までの琉球側の明国あて遣船の動きをみると、まず三三年の冬に冊封使杜三策らを送るために向鶴令（王舅）・蔡堅（紫金大夫）栢壽（使者）らを乗せた使船が付され[44]、さらに年が明けると、封使が無事帰国したか否かを探問するために、新たにに鄭子廉らの使船が[45]、ついで秋には蔡錦（正議大夫）・毛紹賢（使者）らが遣わされている[46]。この秋派遣船の目的は『歴代宝案』中に「咨文」がないため、明らかではないが、おそらく封使を送った馳走船を迎えるために派遣されたものであろう。そして三五年には宮古島の漂流民の送還を謝するため鄭藩献らの派遣がみられる[47]。すなわち、これらの遣船は先の三二年八月二十八日付の最上義時の琉球三司官宛てに出された「覚」の具体化である。「覚」で指示されている船の増建、船間の改造等まで着手されたかどうかは明らかではないが、藩「御物銀」の増銀も、これらの遣船回数の増大を通して実現されていったのである。三四年一月、島津家老衆は年頭使として上国していた金武王子に対して渡唐銀を一〇〇〇貫目まで増銀す

表1　1634（寛永11）～36年の渡唐銀高

渡唐船	銀高	銅	木耳
1634（寛永11）年秋発頭号貢船	551貫998匁余		
1635（〃 12）年春発二号貢船	331貫485匁余 内15貫368匁余　左右馬銀 外　1貫500匁　琉球借入三司官前より渡す		169斤半
1635（〃 13）年春発飛脚船	100貫 内50貫　寛永11年秋走唐船へ渡す 50貫　寛永12年春走唐船へ渡す	300斤	
計	988貫483匁余	300斤	169斤半

『鹿児島県史』第2巻694頁より転載。

表2　1636年（寛永13）の派遣貢船の渡唐銀高

渡唐船	銀高	銅	馬尾
頭号貢船	550貫 内100貫　光久分	10,050斤	198斤
二号貢船	462貫172匁 内30貫　納戸銀	10,050斤	218斤
計	1,012貫　172匁	20,100斤	416斤

『鹿児島県史』第2巻695頁より転載。

ることを認めさせ(48)、そしてさらに十月には十九日付の金武王子・三司官宛の「覚」で、他国人の琉球渡海禁止、藩に許可なく琉球との相談のみで投銀することの禁止などを示すいっぽうで次のように述べている(49)。

一先年者唐之糸直成下直候處、近年高直ニ罷成候、自長崎福州にて年〻ニ糸を買候、其直成爰元へ巨細相聞得候間、琉球口ニ被買候糸の直成、涯分入念可被仰付候、高直ニ候者可致其沙汰事、付唐にての雑用糸之直成之外に可被書出事、

一福州口にて糸之外巻物之類買間敷候、當年参候巻物、いつれ共手のあしき物迄にて、御用不立候、御用之刻者従此方可申下候間、如其可被仰付事、

すなわち、最初の条目は、長崎にて福州よりの糸の購入にあたっているため、その値成については巨細を島津氏も掌握しているので、琉球が高値で購入にあたった場合はその沙汰を行うというのであり、次の条目は、琉球側が買い物に独自の判断で購入した巻物(反布)が粗悪な物であったことにかんがみてその輸入を禁じ、巻物を御用とする場合は藩より命ずるというものである。これらはいずれもこれまでの貿易の首尾に照らして定められたもので、島津側としては琉球貿易をいかにその意図する方向に運営していくかが焦点となっていたことが判明しよう。

一六三四年(寛永十一)派遣船は、表1に示すように、秋派遣の頭号貢船に五五一貫目余が、これに加えて翌三五年春の二号貢船に三三一貫目余が、そして明くる三六年春の飛脚船に一〇〇貫目がそれぞれ付託され、渡唐銀は総額でほぼ一〇〇〇貫目に達している。飛脚船は三四年秋走船と三五年春走船へ五〇貫目づつの送銀を行うための特別の使船である。秋派遣の貢船は蔡錦・毛紹賢らを使者とするもので、翌年春の派遣船は宮古島漂流人の救恤を謝するために遣わされた鄭藩献船がこれに相当する。

一六三四年は琉球ならびに島津氏にとって、琉球貿易の運営上大きな転機となった年であった。すなわち、この年

の冬、待望の二年一貢制の回復と貢船一隻の増加が認められるにいたり[50]、島津氏の船隻の加増要求が実現したのである。翌三五年（崇禎八・寛永十二）の春に渡明した鄭藩献らはおそらくこの報に接したにちがいないが、後に朗報を得ることになった琉球よりは、三六年冬に謝恩の使として林国用らが立てられている[51]。いっぽうこうして貢期の回復と二貢船制へ認可の報を琉球より得た島津氏は、同年の秋には表2に示すように、再び頭号貢船に五五〇貫目余、二号貢船に四六二貫目余を投じ、出帆させている。なお表をみるとわかるように、それぞれの貢船に一万斤余の銅が積まれており、銀のみならず銅の輸出にも力が入れられているのが注目すべき点であろう。

ところで、右の林国用の派遣に先立つ一月の二十日付で、島津家国老らは金武王子朝貞と三司官に宛てて、次のような[52]「條書」を遣わしている。

條書

一①其許御見廻野村大学助被差下候事、
一②唐へ被遣候糸船、前廉為被相定趣、弥不可有相違事、
一③従其地之出銀、前の年より次年九月を限ニ、可被相納之由、兼日申渡候、弥其首尾可有之事、
一④其元之出銀未進分、早〻可被相納候、去秋不慮之火事出来ニ付、思召外銀子過分ニ入候而、諸士大分之出銀仕候、惣別其元之儀者、出銀早晩かろく被仰出候処、遅被納候儀、不可然候事、
一⑤兼城身上如何様ニ被仰付候哉、最前従其元被仰候者、琉球へ被遣候人、於其地可被為流罪候由、被仰候つれ共、其後者不及其沙汰、何そ深〻敷科も無之候間、御暇可被下様に候、金按司達而被仰ニ付、暇被下候、定如最前者、被召仕間敷と存候事、
一⑥去年糸船無来着儀、以早船可有注進處、兎角無其儀事、如何候而不通候哉無心元候事、

一⑦去〻年北京へ被罷渡候使者、無違儀帰国候哉、北京之仕合之様子、細〻被申入尤候事、
一⑧日本国中南蠻宗御法度不大形候、連〻諸国従其國主稠被相改候へ共、色〻かくれ忍候而、何れ之国にても被改候時者、他之国へ行違なと仕候ニ付、去年霜月朔日より極月迄、日本国同時ニ被改候、国〻殊之外難在氣遣共にて候間、被得其意、其元へ若彼宗旨之者於有之者、日本国御改之趣、野村大学助へ被相尋、如其可有沙汰事、
一⑨従薩摩其元へ参候船之船頭・水主ニ紛、他国之者可参候間、左様成者能〻被相改被留置候而、此方へ可有注進候、日本国稠改候条、如右之相紛、彼宗之者共可参事、

右條々無緩疎可有沙汰者也、

寛永拾三年正月廿日

伊勢兵部少輔○（花押）［判］
川上左近將監○（花押）［判］
嶋津下野守○（花押）［判］
嶋津弾正大弼○（花押）［判］

三司官中
金武按司

すなわち、この「條書」は種々の点にわたって島津氏の下知に対する琉球側の違背を責める内容となっている。まず第一は貿易の取組みの姿勢に関してである。②の唐の派遣の糸船に関するこれまでの諸定めに相違あるべからざること、⑥の去年糸船の来着なきことにつき、早船をもって注進あるべきところ、それを怠ったこと、⑦の去々年北京

派遣の使者の復命の無いこと、などの諸条目の指摘で明らかになるように、琉球側が藩の貿易拡大の方針に積極的でなく、あるいは生糸の着荷の有無についての報告すら藩に怠っていたことが判明する。

第二は出銀の未進についてである。③で琉球よりの出銀は前年より次年の九月を上納期限とする兼ねてよりの申渡しを守るべきこととし、ついで④では琉球に対する出銀高は本藩領内よりも軽減しているにもかかわらず、未進の状況が続いていることを責めている。藩では前年七月に江戸桜田藩邸を焼失させており、それが出銀督促の背景となっていることが判明するが、琉球でもそうした事情を了解した上での出銀未進であったということになろう。

第三は、罪を得て鹿児島に身柄が拘束されていた兼城の一件についてである。⑤によれば、兼城は金（武）按司（金武王子であろう）より、琉球において流罪に処することを理由に身柄の引き渡し要請がなされ、藩がそれにやむなく応じるかたちとなったが、琉球側ではその後兼城の処置について、なんら藩に報告するところがなかったようである。兼城が島津氏よって身柄が拘束されたということは、島津氏の下知に違背したことが理由であろうが、そうした王府吏僚の処置になんら事後報告がなかったとすれば、もとより兼城の処分について琉球側になんらかの異論があったものとみてよい。「何そ深々敷科も無之候間、御暇可被下様に候、金按司達而被仰ニ付、暇被下候」というくだりにもそのような空気が嗅ぎとれる。

第四はキリシタン改めの徹底（⑧）、それに関わって琉球渡海の船頭・水主に紛れて潜入する他国者の改め出しの徹底（⑨）である。キリシタン改めは、史料中にあるように、一六三五年（寛永十二）十一月から十二月にかけて全国的規模で実施されたことにともなうもので、それが琉球にまで貫徹されたことを示すものである。この年のキリシタン改めの実態については章を改めて論ずることとして、ここではキリシタン改めを梃子として、他国人の琉球渡航の統制が図られている点に注目しておきたい。

さて、以上の条目の趣旨を遵守させるべく、野村大学助が特命の使者として派遣されていることが①から判明するが、これらの「條書」を検討してみると、島津氏と琉球側との間には種々の点で矛盾が露呈していることがわかる。とりわけ貿易運営の面では島津氏に琉球側の抵抗と映る局面が存在したことが見逃せない点であろう。この「條書」を突きつけられると、金武王子、三司官の豊見城・勝連らは五月六日付でこれに対する「尊答」を出し、①の野村の派遣にあたっては「萬事可得御意候事」、⑧の南蛮宗法度については「爰元茂野村大学助殿へ得御意、稠相改可申候事」[53]、そして⑨の他国者改めについては「随分相改留置、可奉御注進之事」と、それぞれ請合っている。[54]これに対して出銀の件については、未進分は「早〻無油断可奉皆済事」と請合い、出銀納入の期限は遠方を理由に、「十二月限ニ御用捨可被成候様ニ御侘之事」と願っている。[55]

いっぽう糸船の件については「前廉如被　仰付候、無相違様ニ可奉公事」と約し、またその来着の有無に関する報告については「去年糸船帰朝之儀、若七八月ニ帰朝可申かと相待候而、飛脚延引、我〻油断罷成候事」と、糸船が七、八月ごろまでに帰朝するかと待っていたために、報告のための飛脚船の派遣が遅れた、と弁明している。[56]

これ以後、琉球側よりは渡唐船の遅れについてはその事情の報告がなされており、[57]島津氏の不信感も一時緩和したかと思われるが、しかし、一六三四年、三六年派遣船が大量の御物銀を現地商人に詐取されるという事態が相次ぐに及んで島津氏の怒りは頂点に達することになる。以下その全容について触れておこう。

第二節　王銀詐取事件

事件については古くは小葉田淳による研究がある。[58]また筆者もかつて断片的に触れたことがあるが、[59]典拠が「旧記雑録」など島津側の史料が中心であったため、事件の全容を捉えきれるまでにはいたらなかった。しかし最近土肥祐子[60]・西里喜行[61]らの『歴代宝案』に依った詳細な研究によって、事件の全体像が見えてきたように思われる。ここでは、三氏の専論に依拠しながら改めて事件の意味について考えてみたい。

西里のいう一六三四年（寛永十一・崇禎七）の第一次王銀詐取事件は、湖糸四五九四斤分にあたる四九九八両が回収不能となった事件である。すなわち、生糸購入のために代銀を先払いしたものの、現物は手元に届かなかったのである。この時の使者は蔡錦（正議大夫）・毛紹賢（使者）・梁廷器らで、島津氏の御物銀だけでも、すでに表2によって示したように、翌年の二号貢船、さらに翌々年の飛脚船による送銀があって一〇〇〇貫目に達していた。そのうちの五〇〇〇両、銀一貫目を一〇〇両とすると[62]、銀五〇貫目ほどが三一人の牙行たちによって詐取されたのである[63]。事件を知った琉球王府では、三六年、三司官の名で福州知府宛に、また長史司の名で同海防館宛にそれぞれ王銀詐取の犯人の逮捕、生糸代銀、もしくは相当量の生糸の取り立てを願っている[64]。だがこれに対する海防館より期待する反応は得られなかったようであり、三八年には、尚豊自らが福建布政司へ、また三司官の馬勝連らも強い調子で、福建府知府宛に再度犯人の逮捕と銀の取り立てを訴えている[65]。

第二次の一六三六年派遣船の事件は、正議大夫林国用、使者楊茂栄、都通事金応元らの使船にかかわるものである。この時の渡唐銀の積み高が、大船二万四四三八両余、小船一万四七八四両で、尚豊が王銀詐取の犯人の処分と銀の取り立てを願う咨文を見ると、欠銀高の合計は三万九八七六両余におよび[66]、土肥が同咨文を整理するところによれば、これらの渡唐銀の詐取にあたった牙行、すなわち、欠銀者の数は一三〇人に上っている[67]。彼らは八割程度の者が「甲」を組織し、六七名の者で大船の積み銀を、そして六三名の者で小船のそれを預かり、生糸の購入に従事していたのである。ただし、牙行たちは複数の「甲」に所属しているため、実質人数は五九人であるが、驚くべきことに、その中の一九人の者が、第一次詐取事件に関わっているのである。(68) 西里が「福建市舶提挙司志」によって示すところによれば、提挙司の下で直接進貢貿易に関わるのは、明廷より冠帯を給された冠帯土通事、それに牙行であるが、当時牙行そのものの数は少なかったようである。(69) 王銀詐取事件に関わった者たちは小商人と見られることから、島津氏の大量の生糸注文に対応するために、琉球の渡唐役人たちの依頼をうけてにわかに「甲」に入り込んだ者たちが多かったと考えられる。また西里は『中山世譜』の関連記事(70)を整理し、(1)明国では外国との糸綢貿易は禁止されていることを琉球進貢使節の一人楊茂栄（中城親方朝寿）自身が認識していたこと、(2)密貿易に類する糸綢取引が「司價」（貿易官）の教唆によって行われたこと、(3)取引総額の三分一に相当する糸綢が集まったところで発覚し、「官府」に没収されたこと、(4)糸綢取引には琉球側と「司價」と「商人」と「牙行」と「官府」の五者が関わっていることなどをあげている。(71) これらによって、西里は王銀を詐取されたというのは、実際は官府に没収されたものであって、三四年（崇禎七）の第一次の「詐取」事件の場合も琉球国三司官や長史司から福州海防館に没収されたことを承知の上で、商人に詐取されたという体裁をとって返還要請書を提出したと見るべきかもしれない(72)、と述べている。

以上が二つの王銀「詐取」事件について先行研究が明らかにするところであるが、では島津側はこれらの事件をどのように捉えていたのであろうか。いま一六三九年（寛永十六）二月九日付で金武按司・勝連ら王府要路が平田狩野介・伊東二右衛門宛に弁明した「覚」によって、島津側の指摘を抽出して掲げると次のようになる。(73)

覚

一①琉球之儀、爰許就御奉公、連〻疎意有之様ニ其聞得候、左様ニ者有間敷與存候處、漸〻ニ其色致顕然、無心許存候事、一②唐へ銀子百貫目之上者渡候事不罷成由、堅被申候、雖然大国之儀候間、銀過分ニ参候而も、目ニ立儀者有間敷かと候て、御物銀三百貫目之内外度々被遣候処、其商買致首尾候、其上琉球より隠銀貳百貫目被差渡、其買糸も参候、然時者百貫目之外者商買不罷成由被申候者、妄語にて候、如右之唐へ銀子過分ニ参候而も商買相調候故、先年金武按司上国之刻、川上又左衛門尉・山田民部少輔・三原左衛門佐を以、唐へ銀子千貫目可被召渡之間、御奉公可被為申由被仰渡候、金武按司も従琉球別ニ御奉公申儀者無御座候間、右商買入念可申付由、御請被為申候處、于今其首尾散々ニ罷成候、被仰付様無心元存候事、

一③子之年致渡唐候進貢船之買物糸・巻物、今度致上着候、以之外悪候、其上糸之中ニ物を入、糸をぬらしからさる躰候を、高直ニ買取候、彼者共其科深重ニ候事、

一④野村大學助於琉球、以與分糸可買取由、中城才苻官舎共へ堅被申渡候處、其定相破、才苻官舎共迄ニてかねを渡候儀、曲事千萬候、最前琉球にて此談合之刻、不致承引者共有之通相聞得候、畢竟琉球之内心可為疎意かと存候、並代銀を糸差替ニ相渡候様ニと、大學助被申渡候、是も相背事、

一⑤中城主取として被差渡候處ニ、銀子之拂少も不存由申候、為其之奉行ニ而候處不存儀、其科不軽候、殊ニ御物銀子者無分遣成、自分之商過分ニ仕候、其上御物銀唐へ過分ニ残置候、就中先年御物取籠候者へ、かね相渡候儀、曲事深重ニ候事、

一⑥戌年之進貢船にも銀子相残、殊遣銀も多候、旁以仕様悪候、譬者千貫目之銀子大分ニ候ニ付、手も不廻候者、半分にても買物者律儀ニ可相調處ニ、両度共ニ少分之御用物迄も散々のものを高直ニ買取候、［早］〔◎畢〕竟此方之御用を向後不被仰付様ニとの可為隠謀與存候、金武按司・三司官何程ニ被存候哉、無覚束候事、

まず冒頭の条が述べるように、これまでの貿易の取り組みの状況に、島津氏は琉球に疎意の色ありと見てとってい

たことが明らかとなる。その具体的な側面については以下逐条ごとに指摘されるところであるが、②を見ると、唐への銀子一〇〇貫目以上の渡唐銀を帯びることは不可能としつつも、三〇〇貫目内外の商売を首尾させ、そのうえ琉球より二〇〇貫目の隠銀も投じられていて、これまでの言い分は「妄語」であったこと、そこで上国中の金武按司に一〇〇〇貫目内外の召し渡しを申しつけ、金武もそれを請け合いながら、その首尾は散々な状況にいたったとする。これらの指摘によると、琉球側でも島津氏には隠密に独自の貿易銀を投じていたことになる。③は一六三六年（寛永十三）渡唐船がもたらした買物糸・巻物のうち、生糸に物を入れたり、糸を濡らすなどして斤目にごまかしがあり、しかもそうした商品を高値で買い来たった渡唐役人たちの罪科は「深重」だとする。④は先に特派された野村大学助の下知に対する違背行為についての指摘である。すなわち、野村は、渡唐役人を与分けによって、生糸の購入を主取の中城以下才苻（府）・官舎の者へ申し渡したところ、定を破り、中城らはそれぞれ自らの裁量で生糸の購入にあたり、しかも商品は現銀引き替えとする下知も遵守していなかったとする。すなわちこれによれば、島津側は琉球渡唐役人たちも何人かずつ与に編成して生糸の取引に当たらせようとしたことがわかる。それは土肥がいうように、中国牙行たちの「甲」に対応させるためであったのかも知れない(74)。いずれにせよ、与を組織させることによって連帯責任を負わせ、不測の事態に対処しようとしたことは間違いない。ところが野村との談合にあたっては、王府要路の中に与編成に不承知の者が存在したことが注目されるところである。⑤は中城の「主取」としての勤役の動態についてで、中城は買い物代銀の払い方に通じておらず、藩御物銀子を無駄に費消し、自分の商いだけに専念したこと、過分の御物銀子を回収できずに明国に残し置いたことなどが指摘されている。これら渡唐役人たちが自分の商いもしくは王府御物銀による買い物に専念したということがあってもそれはそれとして不思議はない。⑥で両度の派遣船がともに島津氏の御物銀を大量に扱いながら、相当量のそれを回収できないまま中国に残し置いたこと、入手してきた小量の生糸

表3　1634年（寛永11）・36年渡唐役人の罪状と処分内容

渡唐役人	役職	渡唐年	罪状	処分内容
中村かれ	才府	1634	御物銀残置。遣い銀も多く、仕様も悪し。	闕所（身上のことは御下知次第）
中城	主取	1636	さだめられた與分破る。現銀は現物とする定めに違背。御物銀過分に中国へ残置。	闕所（身上のことは御下知次第）
福治	官舎	〃	〃	久米島へ遠島
与那城	官舎	〃	〃	與平屋島へ遠島
翁長	脇通事	〃	〃	家屋敷召置、寺領
屋引	大筆者	〃	〃	〃
末吉	大筆者	〃	〃	〃
外間	大筆者	〃	〃	〃
舟越	脇筆者	〃	〃	〃
安里	才府	〃	談合の時承引せず、與分破る。現銀は現物とする定めに違背。御物銀過分に中国へ残置。	闕所、帰朝後遠島のつもり
平川	通事	〃	福治・与那城らと相役でありながら、両人の唐人への御物銀供託を無視。	闕所、帰朝後遠島のつもり
大嶺	才府	〃	〃	〃

「旧記雑録」後編巻95（『鹿児島県史料』6）11号より作成。

も仕入れ価格は高い上に品質が粗悪であることを指摘しつつ、こうした状況を島津氏が琉球の抵抗と疑い、「畢竟此方之御用を向後不被仰付様ニとの可為隠謀與存候[75]」と言い放ったのもまた無理からぬことであったといえよう。

琉球王府側はほとんどの箇条について弁明できず、一月九日付で渡唐役人たちの処分を打ち出している。いまそれぞれの罪状と処分内容を整理して示すと表3のようになる。表中で主取の中城はすでに薩摩にて拘留中、その他大嶺・平川・安里・末吉らは詐取銀の回収のために明へ残留中であることがわかるが、罪状の項目に注目すると、ほとんどの者たちに与分けによる生糸の購入、現物の代銀引き替え制の無視、御物銀の未回収などが共通した罪名として冠されている。このことは、島津氏の下知に対して渡唐役人が集団で違背したと受けとめられたことを意味している。安里才符のように、すでに与分けの談合の折から、これを承引しようとしない者が存在した点からしても、渡唐役人の動静は推し量れよう。琉球王府は与分けによる生糸の購入、現物の代銀引き替え制についての指示に異を唱える渡唐役人については、別人に入れ替えるべきところ、「出船致遅〻風をくれニ罷成候而者與存、差渡候事不念之至候事[76]」と、出船の時期を逸することを慮ってのことであったと弁明しているが、王府自体がどの程度野村の下知を徹底せしめることに力をいれたか疑われるのである。即位間もなくこれまでにない窮地に追い込まれたかたちとなった尚豊は、藩宛ての「覚」で、「結句　従黄門様以　御意即位仕、此等之御芳恩不浅之段、于今忘却無御座候、右之旨を以對御国、為何可抽御奉公處、唐之仕合然〻無御座、却而数年之御御奉公疎意仕様罷成、令迷惑候之事[77]」と、王位授封の恩に報じえなかったことを侘び、事態の収拾につとめている。

なお、詐取された銀高については利付けで年賦払いがなされたことは、一六四四年（寛永二十一年・正保元）の「御勘定所日記」の次の記事からわかる[78]。

一唐江残銀之利銀、琉球王位侘言ニ付、被指免之通、新納刑部太輔殿ゟ承候、就夫前〻ゟノ右返上方、筭用可仕

候通承候事

申　神無月二月

すなわちこれによると、それまで納入された利銀は国王尚賢の訴えによって免除されたことが判明する。(79)

こうして貿易運営をめぐって矛盾が露呈されていくなかで、藩では一六三八年（寛永十五）五月、家久に替わって光久の家督相続が行われたが、尚豊は翌三九年二月十一日付で、次のように五箇条からなる起請文を立てている。(80)

敬白　天罰霊社起請文之事

一①光久様今度三州之被為成任　太守職候間、諸事相随御下知、曾以不可存疎意候事、

一②我々儀若輩候之処、　家久様以御意即位仕候、此等之御厚恩不浅之事、于今忘却無御座候之事、

一③琉球之儀自往古為　薩州之附庸之条、諸事可相随　御下知之処、中比依致無沙汰被成破却、始先国司・按司并侍衆ニ至迄被召寄　貴国之上者、再止帰国之思候之処、　黄門家久以御哀鄰被為帰国、加之過分之御知行被宛行、開喜悦之眉候、以何如斯可奉謝　御厚恩候哉、永々代々奉對薩州之君、不可奉存疎意候之事、

一④若球国之輩忘右之　御芳恩、企悪逆者有之而、縦国中雖致其旨同心、於愚拙者属　薩州御幕下、毛頭不可相随逆心之無道候之事、

一⑤此霊社起請文之草案寫置、譲與子々孫々、奉對　薩州不可致不忠之旨相傳候之事、

（以下略）

これらのうち、③の薩州への無沙汰によって破却を蒙った折、家久の哀隣によって尚寧以下帰国を許されたこと、ならびに過分の知行を宛行われたことなどの御厚恩に対し疎意を懐かざること、④の琉球家臣の逆心無道に随わないこと、⑤の起請文を子々孫々に残し、薩州へ不忠を致さざる旨を申し伝えることとする条目等については、尚寧の起

請文と共通するものであるが[81]、前の①②の条目はこのたび新しく追加されたものである。尚豊はすでにみたように、尚寧と違って島津氏の認証を経て即位した国王であった。①では光久が薩摩・大隅・日向三州の太守職に任じられた上は、諸事その下知に従い、疎意を懐かないことを誓い、琉球国王は三州太守職の支配下にあることが確認されている。そして②は尚豊の王位が家久の御意によって定められたことを挙げ、その「厚恩」の忘却無きことを誓うもので、琉球国王への登位が島津氏の恩恵によるとする認識があらためて要求されている。こうして、島津氏の領主権が琉球王権の上位に位置することを認識させ、上級領主権への違背無きことを誓わせる条目が追加を見たのは、これまで明らかになった如き貿易運営に主体性を堅持し続けようとする一連の琉球側の動向が背景となったことは間違いない。

こうして、尚氏、島津氏がともに願ってきた二年一貢制への回帰が果たされ、進貢貿易が展開される条件が整ったにもかかわらず、それは牙行への代銀の前渡し制から生じた二つの王銀詐取事件によって大きく躓いたのである。そうした進貢貿易の集品システムは本来それなりのリスクをともなうものであったが、牙行たちとの信用関係を構築することによって克服できる問題であった。だがしかし、進貢貿易の拡大策はやがて明国当局によってその途を塞がれることになった。すなわち明国は事件を契機として朝貢国による生糸貿易を厳禁するにいたったからである。

すでに明廷では琉球よりの遣船度数の急激な増大に不審を懐き、一六三六年（崇禎九・寛永一三）には礼部は貢期の遵守を促している。『歴代宝案』には関連する咨文が二つあり、その一つは宮古島漂流民の救恤[82]を謝するために鄭藩献が派遣されたのに対して四月二十二日付で出されたものである。その中に次のような御史沈猶龍より福州府署海防事汀州府同知黄色中あてに諭した箇所がある[83]。

（前略）夷国の入貢謝恩は常期有り、限制有り、琉球は受封以来、両年の中、夷船凡そ四たび至り、既に謝恩せり。又、探聴を曰いて既に入貢せり。又、謝恩を曰うは、今、何の恩に謝する所か知らず。須らく義例有らば乃ち敢えて上聞すべし。如《も》し其れ上聞す可からざれば、快《かなら》ず私かに閩に留めしむるの理無し。且中山王は既に皇恩を受くれば当に国憲を明らかにすべし（以下略）

すなわち沈は、夷国の入貢・謝恩には常期があるにもかかわらず、琉球船は受封以来二年のうちに受封の謝恩、封使の探聴などといって四度も至っている。謝恩というのは何の恩に謝するのか理解できない。道理にかなった例があるならば皇帝に上聞すべきである。それがなければ閩に留めしむる理はない。中山国は皇恩を受けた国であるから、その国憲を明らかにすべきである、というのである。

また海防館は次のように述べる(84)。

此の番《たび》の船は、命を請うに繇《よ》らずして径《ただち》に内河へ入る。昨《さき》に之《これ》を論じて鎮外に退出せしむれども、漫《みだり》に桅の折るるを以て詞と為す。夫れ桅の折るるも、以て逆水にして鎮内に入る可ければ、独《ただ》以て順水にして鎮外に出る可からざらんや。内港は省城に迫近し、以て牙棍と交通す可きを利とするに非ざる無きのみ。宜しく一憲牌を発し、督令して鎮を出《い》だしむべきに似たり。（以下略）

つまり、鄭の船が命を請わずに閩の内河へ入ったため、これを鎮外へ退出せしめようとしたけれども鄭らが桅が折れたと言辞を弄して出ようとしないことについて、海防館は内港は省城と近いゆえに、無頼の仲買人らと通交するために違いないと断じている。

これらの御史沈猶龍や海防館らの指摘に示されるように、たび重なる使船の来航は明らかに貿易のみを意図したものであると明廷では認識していたのである。かくして次のような礼部の題奏がなされたのもまた当然であった(85)。

（前略）貢物・船・人は原《もと》より定数有り。倘《も》し額外に多増して例を逾れば、即ち合に厳しく此れを裁すべし。夷人に在りては固より自ら忠順を忘れざれども、乃ち奸牙・通事の射利し煽引して以て端を生ずるを致す。相応《あいまさ》に

再た前に照らして申飭を行うべし。（以下略）

まさに礼部も格外の貢物・船・人数の派遣が、中国のたちの悪い牙行たちや通事らの間に商売上のトラブルの発生を誘引することになるとして警戒を強め、前例に照らして貢制を厳守させるように述べていたのである。

かくして琉球の遣船は、大勢としては典礼に従って行わざるをえなくなっていったが、明廷はさらに一六三七年（崇禎一〇）五月には生糸貿易の厳禁を通告するにいたったのである。それについて、たとえば礼部は次のように述べる。(86)

（前略）該本部議覆して白糸は当に禁ずべしの明旨を奉有す。此に十年（一六三七）五月に在りて通行し申飭すれば、法として当に厳禁すべし。豈に奸牙の射利して夷使を煽惑し糸商を勾引し、遂に白糸を以て夷と貿易するを意《おも》わんや。此れ未だ厳旨を奉ぜざるの前に在り。今、業《すで》に牙・商を獲《とら》え、各〻其の罪を究す。夷の市う所の糸は法を按じて当に没すべし。（後略）

つまり礼部は、崇禎十年五月の申飭によって白糸貿易を禁じたうえは、奸牙が商利を得るために夷使（琉球の使者）を煽動誘惑し、糸商を勾引して白糸の貿易などを行うことはあるまいとし、すでに牙行・商人らの罪の究明がなされた今、法に照らして琉球側の買った白糸は没収すべきだとしている。これによると、琉球の訴えを受けて牙行らの取り調べが進むうちに、白糸は没収されるところとなり、その貿易も禁止の方向に移っていったことがわかる。

また礼部は右の言に続けて次のように言う。「流星は星散して亦た追するに従《よし》無し。夷使をして中土に待斃せしむるが若きも亦た内を安んじ外を攘《はら》うの策に非ず。或いは該国の素より恭順を秉《と》るを俯念すれば、万里航海して空手帰国せしむるは情として憫れむ可し。況や禁を聞くこと稍《やや》遅きをや(87)」。すなわち夷使（琉球の使者）たちをして、行く先の追跡できない無頼の商人たちをいつまでも待ち詫びて中国の地で死なせるわけにはいかない、また万里を航海してきたのに空手で帰国させるわけにはいかない、ましてや禁令を聞き知ったのが遅かったのであるから今回のみ特に白糸の貿易を許したらどうか、というのである。こうした礼部や他の職官の意見もあって、今回に限って生糸の購入を許し、以後はそれを厳禁する方針が琉球に明示されたのであった。

しかし白糸貿易の禁止令は当然琉球国に大きな衝撃をもたらした。尚豊王は早速特使として蔡堅（喜友名親方）・毛継善（我謝親雲上）らを北京に送り込み、納税を前提とした白糸貿易の認可を交渉させている。蔡堅らが帯びた同年十月二十日付の咨は、「琉球同様に明に朝貢している暹羅・交趾は澳門において、納税のうえ白糸貿易を行っている。琉球はそれらの国と貢典を等しくするのであるから、広東同様に閩（福建）にても納税による白糸貿易を許してもらいたい(88)」と訴えている。

納税を前提とした白糸の購入というのは、客観的に見ると、朝貢儀礼にともなう頒賜物を主体とした副次的な貿易ではなく、貿易をそれ自体を純然たる経済行為として認めさせることであったが、この点とあわせて、蔡堅らの遣使の目的としてはなおいくつかの注目される点が存在する。たとえばこの時硫黄を煎熟して貢することが願われている。右の咨文と同じ日付をもつ、礼部・布政司・都指揮司あての咨文によれば、進貢物の一つである硫黄は、これまで夾雑物を除去せずに生黄として貢されていた(89)。これについてこの年の五月、福建都指揮司より煎煉すると銷耗量は過多におよび、往年の貢額に満たないとの指摘があったため、琉球側では自ら煎煉し、前年の不足高七五一〇斤を補貢した(90)。これらは二船に分載されており、遣船を増派する一つの大儀名分となったことが理解できよう。

ついで蔡堅らは、先の王銀詐取事件の関係者の処分と、王銀の取り立てを請う使命をも帯びていた(91)。この頃島津氏による事件の当事者であった渡唐役人たちに対する糺問がすすめられ、国王はじめ王府要路も背信を疑われていたから、この一件では蔡堅らにかけられた期待が大きかったものと思われる。やはり十月二十日付の尚豊より礼部・福建布政司宛てと、三司官より福建府知府あての咨文[92]の外に、さらに王銀詐取の犯人にその返還を求める諭書[93]まで起草されているのは、琉球王府の切迫した事情をものがたっていよう。

なおその後琉球側では喜友名親方（蔡堅）を事情調査のために中国に派遣し、その結果について琉球巡回中の伊東二右衛門あてに差し出し、改めて関係者の処分について打診している。すなわち、一六三九年（寛永十六）五月二十八日付けの勝連親方・金武按司の「覚」[94]は（1）大嶺才府・平川通事両人が本来渡してはならない唐人に過分の銀子を渡し、かつ取引の駆け引きに長けていなかったことが蔡堅らの注進によって判明し、またこのたび帰朝の役者衆よりも同様の報告があるので、両人については見懲らしのため、帰国次第死罪申し付ける、（2）中城は大嶺・平川の監督にあたるべき「主取」であったにもかかわらず、「大方」につき、重罪を申し付ける、（3）一六三六（寛永十三）派遣の安里才府・末吉大筆者らは、今度帰朝につき、伊東二右衛門尉・平田狩野介両氏の下向の時申上げたように、安里は闕所、粟島（粟国島か）への遠島、末吉は家屋敷召し上げ、寺領とする、ことなどをあらためて上申している。いっぽう藩家老衆は同年十一月一日付でこれを了承する旨の返答を勝連・金武あてに示しており、この段階で王銀詐取事件関連者の処分は確定することになったといえよう。

むすび

検討してきたように、島津氏は一六三〇年（寛永七）、藩財政再建の一環として琉球貿易を取り込む方針を立て、まず尚豊王冊封のための冠船渡来に際して展開される使節一行との貿易に対する参入を企図した。それは琉球側の利を排除するというハードなかたちではなく、主貿易品である生糸の積み登せ入費の島津負担、冊封使渡来年に限っての二匁出銀の軽減、奄美五島の琉球国復帰を認めるなど、琉球国に対する一定度の譲歩の上に押し進められた。そこには冠船貿易を成功させることによって明商船の渡来を刺激しようとする島津氏のもくろみが存在していた。

しかし、基本的に資金にこと欠いていた島津氏側では、単に上方のみならず、領内の家臣団・町人に加えて、七島衆と呼ばれる商人集団、琉球王府の重臣、そして新蔵入地徳之島の在地の神職者・地役人にまでこれを求め、冠船貿易を成功させようとはかったのであった。

同時に、島津氏は進貢貿易の拡大伸長をも企図した。すなわち、投資枠を一〇〇〇貫目とする方針を立て、明への派遣船隻数の増枠、渡海度数の加増、船間の増幅を琉球国に求めるとともに、渡唐入費についての取り決めを行うなどの、琉球貿易の管理運営体制への介入を深めていったのである。

しかし、島津氏の琉球進貢貿易への参入はただちに期待通りの成果をもたらしたのではなかった。一〇〇〇貫目という高額の投銀を行いながら、琉球側がもたらした生糸は粗悪品で、水濡れや鉛などの異物の混入による斤目の偽りがみられ、京都市場での評価は芳しくなく、当初から前途多難な出発となった。そしてその企図するところに決定的打撃を与えたのは一六三四年、三六年派遣船の二次にわたる王銀詐取事件であった。多額の藩御物銀を生糸の誂え銀として前渡ししたまま回収できなくなったこれらの事件には、貿易運営上内包される矛盾がいみじくも露呈されていた。島津氏は、「買物主取」による隠投銀の存在、買物糸の水濡れや異物の流入対策の怠り、商品の現銀取り替え制および与組織による買い入れ制の放棄など、琉球渡唐役人らの違背行為をあげて琉球王府にその厳酷な処分を打ち出させていたことはすでにみた通りである。

こうした事実がすべて渡唐役人の意図的な行為であったかどうかはなお今後検討を要する問題であるが、少なくとも伝統的な信用取引を機軸とした進貢貿易のシステムの中に事件発生の芽が孕まれていたことは否定できないであろう。交易の主体は琉球であり、具体的に市場における商品購入の裁量権が渡唐役人に帰属していて、しかも中国の伝統的な市場構造に介入できないかぎり、こうしたリスクは避けられるべくもなかった。したがって島津氏が進貢貿易のシステムの改編を要求する限り、琉球側との矛盾もまた基本的に避けられるべくもなかったといえよう。

そして島津氏の参入によってさまざまな矛盾を露呈した琉球進貢貿易は、また王銀詐取事件を契機に、生糸輸入の禁止というかつてない危機に直面することになった。琉球側には輸税による生糸購入の維持をはかる途も模索されたが、以下その後の事態の展開については別の章で論じたい。

注

(1)「御令條寫」(小葉田淳「近世初期の琉明関係—征縄役後に於ける—」所引)。

(2)(3) 小葉田右同論文。

(4) 一九六頁。

(5) 川上とともに、中馬吉兵衛・家村与市郎・藤井助左衛門・長倉弥右衛門のほか、医師祐玄、町人塩津千太夫らが在番衆として琉球に渡海している(「旧記雑録後編」巻八三、五、四六三号)。

(6)(7) 右同巻八二、五、三九六号。

(8) 右同巻八二、五、三九五号。

(9) 右同巻八二、五、三八三号。

(10)『南聘紀考』巻之下、寛永八年辛未条。

(11)「旧記雑録後編」巻八三、五、四六〇号。

(12)『南聘紀考』巻之下、寛永九年壬申条。

(13)(14)「旧記雑録後編」巻八四、五、五〇七号。

(15) 右同巻八三、五、四六六号。

(16) 右同巻八四、五、五〇五号。
(17)(18)(19)(20) 右同巻八四、五、五二一号。
(21) 現内城か。
(22) 「旧記雑録後編」巻八四、五、五二六号。
(23) 「琉球国之儀者従此方之御格護無其隠候間、右之勅使へ可被成御音信由、被仰出候条」と川上左近・喜入摂津守宛に述べている（右同巻八四、五、五二六号）。
(24) 右同巻八五、五、五六〇号。
(25) 右同巻八五、五、五六三号。
(26) 右同巻八五、五、五六四号。
(27) 『歴代宝案訳注本』第一冊、一―一九―〇六号。
(28) 右同第一冊、一―〇八―〇四号、一―〇八―〇六号。
(29) 右同第一冊、一―一九―〇九号。
(30) 「旧記雑録後編」巻八五、五、五七七号。
(31) 右同巻八六、五、六三八号。「糸の内ニなまり入たるかな御座候を、京ニて糸買候衆見出候而、琉球口之糸之中ニ者、なまり過分ニ入候、色々手くらふ有之由、事々敷申ふらし、直成をさけ可申と仕候故、右近殿・城介殿迷惑させられ候由被申下候、曾左様ニ無之様ニ、糸買衆へ稠可被仰渡事」とある。
(32) 『歴代宝案訳注本』第一冊、一―一九―一二。
(34) 右同一冊、一―一九―一八。
(35) 「旧記雑録後編」巻八六、五、六四一号
(36)(37)(38)(39)(40)(41)(42)(43) 「旧記雑録後編」巻八六、五、六三八号
(44) 『中山世譜』巻八、尚豊王崇禎六年の条。
(45) 『歴代宝案訳注本』第一冊、一―〇八―一六号。
(46) 『中山世譜』巻八、尚豊王崇禎七年の条。

(47)『歴代宝案訳注本』第一冊、一―一三―一一号、一―一九―一三号、一―〇八―一七号。
(48)「旧記雑録後編」巻八七、五、八五二号。
(49)右同巻八七、五、七八三号。
(50)『歴代宝案訳注本』第一冊、一―〇四―〇九号。
(51)右同第一冊、一―二〇―〇一号。
(52)「旧記雑録後編」巻八九、五、九〇〇号。
(53)(54)(55)(56)右同巻八九、五、九一八号。
(57)寛永一四年六月七日付金武朝貞より嶋津弾正大弼宛書状(「旧記雑録後編」巻九一、五、一〇五三号)。
(58)小葉田淳前論文。
(59)上原兼善『鎖国と藩貿易』(八重岳書房、一九八一年)五五―五七頁。
(60)土肥祐子「中琉貿易における王銀詐取事件―『歴代宝案』第一集より」(『史艸』第三五号〈日本女子大学文学部史学科創設五〇周年記念号〉、一九九四年)。
(61)西里喜行「中琉交渉史における土通事と牙行(球商)」(『琉球大学教育学部紀要』第五〇集 第一部・第二部、一九九七年)。
(62)土肥前掲論文。
(63)『歴代宝案訳注本』第一冊、一―二〇―〇三号、一―二〇―〇四号、土肥前掲論文。
(64)右同第一冊、一―二〇―〇四号、一―二〇―〇三号。
(65)右同第一冊、一―二〇―一〇号。
(66)右同第一冊、一―二〇―〇九号。銀高の齟齬については土肥前掲論文参照。
(67)(68)土肥前掲論文。
(69)西里前掲論文。
(70)『中山世譜』附巻一尚豊王崇禎十一年戊寅条。
(71)(72)西里前掲論文。
(73)「旧記雑録後編」巻九五、六、一〇号。

(74)　土肥前掲論文。
(75)(76)「旧記雑録後編」巻九五、六、一〇号。
(77)　右同巻九五、六、九号。
(78)　右同巻一〇一、六、三六七号。
(79)　尚豊王は一六四〇年（寛永一七）に死去、替わって翌年尚賢王が王位についた。
(80)　右同巻九五、六、一三号。
(81)　右同巻六八、四、八六二号。
(82)　一六三三年（崇禎六）琉球本島に冊封使の供応米を運んだ宮古船は、帰帆の中途で風難に遭遇し、海壇地方（現在の平潭県海壇島）に漂着、そこで生存者三九人が遊兵鎮守に救助されて琉球に送り返された（『歴代宝案訳注本』第一冊、一―〇八―一七号）。
(83)(84)『歴代宝案訳注本』第一冊、一―〇八―一七号。
(85)　右同第一冊、一―〇八―一八号。
(86)(87)　右同第一冊、一―〇八―二一号。
(88)　右同第一冊、一―一三―一六号。
(89)(90)　右同第一冊、一―二〇―〇六号、一―二〇―〇八号。
(91)　右同第一冊、一―二〇―一二号、一―二〇―〇九号。
(92)　右同第一冊、一―二〇―一〇号。
(93)　右同第一冊、一―二〇―一二号。
(94)「旧記雑録後編」巻九五、六、一三号。

第一〇章　寛永十二年のキリシタン改め

はじめに

「鎖国」制がキリシタン禁制を重要な内容としていたことは周知の事実である。(1)かつて朝尾直弘は、それが領主権力に対する敵対勢力であった一向一揆の基盤の解体・再編、そして国家意識の補強、国内支配の強化に際して、最大の梃子となったことを指摘した。(2)この点については、これまでいうところの五次にわたる「鎖国」令によって段階的にキリシタン禁制が強化をみ、そして宗門人別帳の登場、寺檀制度の成立などの事実をもって納得してきた感がある。しかし、最近一連の「鎖国」令なるものの性格、およびその諸藩への通達状況について詳細な検討を行った山本博文は、寛永十三年令までの四つの法令は江戸幕府年寄の連署下知状の形で長崎奉行宛に出されているもので、必ずしも全国の大名に伝えられたのではなく、個別条項のみがその都度関連する個別大名に将軍の「上使」としての長崎奉行らによって伝えられたこと、年寄の下知状が伝達されなくても、幕府の方針が西国に貫徹されていったのは、一六三三年（寛永十）を画期とする長崎奉行の権限の拡大のためであったこと、などを明らかにしている。(3)これらの山本の指摘を認めるならば、今後我々に課されている課題は、いわゆる一連の「鎖国」令なるものにとらわれず、幕府が全国的規模で展開した政策内容や、将軍の「上使」としての長崎奉行によって示された幕府年寄の連署下知状の個別条項に対する諸藩の対応、そして島原の乱を契機として打ち出される幕府「鎖国」令の実体化を、諸藩に即して具体的に検証していくことであろう。そうした認識にたつと、見逃し得ない幕府の政策の一つに、一六三四年（寛永十一）五月、榊原職直・神尾元勝の両人が長崎奉行に任じられたのを契機とするキリシタン禁制の強化策がある。

幕府は一六三四年閏七月十八日に九州・中国・四国の諸大名に暇を与え、帰国のうえ伴天連の穿鑿に当たることを命じ(4)、そして、翌三五年には全国的規模でキリシタンの一斉改めを実施するにいたっている。

徳川幕府によるキリシタン禁制史の上で、この一六三五年（寛永十二）が画期をなすことはすでに藤井学や(5)、圭室文雄(6)によって示唆されてはいたが、この点は、諸藩のキリシタン政策を五人組制の形成との関連で検討した煎本増夫(7)によってより明確にされたといってよかろう。ただ、煎本は諸藩におけるキリシタン改めの実態にまで立ち入って検討するまでにはいたっておらず、その後、藩レベルでの具体的な改めの着手状況については今村義孝・吉村豊雄・中村質らの研究によってようやくその輪郭が明らかにされるところとなっている。すなわち、今村は慶長期から寛永期にいたる宗門人別改め政策を、広く東北から九州におよぶ諸藩について検証しながら、三五年における幕府のキリシタン改めの意義を論じ(8)、また吉村は熊本藩について、寛永十二年令の発布から島原の乱を経て寛文・延宝期にいたるまでのキリシタン政策が、藩権力の確立と分かち難く結びついていた事実を明らかにした(9)。いっぽう中村も佐賀藩における寛永十二年令への対応状況を詳細に跡づけ、やはりキリシタン改めを通じて領主支配が領内に貫徹されていったことを指摘した(10)。

その後、これらの研究に続く個別具体的な実証的分析は現れていないが、近年清水紘一がこの寛永十二年令について論及している。清水は諸国におけるキリシタン改めをうけて、翌一六三六年の「鎖国」令に訴人褒賞銀の三倍への引き上げ、南蛮人子孫の追放条項が盛り込まれるようになったこと、改めの過程で大名衆の談合に基づく領主間の法を形成させたこと、キリシタン禁制は三五年に頂点に達し、朝廷から庶民にいたるまで改めを展開して幕藩領主階級結集の一契機となったこと、などを指摘している。[11] この清水の指摘は諸藩の対応の中になお具体的検証を行うべき余地を残している問題ではあるが、三五年のキリシタン改めのもつ意義をほぼ集約しているといってよいと考える。そうした「鎖国」への道程で重要な意味をもつと思われる全国的なキリシタン改めは、「鎖国」制研究のうえに正しく位置づけられるべきであろうし、また啓蒙書・概説書でももっと取り上げられてよいであろう。ここではこうした認識のもとに、寛文期の宗門改め体制が確立する以前のキリシタン改めの実態について、特に薩摩藩、広島藩、佐賀藩、そして琉球国を事例に検討し、あらためてその意義を論じてみたい。

第一節　寛永十一年閏七月十八日令

幕府による宗門改めは、キリスト教禁止を布告した一六一三年（慶長十八）、京都において所司代板倉勝重が宣教師の追放とキリシタンへの改宗を命じ、転びキリシタンについては改宗後の檀那寺の寺請けとするという形で具体化された。この時の宗門改めは、単に京都のような幕府直轄領のみならず、藩領でも行われたことは今村義孝が豊前小倉藩細川忠興領の例を挙げて明らかにしている通りである。[12] 京都の場合は、宗門改めの具体的な実態については明らかではないが、小倉藩では家並みの宗旨改め、転びの者から転び証文、俗請・寺請証文を徴している。ただしそのいずれも家内の人別を列記せず、人数だけを挙げ、家主をもってその家を代表させるなど、完成された形に整っていなかったとされる。[13] また今村によれば、東北諸藩でも一六二三年（元和九）以降、宗門改めが実施をみるなど、諸藩にキリシタン禁令が具体化されている。[14]

こうしたキリシタン迫害の強化は宣教師の潜行をうながし、やがて第一次「鎖国」令に位置づけられた一六三三年（寛永十）二月二十八日令の公布を見、伴天連訴人制、宣教師の大村籠収監、船中検索などが規定されるにいたる。この寛永十年令の主旨にもとづいた宗門改めが、肥前唐津藩寺沢氏領の天草郡高浜村、広島藩浅野氏領の尾道の二つの地方で行われていることが、それぞれ転び証文[15]、家並宗門人別改文書[16]の存在によって確認されている。ただしほかに事例が少ない点からも推し量られるように、寛永十年令はただちに全国的に貫徹されていったのではなかった。その具体化は翌三四年（寛永十一）五月の榊原職直・神尾元勝の両人が長崎奉行に任じられたのを契機とする。

一六三四年閏七月十八日に九州・中国・四国の諸大名に対し、帰国のうえ伴天連の穿鑿に当たることを命じた時、幕府は榊原・神尾両長崎奉行に指揮権をゆだねている[17]。細川忠利が榊原に宛てた書で、「其元（長崎―上原）御せんさくの躰承合、国〻もせんさく仕候へと何も被仰渡候と承及候[18]」と、両長崎奉行の指示のもとに改めを実施するよう幕閣より令達されたことを述べている。

また広島藩では幕令が出されてから一〇日後の閏七月二十八日には、藩主浅野光晟は長崎の榊原職直と神尾内記に対し、「拙者領内たいうす門徒穿鑿仕候、其元御法度之通承申付度存候、以使者申入候、其地御法度之趣御穿鑿之様子具ニ被仰聞候ハ、可忝候[19]」と、具体的なキリシタン改めの方法について問い合わせを行なっている[20]。ここにキリシタン改めについては長崎奉行が全権を掌握していた実態が浮かびあがってこよう。

では長崎の両奉行のもとではどのようなキリシタン改め体制がとられていたのであろうか。平戸について、一六三四年五月二十七日の日付をもつ『平戸町人数改之帳』の存在によって、寺請を踏まえた宗門人別改めが行われたことが判明し[21]、今村はこの平戸の宗門改めに関する情報が熊本藩に伝えられたに相違ないと見ている[22]。しかし、忠利は三四年（寛永十一）閏七月五日付けの榊原宛の書で、「伴天連出候ため、銀をかけ候儀、我等ハはや疾札を立候へと申遣候、銀をかけ候事も同前事候間、尚又其段可申遣候事」[23]と述べており、長崎で執行されていた訴人制度をいち早く採用したことを伝えている。熊本藩がこうした長崎で実施されていた制度を取り入れつつ、さらに独自の改め方法を模索していた様子は次の同年八月二十日付島津家老伊勢貞昌あての忠利書状からも知られる。[24]

一其元伴天連之改如何御沙汰候哉、我等も長崎も様躰尋ニ遣候處、別成様子も無之様ニ申来候、先伴天連之儀ハ成程相尋、或金銀をかけ、訴人を出させ申候様成儀迄ニ候、又きりしたん有之故伴天連もはいり候間、弥相改書物をさせ、寺参なと弥申付、猶も不審成者ニハ天道の形とて、でうすの形を御影ニ書申候を踏せ候へハ、本切したんハ踏不申由ニ候、又左ち切したん多く在所ハ、當りの山を狩らせ候へと申付候、其子細ハ、長崎ニても山にてとらへ申候事多候由申候、又小舟ニ乗所不定浦〻ニ著候て居申候由候、此改之時分ハふしき成者我等国を通候へハ、切したんにて無之との書物をさせ、無左候へハ宿をかし不申候、其上も不審成者候へハ、つかまへ、先へ尋可申と申事候、六ヶ敷せんさく此上無之候、其元如何替様子も於有之者承度候事

すなわち、忠利は長崎に改め出し様について尋ねたところ、別に変わった手続きもないことなので、訴人制度を取り入れたこと、きりしたんが存在するゆえに伴天連が入り込んで来るので「書物」を徴し、寺参りなど厳しく申し付け、なおも不審なる者には踏み絵を実施したこと、またほかに山狩りを実施したこと、領内通行の者へはキリシタンでないことを記した「書物」を取り、不審なる者は捕縛のうえ、在所へ尋ねていることなどを述べている。「六ヶ敷せんさく此上無之候」[25]と、いささか辟易の様子を示しながらも、忠利が幕府のきりしたん改め令に真摯に取り組んでいる様がうかがえる。

この榊原ら長崎奉行のキリシタン改め強化をうけるかたちで、京都市中においてもその取り締まりが強化された。[26]一六三四年（寛永十一）十月六日付の、京都所司代板倉重宗の京都市中に対する取り締まり令は「伴天連宗並門徒之

者長崎にて依二御穿鑿一、方々ニかくれ居候由申候間、不審成者候ハ、可申来候」[27]と、長崎における取り締まり強化の後、門徒たちが方々へ潜伏していることを指摘してその摘発を奨励している。この取り締まり令は、旦那寺より「宗旨一札」を取置くこととし、にわかの旦那依頼にも気を配って厳格な対処を行なっていること、宗旨の明らかでない牢人の抱え置きを禁止していること、そして妻子持ち伴天連門徒の存在を指摘して注意を喚起していることなどの点において[28]、以後の宗門改めの基本的な実施要領ともいうべき性格を示しているといえる。

ほかにこの年、臼杵稲葉領においてもキリシタン改めが実施され、転びの者には踏み絵が踏まされている。[29]この臼杵藩の対応も、キリシタン改め令を受けた稲葉氏が帰国のうえで実施した可能性が高い。

第二節　寛永十二年九月七日令

このように、一六三四年（寛永十一）閏七月十八日の幕令が伝えられて以後、九州・中国・四国においてはキリシタン改めが実施されているが、諸藩では長崎におけるキリシタン改め体制にならいつつ、藩領の事情に応じて独自の方法で臨んでいたものと思われる。だがしかし、翌三五年、幕府のキリシタン禁制策のうえでさらに大きな転機がおとずれる。すなわちこの年八月二十八日、江戸城において諸大名にキリシタン改めの強化を促す上意が伝えられている。[30]そしてさらにその後、諸大名の合意のもとに、十一月一日から十二月十五日に限定して全国一斉にキリシタン改めを実施することが取り決められた。[31]すなわち、キリシタン宗旨が以前より制禁であるにもかかわらず、今に断絶していないとして、領内百姓はもちろん、家中の面々への宗旨改めを行うこととなったのである。この件に関する上意は譜代衆・物頭に対しては九月六日、江戸城白書院において申し伝えられ[32]、諸大名に対しては翌九月七日付で老中

奉書のかたちをとって通達されている。(33)

これまでの研究によると、その具体的な提案を行なったのは熊本藩主細川忠利であったことが判明しているが、(34)幕閣が忠利の具申を受け容れ、期間を限定して一斉改めの体制をとったのは、これまでの局地的な取締まりでは「伴天連」・キリシタンの潜伏に対応できないことを認識したからである。(35)

幕令の通達後、年寄という幕府要職にあった小浜藩藩主酒井忠勝が即座に自領にキリシタン改めを実施していることは、つとに注目されてきたが、(36)村井早苗によれば、尾張藩にも一六三五年九月十日付で「伴天連きりしたん御改之儀に付奉書」がもたらされている。これを受けて、同藩では九月二十三日に家臣を城内に集め、キリシタンの訴人を奨励、名護屋町中にその旨を記した制札を立てた。そして十月には藩士にキリシタン摘発のために領内を巡見させている。(37)ほかに伊勢津藩でも幕令を受けてただちにキリシタン改めに着手した形跡があり、(38)また佐賀藩でも、九月二十日には国元に幕令の主旨を伝えているところをみると、(39)畿内・近国以外の諸藩においても、この頃には国元へ向けて指令が発せられたものと思われる。

小浜藩では「村々五人組を申付、堅連判之手形を可申付候事」として、五人組の編成のもとにキリシタン改めがなされたこと、また「きりしたんの宗旨ニ而無之證據ニは、何も頼候寺かた可有之候間、寺之坊主ニ堅手形を仕らせ可申候事」とあることで、寺請制度が採用されたことなどが指摘されてきた。(40)その点は重要な事実として認めたいが、ここで注目しておきたいのはむしろ次の一つ書きである。(41)

一伴天連きりしたん之宗旨改様之儀、京大坂、堺諸国ニ而之改ニ候間、近日小堀遠江殿小野惣左衛門殿被罷上候間、是ニ申遣京大坂改様之書付御両人を頼其元へ書被越候様ニと申遣候間、其書付之通ニ相改可申候、又跡爰元之様子をも委書付遣し可申候、以上すなわち、述べるところの大意は、キリシタン宗旨の改めは京・大坂・堺にも実施されており、その改め様の書付を近日中に罷上る予定の小堀政一・小野惣左衛門に託するので、その書付の通りに改めを実施するように、というのである。小堀は伏見奉行で近江国浅井郡小室城主、小野は大津代官、その両人がともに畿内ならびに近江の巡見へ向かうにあたって、酒井は国元への書状を託したのであるが(42)、酒井氏の小浜領内においては京・大坂・堺での改め方式が一つの基準として採用されたとするならば、これら諸都市における以後のキリシタン改めの展開が見逃せないところとなる。

京都については一六三五年九月七日の日付が付された「就幾利支丹御改一札之事」という転宗起請文が作成されている。おそらく転びの者たちから徴されていくことになったと思われるこの起請文の末尾は「伴天連并吉利支丹宗旨、従レ此以前御制禁候得共、于レ今断絶無之様ニ被二聞召一候、依レ之御法度被二仰付一候間、領分能々穿鑿候而、自然右之宗門於レ有レ之者、捕置可二申上一候、以上　寛永十二年亥九月七日(43)」となっていて、文言は先の白書院における年寄中の申し渡しと一致し、日付も大名衆に対して改め令が布達されたそれと一致している。この転宗起請文も、以後の改め実施にあたって雛形として諸大名の藩領で採用されていったことが考えられる。

九月七日令の発布にともなって打ち出されたキリシタン改め策は、これまでのような地域限定的なものではなく、全国規模で、しかも同時的に展開されることになった点に特筆すべき点があったが、しかしその実施方法等についてまでは、諸大名間で確認されていた訳ではなかったものと見られるのである。この点については広島藩の場合からうかがえる。たとえば広島藩主浅野光晟は細川忠利に次のような書を宛てている(44)。

一、於諸国半天連之改堅可申付候旨、又先日被仰出候、就其何も大名衆申合、当十一月ゟ国々一度ニ申付可相改と相談仕候、先年ゟ念を入申付候処ニ、只今加様ニ被仰出候上ハ、何とそ仕最前申付候ゟ様子も替候様ニ申付度存候、何も左様ニ被申事候、然ニ付而先一両人申合、此度可申付かと覚書仕候、為御披見進候、此内不入儀も多可有御座候、其元ニても定而御仕置可被仰付候、替儀も御座候ハヽ、承合申付度存候、被仰聞候者可参候、云々

九月十七日

松平越中守様

すなわち、先年より入念にキリシタン改めを実施してきた光晟は、このように新たに十一月の一斉改めが仰せ出された上は改め方法を変えたいと思い、心覚えを作成して忠利のもとに送り、細川領でも従来と変わることがあれば、承りたいとしているのである。光晟は単に忠利のみならず、名古屋藩の家老成瀬隼人正にも同様の内容の書を送り、情報の入手に務めている(45)。幕府はただ一斉改めを令しただけで、やはりその実施要領については明確な指示は与えるまでにはいたっていなかったことは明らかである。

そのような状況であったから、諸藩では、隣接する藩に往来する商人や旅人に対する改めを含めて具体的な実施方法について同様な問い合わせを行い、合意を確立していくほかなかった。たとえば久留米藩主有馬豊氏は、一六三五年九月二十六日付で次のような書を島津氏に送っている(46)。

貴札忝致拝見候、仍伴天連門徒之儀、重而就被　仰出、十一月朔日より極月中旬迄、日本国同時ニ御改可被成旨、各被仰合之由、最ニ存候、如仰、拙者知行所御鄰国之事ニ候間、如何様ニも任御意ニ可申付候、右之通内々被仰遣旨、得其意奉存候、（以下略）

書き出しからすると、これは島津氏の来信を受けてのものであることがわかる。その内容は重ねてのキリシタン穿鑿令を受けて、いよいよ十一月朔日より極月中旬までひと月半の期間で一斉に行われるにいたったことに関してであ

った。書状が有馬氏宛に送られたのは、島津領と隣接し、それぞれ相互に人の往来があったためで、右の返信の内容からすると、それら旅人に対する改め方針について、島津側から了解が求められたのであろう。「如何様ニも任御意ニ可申付候」と豊氏はこれを受け容れているのである。こうした隣藩との連携は幕府の意向を受けての対応であったとみてよいであろう。キリシタン穿鑿令を出したのは後の史料から明らかになるように長崎奉行であり、両奉行はそれを諸大名に発令するにあたって、相互の協力関係についても細かい指示を与えていたものと思われる。

さて、それでは長崎奉行の令達を受けた大名はどのような対応をしたのか、島津氏について見てみよう。藩江戸家老の伊勢貞昌・島津久元が国家老らに宛てた一六三五年九月二十七日の書状は、領内におけるキリシタン改めを実施するにあたって次のような詳細な指示を与えている(47)。

以上

急度令啓候、然者先日黒葛原治部大輔〔右衛〕方を以被仰遣候南蛮宗改之儀、日本国被仰合候而之儀ニ候条、大形ニ御座候而者、いつれの国之改やう大かたニ候なとと、御沙汰ニ可成候、右ニ細々如申候、十一月朔日より極月中旬比迄、日本国同前ニ被改、其内ニ他国之者入来候ハヽ、何之国之者と能々被糺付、其國ニ而居所之名其者之名を被記付、其国々之家老衆迄、其元より早々以書状、ケ様ニ申者御存知之儀ニ候哉と、被相理尤候、左様之儀緩ニ無御座様ニ、談合可肝要之由御意候、最前如被仰遣候、此前も稠被改候［得者］〔◎ヘハ〕、船ニ取乗、方々旅舟之様ニ候而、爰かしこニ繫居候つる由候間、今度改中、何れの津浦へも旅舟相繫候ハヽ、其所より早々出合陸へ呼上候て、其舟不出候而能々被問付、如右之國所之名を被記付、其の所〱へ可被相理儀、不可有御油断候、就中甑之島なと相離たる所ニて、其上如形廣き嶋ニて候間、連々かくれ居候共、不知儀も可有之候、不断旅舟着合候所之由候間、能々入念候様ニと、本田伊賀守殿へ可被仰渡候、はや被罷移候哉、其後とかく相聞得不申候、彼嶋之儀、一向宗殊之外居候由、取沙汰候、定先年御改ニ御沙汰可有之候［得］◎へ共、伊賀守殿へ被仰、弥其沙汰候様ニ御座候而肝要ニ候、出水之内諸所、舟之着候所、屋久・永良部・七嶋なとへ、念を入させられへく候、種子島之儀者、他宗を被禁候儀ニ候間、別儀有間敷候哉、雖不申及候、惣別御家中方〻之津浦へ、目付衆をも可被付置候哉、不可有御油断候、恐惶謹言

（以下略）

少々長い引用になったが、述べるところを要約すると次のようになる。

(1)先日黒葛原治部をもって仰せ遣わした南蛮宗改めの儀については、日本国全体で申し合わせてのことである。大形にしてはいずれの国の改め方はいい加減であるなどと沙汰される。

(2)十一月一日より十二月中旬まで日本国で一斉に改めが行われるので、その間に他国の者が入国してきた場合は国名・名前・居所を記し、その国々の家老衆まで書状をもって問い合わせること。

(3)これ以前の厳しい穿鑿によって、(キリシタンが)船に取り乗って方々に旅船のように装ってここかしこに繋船している由である。今度の改め中、旅船の繋留があれば、乗員を陸へあげ、出船させず、国・所名を書き付けてその所に問い合わせること。

(4)特に甑之島は遠所である上に不断に旅船が着岸する所の由なので、よくよく念を入れるように、地頭の本田伊賀守へ仰せ渡しのこと。

(5)出水の着船所、屋久島・永良部島・七島などへも念を入れさせるべきこと。すなわち、島津氏も、この度のキリシタン改めが手抜きのできない重要な国策として認識し、他国船の入津の際、領国・居所の問い合わせを含む周到な改めの実施、特に唐船をはじめ、異国船の寄港地となる甑島や屋久島、永良部

島、七島など諸島に対する入念な穿鑿を促しているのである。

こうして九月七日令の発布を受けて、諸藩では領内におけるキリシタン改めに取り組みはじめた様子が理解できるが、幕府は一六三五年十月に入ると、さらにその徹底を促して、諸藩の注意を喚起しているふしがみえる。まず広島藩の「玄徳公済美録」には次のようにある。(48)

十月十日諸国吉利支丹宗門改之儀、弥堅く可被仰付旨、尚又公儀より被仰出候付、御領分御改之儀、津川権兵衛某を以御国へ被仰下、同廿五日権兵衛儀御国到着ニ付、御家中下々町中共夫々御改有之、周防・備後・御領境、其外郡々江ハ夫々奉行被差出、御改有之十二月廿日迄ニ悉く御改相済、御領分中右門徒壱人も無之

すなわち、十月十日に幕府より再度キリシタン改めの徹底令が出されたのを受けて、広島藩主浅野氏は津川権兵衛を帰国させて幕令の趣旨を伝えしめ、十二月二十日までには改め作業を完了させている。

いっぽう『柳営秘鑑』の「寛永十二年乙亥十月、切支丹宗門無之方、起請文案文を以　被仰出」という記事によれば、十月にあらたに拠るべき起請文案が示されたことがわかる。(49)加えてやはり十月のことであるが、京都所司代板倉重宗によって「吉利支丹ころび申しゅらめんとの事」という南蛮誓詞の雛形が示され、禁裏・仙洞・女院・内衆・公家門跡内衆から町人・百姓・召仕いにいたるまで、それを徴することが定められている。(50)すなわち、京都においては、キリシタン改めの手が禁中にまで及んでいるのである。法金剛院庄屋・百姓中に示されたそれは三ケ条にわたる起請内容をあげ、「右三ケ条はころひ候きりしたんに書せ取り可申候」としたのち、続けて「奥二ヶ条は惣様之百姓共并召仕之者迄書せ庄屋所に請取可申者也」と記しているが、(51)後の二箇条を前書きとして、宗旨人別帳の先駆的形態ともいうべき冊子も作成されていることが明らかにされている。(52)

細川氏の場合も一六三五年十月に入って改めを実施し、いわゆる南蛮誓詞と日本誓詞を複合した形の誓詞を取って

おり[53]、また天領木曽奉行所支配領、仙台藩でも十月にそれぞれ寺請状、寺請切手が徴されたことが判明している[54]。寺請制が波及していった様子がうかがえるが、最後に、島津氏がキリシタン取り締まり体制の整備へ向けてあらたな動きを示すのが十月であるのも注目したい。島津藩家老中は、十月十七日付けで連名をもって次のような通達を都之城家老中へ宛てている[55]。

従長崎半天連相定（走カ―上原）候ニ付、稠可相改之旨被仰下候、當国者、惣別手札を取往還可仕様申付候、請所之人衆、男女當歳子ゟ百歳迄不残木札を紀、鹿児嶋江所之衆壱人、庄屋相添持参候而焼印判を押、自由可相逢候、（以下略）

すなわち、長崎奉行衆よりキリシタン改めの徹底を促された島津氏は領内の往還を手札をもって行うこととし、当歳児から一〇〇歳の者まで残らず木札を作成して鹿児島表へ持参、焼き印を押し、割符の形式をとるという方法に踏み切ったのであった。省略部分の後に続く条目を見ると、それは具体的には、「地下人」・「衆中」・「旅人」・「浮世人」（浪人）・「居付之旅人」・「居付之乞食」・「せいらい」（生癩）について、それぞれ一札を作成し、そのうち「地下人」・「衆中」・「浮世人」・「居付之旅人」・「居付之乞食」についてはそれぞれ木札を作成することとなっている。そしてこの令達を受けた噯衆は、「我々噯人改被仰付候、一人茂隠不申候、後日跡さらへの御衆被記出候ハヽ、至我々、いかやうにも曲事之旨可被仰付候」との「書物」まで徴されており、「跡さらへ」という点検作業がとられた点も見逃しえないところである。この期のキリシタン改めが、これまでのそれと大きく異なって、いかにその徹底が期されたかを示すものといえよう。

ついで次の史料は、やはり同藩のある特定の郡域に示された史料である[56]。

一①旅人を相改、別帳ニ可被付記候、左候而旅人へハ生国并当時之居所、年比・宗躰細々書物をさせ、帳ニ相添此方江可被差上事、

一②新唐人・居付之唐人、別帳ニ相付可被差出事、付此節に唐人他国へ差上出間敷㕝、
一③衆中男女、おやこ五人与を定、与中旅人不罷居由、書物させられ、可被差出事、
一④町在郷右同前事、
一⑤所中之者何も不残手札を被下、手札不持者ハ相改可被出候、札者従高城可出事、
一⑥旅人へ者札不出、被召置次第無紛者江ハ札可被下事、
一⑦来月朔日より、日本国中一同ニ貴理師旦宗改可有之事、付きりしたん宗自他国可走来候間、尋究留置候而、此方江可被為申事、

以上

寛永十二年十月廿一日

この文書は宛所が明確ではないが、⑤に「札者従高城可出事」と記載されていることが手がかりとなる。高城郷は日向国北諸県郡に属し、一六一四年（慶長十九）に北郷氏（都城島津家）より上知されて直轄地となっていた所で、同郷の有水村に地頭仮屋があり、田尾仮屋と呼ばれた。『日向地誌』[57]には慶長の頃より鹿児島藩主島津氏が地頭をここに置いて、高城・山ノ口・勝岡・高原・高崎・野尻の北諸県六郷を管轄せしめたとある。右の布達はここではこの六ヶ郷に出されたものと考えておきたい。

さて、まず同史料は旅人に関する規定で始まっている。①では旅人は別帳仕立てで書き出し、それぞれ生国・当時の居所・年齢・宗躰を記した書物を帳面に添えて差し出すこととされている。旅人に関する帳面とは、先に見た十月十七日付都城家老中宛の文書に「旅人行脚帳」なるものの作成を命じているから、それを指すのであろう。②は唐人について で、「新唐人」「居付之唐人」をそれぞれ別帳に付けて差し出すこと、唐人を他国へ差し出すことの禁止を定

めている。[58]「新唐人」と「居付之唐人」がいつの時期をもってそのような呼称の区分がなされているのか、ここでは明らかではないが、唐人たちについても人別帳が作成され、しかもその領内への緊縛化が指示されている点が注目されてよいであろう。

③④は衆中をはじめ町・在郷に対する五人組編成の指示で、五人組制度の整備がキリシタン改めを契機としていることが知りえよう。[59]⑤は所中の者へ残らず手札を発行することを明らかにしたもので、手札を持たない者については、あらためて高城より発行することとしており、手札制度に遺漏のないことが期されていることを知りうる。⑥は原則として旅人に手札は発行しないこととし、ただし領内召し置きの理由が明らかな者に限って手札を発行するというものである。そして最後の⑦は翌月の一日から日本国中一斉に開始されるキリシタン改めにともない、他国より走り来たる者があった場合穿鑿し、その報告を怠りなきように、との指示である。

以上の史料を検討してみると、薩摩藩においては、幕令に則して一六三五年十月以降キリシタン改めを体制を周到なかたちで整えつつあったことが判明するであろう。それでは同藩では十一月一日から開始されることになった一斉改めにどのような方針でもって臨んだのであろうか、以下さらにみていくことにしよう。

第三節　全国一斉改め令と諸藩

1　薩摩藩の場合

キリシタン改めに着手した一六三五年（寛永十二）十一月一日の日付をもつ次の史料は、衆中・浮世人・唐人の改めに関するものである（60）。

一① 士衆之女房子并下女誓紙入間敷候、人数改帳ニ者堅固ニ可被付記㕝、

一② 男子者拾歳より拾五歳迄者、誓紙ニゆひかたを仕、拾六歳より上ハ血判たるへく候、拾歳より以下者、判入間敷事、

一③ 他所の衆中何所へ居住仕候ハ、本所之地頭嗳衆より、きりしたん宗ニ而無之由、以曳付手札可被出事、地頭嗳衆之引付、於不出者、其所之住人ニ可罷成、きりしたん宗にて無之もの、書物を取置手札可被出事、

一④ 他所江居候人之［披《被》］官、きりしたん宗ニ而無之候を、主人之成付而、何かしの［披《被》］官と札ニ書付、手札可被出候、証文於有之者、向後者其所之住人ニ罷成、主人の手を可離由、書物取置手札可被出事、

一⑤ 浮世人者其時に相付、うき世人と札書付、手札可被出事、

一⑥ 町に居候うき世人者、部當より書物を取、町之うき世人者、札ニ書付可被出事、

一⑦ 唐人奉行新納加賀守殿・頴娃長左衛門殿にて候間、唐人帳右両人江可有首尾事、

一⑧ 改衆へ、其所中者、送夫馬・野菜・草・薪・其所ゝより可出候、高百斛より下ゝ改衆へ者、賄夫壱人ツヽ、其所より可被給事、

一⑨ 改衆無狼藉様ニ可被相嗜候、細ゝ岩（ママ）賃入間敷事、

右上條ゝ聊違變有間敷者也、

寛永十二年霜月一日

左衛門佐　印判

民部少輔

出雲守
弾正大弼　印判

まず史料の①は士衆の女房・子供、下女の誓紙は基本的には要しないが、人数改帳には明記すべきこととする指示である。文言からする限り、士衆よりは逆にキリシタンに入信しない旨の誓紙をとったことがうかがわれるが、この点については②の条項にあらためて明記されていることからわかる。すなわち、誓紙は男子は一〇歳より一五歳までは「ゆひかた」(指形)、一六歳以上は血判、一〇歳以下については無判としている。③は所衆中の居所がえを行っていた場合の処置で、居所がえをした者は本所の地頭曖衆よりキリシタンでない旨の引(曳)付をもって手札を出し、もしも地頭・曖衆が引付を出さない場合は、新たな居所の住人に成し置き、キリシタンでない場合はそこで誓紙を取り置いて手札を出すべきだというのである。④は他所へ居住している者の被官について定めたもので、それらについては何某の被官と手札に書き付け、手札を発行、ただし、年季明けの証文のある者についてはその所の住人とし、主人の手を離れた旨の書物を取ったうえで手札を発行することとしている。以下浮世人についての定めが続き、浮世人は「うき世人」と手札に書き付け(⑤)、町居住のそれらについては町部當より書物を取り、「町之うき世人」と手札に書き付けるよう指示している(⑥)。⑦によれば「唐人帳」は唐人奉行新納加賀守・頴娃長左衛門の両人の所管するところであったことが明らかである。そのほか末尾の二条は改めにあたっての村々の入用・人夫役の負担、改衆の心得などに関するもので、それぞれ改衆のための送り人馬・野菜・飼草・薪はその所々より出し、高一〇〇石以下の改衆へはその所より賄夫一人づつ給すること(⑧)、改衆は狼藉なきよう心がけるべきこと(⑨)、などが定められている。

この定をこれまでの一連の史料と合わせて見てくると、島津領内では衆中・百姓はもちろん、旅人・唐人にいたるまで人別改めが一定の手続きのもとに断行されたことが明確になってくるが、さらにその改め体制の周到さをうかがわせる事実が存在する。次の二つの史料はキリシタン改めを実施するにあたって隣藩とのやり取りを伝える書状である。

A(61)

以上

十月廿七日次飛脚之貴札、今二日午之刻ニ参着、致拝見候、きりしたん御改之内、従御領内往来之奉公人・町人之儀者、貴殿様御印判御持せ可被成之由、奉得其意候、将又百姓之儀者、其むより〳〵之衆、以手形可被成御通之由ニて、別紙ニ六人之御名字書付之通、此方境目之者共ニ具ニ可申付候、従爰許茂先日様子以継飛札得御意候、定而相届可申と奉存候、恐惶謹言

「朱カキ」
「寛永十二年」十一月二日

林田図書助　重正〇(花押)[判]

堀齋助　純(俊カ)□〇(花押)[判]

西監物　純政〇(花押)[判]

嶋津弾正様
貴報

B(62)

已上

態用飛札候、きりしたん御改ニ付、往来之儀志布志表ニ互ニ申談候、此方領内清武表之儀候、御領分高岡表と申

談度候、左様ニ御座候者、清武与ハ平邊長右衛門・田中四郎左衛門、此両人印判ニて、奉公人・町人・百姓以下迄往来申付度候、高岡表江右之通被仰付候に、此方之儀も可申付候、御報可被示下候、恐惶謹言、

「朱カキ」
「寛永十二年」

十一月十七日

肥田木主人佑〇（花押）
重昌［判］
川崎大学助　〇（花押）
祐宣［判］
壱岐右近将監〇（花押）
幸光［判］

島津弾正様
人々御中

史料Aの林田図書助重正・堀斎助純俊・西監物純政連署状が島津氏隣藩の中でもいずれの藩から発信されたものであるのか手がかりが少ない。しかし当時の延岡藩有馬氏家老衆として林田図書助・堀斎宮助の名が見えるから、(63) 同藩からの書状とみて間違いあるまい。同藩は飛び地の宮崎郡で島津氏の日向領と接していた。

さて、まず同史料を見ると、冒頭から知られるように、島津家家老島津弾正より一六三五年十月二十七日付で、延岡藩宛に書状が送られ、キリシタン改めが行われている間、島津領内より有馬領内への往来の奉公人・町人は、島津氏の印判（手形）を持たせること、百姓については六人の「むより〱之衆」による手形を携行させることを通知していることがわかる。そしてこれを受けた有馬氏側では、同領の境目をあずかる者共にそのことを申し付けたこと、

有馬領の改めの様子についても先日飛札をもって申し送ったことなどを述べている。

史料Bは「此方領内清武表之儀候」としていることから明らかなように、那珂郡清武を領していた飫肥藩家老衆よりの書状である。やはり島津弾正よりの書を受けての返書ではないかと思われるが、その内容は有馬領へ遣わされた書状と同内容と思われるのに対して、両藩領が接する薩摩藩の交通の要所志布志表や高岡表と相談をし、その結果、飫肥藩領の清武よりは平邊長右衛門・田中四郎左衛門両人の印判で奉公人・町人・百姓以下まで往来を申し付けたい、というものである。

次にいま一つ他の鄰藩より薩摩藩に送られた返書を見てみよう。(64)

以上

態被差越御使、御状致拝見候、然者貴理志端宗門、去ル霜月朔日ゟ今月十五日迄、日本国一同之御改被仰付付而、明十五日迄道口・津口番等被仰付、十五日以後者、如前々往来可被仰付之旨、得其意存候、何も隣国承合可申入候、此度御改之儀、江戸へ追付可被仰上之由、尤ニ存候、越中守所へ国中別条も無之段申遣候、尚御使ニ申達候、恐惶謹言

「朱カキ」
「寛永十二年」
極月十四日

長岡監物
是季　○（花押）
［判］

有吉頼母佐
英貴　○（花押）
［判］

嶋津弾正様
御報

この書状は末尾の「越中守所へ国中別条も無之段申遣候」という箇所からわかるように、肥後細川藩の家老衆よりの返書である。文意は、去る十一月一日より十二月十五日まで「日本国一同之御改」めにより、明十五日まで道口・津口番等を置き、十五日以後は前々の如く往来を仰付けられるということについて了解した、そのうちに隣国の様子について聞き合わせたうえ知らせる、この度の改めの結果について、幕府へ届け出るとのこと、尤もである、というものである。

これらの各隣藩からの返書を見る限り、キリシタン改めの実施期間中に限り、それぞれ隣藩よりの往来人については手形発行を申し合わせ、道口・津口番所での改めが周到になされていったことが知りうる。同様に竜造寺氏領内でも往来口を封鎖して厳しくキリシタン改めが行われていた様子は、すでに清水が『平戸オランダ商館長日記』を引用して述べている通りであり、(65)海外のみならず、領国間の出入管理体制が一六三五年のキリシタン改めを通して急速に強化をみていったということができる。(66)

2　広島藩の場合

以上の検討で島津領内におけるキリシタン改めがドラスチックに断行をみたことが明らかになったが、次ぎに広島藩の場合を見てみよう。「玄徳公済美録」には

一、キリシタン改之儀津川権兵衛ニ被仰下ニ付而、町中御代官所へ十月晦日ニ弥申触穿鑿仕由、真柄権太夫岡村弥左エ門申候(67)

十一月二日　　　　浅野摂津守所

とあって、同藩ではキリシタン改めは津川権兵衛を通じて一六三五年（寛永十二）十月三十日に町中代官所へ申し触

れられていることがわかる。島津氏によるキリシタン改め令は高城ほか五ヶ郷宛てが同月二十一日、衆中宛ての触れが十一月一日であったから、ほぼ同じ頃に広島藩においても同様な指令が流されたことになる。そして同藩では具体的には表4のように各郡ごとに奉行を配して改めを実施しているが、さらにそれにあたっては薩摩藩同様に隣藩との連

表4　広島藩における改め状況

対象区域	改め役人	対象区域	改め役人
佐東郡	篠田千介 百々勘八	甲怒郡	松浦新五兵衛
佐西郡	富永新左衛門 黒川八兵衛	御調郡	植田兵左衛門 乗竹三郎左衛門 嶋野八右衛門
安北郡	小畠八右衛門 柘植杢左衛門	奴可郡	仙石九郎右衛門 野間為兵衛
高田郡	由井源太兵衛 三木九太夫 佐野権之助	三上郡	藤養左兵衛 福地庄右衛門
安南郡	青木次左兵衛 関　又左衛門 調子五郎兵衛	世良郡	服部作之丞 松井佐治兵衛 寺西庄之丞
山県郡	谷　喜兵衛 佐々伝十郎 大橋茂左衛門	三谷郡	米田十兵衛 吉理十右衛門
賀茂郡	進藤彦兵衛 大桑清佐衛門 広沢茂右衛門	周防さかひをせ川に	戸嶋八左衛門
豊田郡	木本庄介 竹越善兵衛 佐藤斗之助 丹羽太右衛門	日向殿さかい尾道に	石川源右衛門

出典　「玄徳公済美録」巻6（H・チースリク『芸備キリシタン史料』）67号より作成。

携がはかられている点も注目されるところである。たとえば広島藩家老浅野忠吉（摂津守）・上田重安（主水）は隣藩福山藩（領主水野勝成）の家老中山将監・広田図書あてに次のような書を宛てている(68)。

能令啓達候、今度提宇子門徒御改ニ付而、周防堺へ萩ゟ侍衆出シ置、西国海道筋上下之旅人改通シ候由、萩家老衆ゟ申来、当地ゟも侍出シ置改申候、就夫日向様之御堺目尾道へも侍壱人遣申候、其許御改之様子承度存候、如何可被仰付候哉、如此候

十一月六日

浅　摂津守

上　主水助

中山将監様

広田図書様

これによれば、萩藩より周防境に侍衆を出して西国海道筋を上下する旅人についての改めが行なわれ、これと呼応するかたちで広島藩では藩士を国境まで出している。また福山藩領境の尾道にも藩士一人を配すると同時に、同藩の改めの様子などを伺っている。

広島藩領内において具体的にどのような改め方法がとられていたのか明瞭になる史料はないが、「玄徳公済美録」によれば、家老浅野摂津知行所内の在々・かこ町でのころび門徒に「御かけ」を踏ませ、起請を書かせることなどを行なっている(69)。同藩ではそうした転び門徒のみの踏み絵、起請に重点がおかれたのか、同じ記録には次の様な記事が見える(70)。

十二月二日

浅野摂津守所

一、在々提宇子門徒之起請男女不残書候へハ、銘々たいうす之様候間、如何可有之哉との理り申候へ共、京・大坂・堺のもの不残書候間、書候得と申渡候旨承届候

一、在々提宇子門徒改ニ遣候奉行衆、はやく仕舞候て戻候衆ハ、いつれの国も今月廿日切之御穿鑿ニ候間、廿日迄ハ在郷へ罷越、弥改候へと可申渡候

ここにはキリシタン改めにあたった奉行衆からの問い合わせに対する指示が書留められている。第一条目では在々のキリスト教門徒より起請を取ったところ、すべてキリシタンであったことが判明したために、これをどう処理すべ

きか問い合わせがあったのに対し、京・大坂・堺の者は残らず記載したよしであるとして、同様に書き留めるようにさせたことがわかる。広島藩でも京・大坂・堺の諸都市の改め実施方法に大きな関心をはらっていたことがうかがえよう。ただ、それでもやはり同藩では転び門徒に限って起請文をとるにとどまったのではないかという推測は拭えないのである。

第二条目は興味深い内容を含んでいる。それはキリスト教門徒の改めのために在々に遣わされた奉行衆の内で早々に戻ってきた者には、いずれの国も今月二十日までが改めの期限であることを述べて、それまでは在郷へ出向き、改めに専念するよう指示が与えられたことを伝えている。やはり広島藩でもおざなりな取り組みが幕府に糾弾を受けることを怖れていたのである。ここで改めの実施期限が十二月二十日切りとされているのは、それを十二月半ばとした島津領内と若干のずれがあるものの、ほぼ同時期に実施されたといってよかろう。

3　佐賀藩の場合

次に佐賀藩について検討しよう。同藩藩主鍋島勝茂は、幕府のキリシタン改め令が出されたのを受けて、一六三五年（寛永十二）九月二十日付で国家老多久美作（茂長）宛に送った書状では次のように令達している。[71]

（前略）領中之儀、此方ゟ如申遣候、請取〳〵ニ仕、はてれん・ゆるまん幷きりしたん宗有無之儀、能々念を入、急度相究尤候、自然不念之儀候て、領中ニ一人も有之而、後日相知候へハ、我等不念ニ罷成、迷惑此上不可有儀候條、其心得肝要候、若伴天連・ゆるまん幷きりしたん宗於有之者、家中幷百姓旅人、其外何者ニよらす、則搦取、一人まても、其様子、時々ニ江戸へ注進、不可有油断候、自然此方ゟ請取〳〵ニ申遣候人数之内、差合之仁候ハヽ、もはや無余日儀候條、其元ニて校量次第、誰成共、可被申付候、又請取〳〵の在所、くりかへ候ハて不

表5　佐賀領内のキリシタン改（寛永12年11～12月）

対　象・区　域	究　役　人
親類・家中	神代対馬守
神埼・三根・養父の３群	諫早豊前守
佐賀・杵島・藤津の３群	鍋島左京亮
小城群	鍋島式部
諫早	諫早豊前守
神代	鍋島隼人
深掘	鍋島伊豆守
寺社・山伏①	鍋島舎人・辻五右衛門
豊後知行地	当代官
公儀普請ニ上府ノ者	鍋島市祐
江戸詰・同伴ノ者，満天西七条詰②	勝屋勘兵衛・関将監・鹿江茂左衛門
千栗～七浦海上	鍋島伝兵衛
長崎～諫早海上	鍋島伊織
深掘・神代海上	鍋島七左衛門
伊万里・山代海上	鍋島内蔵助

中村質「鎖国体制と軍役」（藤野保編『佐賀藩の総合研究』本編第一章第五節）より引用。

叶儀候ハヽ、是又相談次第、くり替可申候、委者、於保作左衛門尉可申達候、恐々謹言

九月廿日　信濃守

勝茂（花押）

長門殿

美作殿

進之候

すなわち、担当役人を請け持ち場に張り付け、「伴天連」「ゆるまん」はいうに及ばず、キリスト教徒は家中・百姓・旅人を問わず搦めとって江戸に注進するよう促しているが、ここでも幕府より国中の改めの「不念」を問われることなきよう心得が肝要だとされている点が注目されよう。こうして改め徹底のために、藩役人に請持ち場制をとるように指示されているのは、広島藩の例に照らして、長崎の改め方法が取り入れられたか、あるいは榊原ら長崎奉行らの示唆があったことを思わせる。佐賀藩では領内の陸・海を表5のごとく分けて責任者を置き、家

老多久美作の統括のもとに、領民のみならず、各地出張の武士・供の者を含む全家中、寺社山伏、そして領外の漁商民にいたるまで、改め出しが実施されたのである。(72) そしてまた改め作業が終盤にさしかかっていたと思われる十二月六日付で、勝茂は多久美作宛に次のような指示を与えている。(73)

追而申候、今度きりしたん改候後、跡さらへ可申と存候、然者来年二三月間ニ、越中殿如被申付候、領中百姓町人を一度ニ、きりしたんの道具并札を家内さかさせ可申候、給人にても、大村四兵衛なとのことく、西目ニ在郷仕罷有候小侍ハ、家内さかさせ可申候、前かとニ少も人之不存様ニ、村〻在〻を家分候て書立置、一度ニ申渡可然候、前かと知候へハ、道具札を隠し候故申事ニ候、此返事急度可承候、謹言、

極月六日　　信濃守
　　　　　　勝茂（花押）

多久美作殿
　進之候

すなわち、年明けの二、三月の間に、細川忠利が領内に申し付けているごとく「跡さらへ」を命じ、家捜しのうえ、きりしたん道具・札の有無を確認すること、特に西目在郷の小侍の家捜しを行うべきこと、それは極秘裡に、しかも一斉に執り行うべきことなど、細々とした注意を促している。そしてさらに勝茂は「跡さらへ」を細川氏にならって五日間の短期間に決行すべきこととし、これには特別に江戸より成松新右衛門を大目付として帰国させ、遺漏無きことを期させている。(74)

この「跡さらへ」も、すでにみた島津氏の例を加えると、やはり諸藩に触れられていたと解するのが妥当であろう。かくして佐賀藩では綿密な体制をもってキリシタン改めが実施され、江戸の勝茂は「頭〻ゟ之書物」を見届けた上、改めの模様をまとめて老中に差し出している。(75) 同じ様に、一六三五年（寛永十二）にキリシタン改めを実施した米沢

藩でも、藩主上杉定勝が「穿鑿注文」を上呈しているところからすると、[76]結果報告も当然のことながら義務づけられていたとみてよい。このことについては、先にみたように島津氏と細川氏が書状で確認し合っていたことからもうかがえるところである。この改めを通じて幕府は全国におけるキリシタンの存在状況についてほぼ掌握が可能になったことになる。

そして幕府は諸藩よりの報告にもとづいて存在が明らかになったキリシタンについては、藩を通してその類俗改めと転宗を徹底させたのである。そうした幕府の強固な姿勢は、佐賀藩の高原市左衛門の一件に典型的にあらわれている。三六年二月二日付多久美作宛の勝茂書状に次のような一条が見える。[77]

一、高原市左衛門尉帰依寺近松寺筈之寫、被相越、見届候、旧冬改ニ、市左衛門尉筈不差出ニ付而、有田在所之庄屋散使申出候筈、先日被差越候、万一、市左衛門尉きりしたん宗旨にて候へハ、當分領内ニ罷居儀候條、我等緩ニ可相成と存、其趣、早速御年寄中へ申上召置候、就其、右近松寺ゟ之筈をも御年寄中へ懸御目候ニ、近松寺判形有之直筈、不差越ニ付而、如何候ハん哉と存候へ共、延引候てハ不相成儀候故、寫差出候、為心得申遣候、

高原市左衛門がどういう身分の者かはここからは判然としないが、在所の庄屋より俗請証文が出されている点などからすると、在郷武士、いわゆる小侍身分の者ではないかと思われる。その市左衛門は、キリシタン改めに際して「寺筈」（寺請証文）を差し出さなかった。勝茂は国元へ同人に関する庄屋・散使らの俗請証文と、旦那寺である近松寺よりの寺請証文を要求したが、寺請証文は写に過ぎず、キリシタンの疑いは濃厚であった。改めの緩みを問われることを恐れた勝茂は、やむえず同人の真正の「寺筈」が送付されてくる前に、写の「寺筈」を幕府年寄中に届け出るにおよんだのである。[78]

いっぽう報告を受けた年寄中は、二月二十一日、連判をもって「市左衛門尉儀、公儀御細工仕候共、無用捨相改候様ニ」と指示している。(79)この文言からするかぎり、市左衛門より幕府に対し、何らかの訴えがあったようにとれるが、明瞭ではない。ともあれ、そうした「公儀御細工」に構わず容赦なく糾明するように示達しているのであるから、幕閣の強固な姿勢を感じとることができる。勝茂も国元の多久美作に老中奉書を示し、市左衛門より墨付を取って至急江戸に送るようにし、もし墨付を差し出さないならば、家内改めを行い、キリシタンの証拠があるならば、番を置いて監視にあたること、キリシタンでなくとも、公儀年寄中の仰付けに違背して墨付を差し出さなかった理由を糺して申し越すように、と指示を送っている。(80)キリシタン改めが大名の領内仕置の是非を問う重要な案件となっている点がここではやはり注目してよいであろう。

なお中村質によれば、(81)この寛永十二年（一六三五）の一斉改めは佐賀藩においては次のような点で従来の改めと異なっていたとされる。その第一はすでにみたように検断の対象が家中はいうに及ばず、領民のあらゆる階層にわたっていたこと、第二は従来「転び」だけに必要とされた「寺請」が全国全階層に適用されていったことであり、そして第三は一連のいわゆる「鎖国」令のうち最初の寛永十・十一年令の嘱託銀の条項をふまえてそれが適用されていることである。これについては、先の二月二日付書状に、勝茂が佐留志鳥屋の宿の九右衛門について、「不審成者」と訴え出た十人組の者たちに「訴人同然」の処置をとるように、また同人と養子の契約を破棄して十人組及び大庄屋に訴え出た覚左衛門尉に、褒美として「銀子十枚」をとらせるように指示していることに示めされるものである。(82)

最後に中村は第四として、十人組がキリシタンについて「不審成者」とともに連帯責任を負わされ、さらにこの改めのち上方・長崎に従って十人組が五人組に改編されていることをあげている。やはり二月二日付書状において、勝茂が「於此先ハ、領分一職五人与ニ急度可被申付候、此御地組合之儀も、右之理ニ付而五人与ニ而有之儀候、上方長崎も五人与之由候條、早〻可被申付事尤候」[83]と書き送っていることから明らかになるところである。こうして佐賀藩においてもキリシタン改めを契機に五人組制が導入されていったことは見逃し得ない。

4　琉球国の場合

最後に、一六〇九年（慶長十四）に島津氏の支配下に入った琉球国の場合を見てみよう。伊勢貞昌・川上久国・島津弾正ら島津家家老衆は、一六三四年（寛永十一）十月十九日付で琉球三司官・金武王子宛連署状で、「八重山嶋のミやらと申者、南蛮宗ニ成候故、當時流罪之由候、早〻火あふりに可被仰付事」[84]という一条をたてている。これによると、すでに島津氏は琉球国においてもキリシタンの摘発を行なっていたことが明らかである。八重山の士族、栢姓の三世小禄親雲上良宗の事績に関する天啓四年（一六二四、寛永元年）の条に、八重山頭職石垣親雲上が同僚の宮良親雲上がキリスト教に入信している旨訴えたとあり[85]、これを受けて琉球王府では事実糾明のうえ、宮良を流罪に処していたものと見られる。ところが、右の島津家家老衆の連署状は、あらためて宮良を火刑に処すように指示しているのであり、明らかにそれは三四年閏七月十八日令を受けてのものとみることができる。

その後、琉球国内でキリシタンが摘発された事実は、「旧記雑録」などにも確認できないが、三六年正月二十日、島津家家老衆は琉球国に次のような示達を行なっている[86]。

一日本国中南蛮宗御法度不大形候、連〻諸國従其国主稠被相改候へ共、色〻かくれ忍候而、何れ之国にても被改候時者、他之国へ行違なと仕候ニ付、去年霜月朔日より極月迄、日本国同時ニ被改候、国〻殊之外難在気遣共にて候間、被得其意、其元へ若彼宗旨之者於有之者、日本国御改之趣、野村大学助へ被相尋、如其可有沙汰事、

一従薩摩其元へ参候船之船頭・水主ニ紛、他国之者可参候間、左様成者能〻被相改被留置候而、此方へ可有注進

候、日本国稠御改候条、如右之相紛、彼宗之者共可参事、

すなわち、最初の条目においては、日本全国で同時にキリシタン改めが実施されたことに触れ、琉球国においてもキリシタン宗旨の者がいたならば、野村大学助に日本国における改めの様子を伺い、その沙汰を行うように、と諭している。島津氏よりは、琉球国見回りとして野村大学助が派遣されることになっていたが、同人にもその点が申し含められていたことがここから判明する。

次に二番目の条目では、薩摩より下る船の船頭・水主に紛れて他国の者が入り込まないよう改めの徹底を促している。日本国内の改めが厳しくなる中で、キリシタンが潜入してくることへの警戒心から出たものであることはいうまでもなかろう。

こうしたキリシタン改めへの取り組みは、琉球三司官衆・金武王子が渡航してきた野村への起請を行うことで確認され(87)、国内に宗旨改めが実施されていった。

琉球王府の記録である『球陽』の尚豊十六年（一六三六、寛永十三）の条に、次のような記事が見える(88)。

十六年、山奉行、鬼利死丹宗を査明し、且悉く紙牌を人民に与ふることを兼理す。

薩州より始めて、本国人民の宗名を査べ、鬼利死丹宗門改と曰ふ。是に於て、挙国の人民、版籍を改造して、毎邑、戸を編し、各々名を紙に記して以て其の紙を給す。是れに由りて、山奉行をして、王子部・按司部を加置し、其の事を兼管せしむ。此れよりの後、毎年冬季、諸郡外島は、只人民の生死及び法宗を査べ、皆紙册を作りて以て呈覧を為す。著して定例と為す。

この記事によると、宗門人別帳・手形の作成など、島津氏領内と同様な改め様がなされ、以後それは冬季に実施することが常例化されていったことを知りうる。改めが山奉行の所管となっているのは山狩りなどの必要性によるもの

かと推測される。

このように、キリシタン改めは、琉球国にも例外なく貫かれていった。幕藩制国家はキリシタン倫理の国内上陸を阻止する壁を琉球にまで築きあげていったのであり、そうしたキリシタン排除体制が事実琉球でも機能していったのである。

例えば、一六三六年の夏、琉球国内に寄港した唐船がドミニコ会宣教師ゴンザレスら南蛮人四人、日本人二人の計六人の者を上陸させたところを捕縛、琉球側はこれを長崎に送致している。これに応えて、長崎奉行の榊原職直と馬場利重は、翌三七年七月二十六日付けの島津氏宛の書で、「遠嶋迄も連々堅被仰付、其上琉球人被差添御越候段、重畳被入御念之通承届候、近日江戸へ具ニ可申上候」(89)と、遠島までキリシタン禁令が行き届いていることに満足の意を表し、将軍家光にもそのことを具に申し上げる旨を伝えている。報告を受けた家光も、自らが打ち立てた国策が琉球にまで浸透したことに大きな満足感を覚えたに違いない。

むすび

幕府は一六三四年(寛永十一)閏七月十八日、九州・中国・四国の諸大名に帰国を命じ、キリシタンの摘発に当たらせることになった。なお限られた地域ではあったが、幕府が長崎奉行の指示のもとに九州・中国・四国というキリシタンの潜伏している可能性の高い地域に重点的に改めを実施させたことは、幕府が本格的にキリシタン弾圧に乗り出したことを意味するものであった。そして翌三五年、十一月一日から十二月半ばを期限とした全国的な一斉改めは、幕府のキリシタン禁制策の上で一つの画期をなすものであった。幕府がその実施体系について明確に指針を示したふしは見えないが、諸藩では隣接する藩同士で改め方法について情報を交換し合い、家中、領内の百姓・町人、また領域間を往来する商人や旅人などにも洩れなく人別改めを実施していったのであった。これまで起請文も寺請け・俗受け、また「転び」のみに限定した場合などがあって、一定ではなかったキリシタン改めの方法や手続きも、この三五年の一斉改めの過程を通じて、寺請による宗旨確定、そして宗旨人別帳の作成というかたちがある程度の藩に浸透することになっていったとみることができよう(90)。

寺請制の整備に関連していえば、寺社奉行職の設置が一六三五年十一月である事実も無視できないであろう(91)。キリシタン改めを契機として宗教統機構も新たな整備をみたのである。幕府による「鎖国」制の確立を論ずるにあたってはこれらの点をも念頭に置くべきだと考える。

またキリシタン改めは、家臣団のほか諸身分の者の五人組あるいは十人組の編成を促し、家臣団については主従関係の強化、民衆にあっては相互監視・連帯責任体制整備の契機となった。しかしこの全国的なキリシタン改めは、単に大名権力による家中統制、領内民衆掌握の梃子としてのみ作用したのではなかった。すでに見てきたが、幕府はキリシタン問題を通じて大名の領内仕置を問題にしえた点からして、また大名統制の大きな梃子となった。それは改めの態様を問われることを怖れた大名が周到な体制で事にあたっていたことからうかがわれる点であった。

同様な観点から注目されるのは琉球にもキリシタン禁制が貫かれていったことである。島津氏はキリシタン問題を通じて、琉球国の仕置きに深く介入し、領主支配権の強化のもと、琉球をまた幕府へ求心的に結びつけていったのである。キリシタン禁制は、朝尾がいうように、「国家意識の補強、国内支配の強化(92)」の梃子ともなったことは疑う余地がない。

以上が一六三五年（寛永十二）に行われたキリシタンの全国一斉改めが国内編成のうえでもつ意義だとすれば、それは外に対する外交体制としての「鎖国」の過程においてはどのような意味をもったのであろうか。やはり私はこの間のキリシタン対策の結果がポルトガル追放の前提になったのではないかと考える。たとえば、ちょうど諸藩より改めの結果が寄せられていた頃かと思われる三六年三月一日（ユリウス暦四月六日）、江戸において長崎奉行の榊原職直と会見したオランダ商館長ニコラス・クーケバッケルは、その『日記』に次のような榊原の発言を留めている。(93)

（前略）閣下（榊原―上原）は言った。日本暦第十一月より第十二月まで日本の六十六箇国につき調査と記録が行われ、その（厳しかった）調査によってオシオ○奥州。の国に約八〇〇人のキリスト教徒と、フランシスコという名のスペイン人のカトリック宣教師が見つかったが、私及び多数の私の同僚たちは、この有害なスペイン人の群を何とか日本から追放するつもりでいる、このことが行われたら、その場合、貴下等は日本に對して、この国が目下それを必要としているものを供給できるだろうか、私はできないと考えているが、それは昨年と今年ポルトガル人によって輸出された貨幣は、オランダ人によって行われたものより二倍も多くの額に上ったからである、と。

すなわち、日本六六ヶ国にキリシタンの一斉改めを実施した結果、奥州で八〇〇人のキリシタンとフランシスコというスペイン人カトリック宣教師が発見されたことをあげて、長崎奉行の周辺ではスペイン人追放の意志が固まりつつあったことを述べている。しかし、スペイン人同様カトリック教徒のポルトガル人が追放になることによって、それが日本の生糸・織物貿易に及ぼす影響についての懸念も述べられているのである。すでに山本が指摘するように、幕閣もおなじような懸念のうえにあって、この段階においてはスペイン・ポルトガル人の追放に踏み切れなかったのである。(94)

根拠の無い憶測は慎まねばならないが、幕府は寛永十一年から翌年にかけてのキリシタン改めにその後の取るべき方向をかけたのではなかろうか。すなわち、商教のうち教を分離して徹底して禁圧することが可能となったならば、ポルトガル追放を思いとどまるつもりではなかったか。一六三五年（寛永十二）の一斉改めにはそのような意味が込められていたと見たい。

注

（1）近年までの「鎖国」制の研究については、加藤栄一『鎖国論』の現段階―近世初期対外関係史の研究動向―」（加藤『幕藩制国家の形成と外国貿易』校倉書房、一九九三年）を参照されたい。
（2）朝尾直弘「鎖国制の成立」（歴史学研究会・日本史研究会編『講座日本史』4、東京大学出版会、一九七〇年）。
（3）山本博文『鎖国と海禁の時代』。
（4）「部分御舊記」一（『熊本県史料』近世編一）。引用史料の読点は上原が付した。以下同じ。
（5）藤井　学「江戸幕府の宗教統制」（岩波講座『日本歴史』一一、近世3、岩波書店、一九六三年）。
（6）圭室文雄『江戸幕府の宗教統制』（評論社、一九七一年）、七六～七八頁。
（7）煎本増夫『幕藩体制成立史の研究』雄山閣、一九七九年。
（8）今村義孝「近世初期宗門人別改めの展開について」（『キリシタン研究』第十七輯、吉川弘文館、一九七七年）。
（9）吉村豊雄「近世初期熊本藩におけるキリシタン禁制の展開」（『史学研究』第一四九号、一九八一年）。
（10）中村質「鎖国体制と軍役」（藤野　保編『佐賀藩の総合研究―藩制の成立と構造』吉川弘文館、一九八一年）。
（11）清水紘一「寛永鎖国令をめぐって」（『日本海地域史研究』十輯、文献出版、一九九〇年）。
（12）（13）（14）（15）　今村前掲論文。なお近世のキリシタン禁制史については清水紘一『キリシタン禁制史』（歴史新書、教育社、一九八一年）を参照。
（16）長沼賢海「宗旨人別改めの発達」（『史学雑誌』四〇―一〇、一九二九年）。
（17）一連の「鎖国」令と呼ばれてきた法令を検討した清水紘一は、寛永十年令に言う「伴天連宗旨在之所々江ハ従両人可申遣事」の末尾部分が十一年五月二十八日令においては「伴天連宗旨有之所は両人可申遣、可遂穿鑿事」となっていることに注目し、「長崎奉行のキリシタン探索上の職務と権能がより明確に規定されている」と指摘している（清水注（11）論文）。たしかに長崎奉行の動向をみるとそのような点がうかがえる。

(18) 「部分御舊記」一。

(19) H・チースリク『芸備キリシタン史料』吉川弘文館、一九六八年。

(20) 寛永十一年閏七月十九日、榊原宛書状（「部分御舊記」一）。

(21)(22) 今村前掲論文。

(23)(24) 「部分御舊記」一。

(25) 寛永十一年九月二十六日の神尾・榊原両奉行宛の書状でも「我々なとも此中日々夜々きりしたんのせんさくニ草臥申候」と述べている（「部分御舊記」一）。こうしたキリシタン改めによる消耗はただに忠利だけのものではなかった見てよいであろう。

(26) 京都・大坂におけるキリシタン禁教政策の実施状況については畑中みゆき「京・大坂におけるキリシタン禁教政策について」（『史泉』第六一号、一九八四年）。

(27)(28) 清水紘一「キリシタン関係法制史料集」五五号（『キリシタン研究』十七輯）。

(29) マリオ・マルガ『豊後切支丹史料』（サレジオ会、一九四二年）九八—九九頁。

(30) ただし、在国中であった伊達政宗には、前日の三月二十七日付をもって、老中奉書のかたちで次のように伝達されている（『大日本古文書』家わけ第三ノ三、伊達家文書之三）。

伴天連幷きり志たん宗旨之事、従此以前御制禁候へ共、于今断絶無之様被聞召候、依之堅御法度被　仰出候間、御領分能々被遂御穿鑿、自然右之宗門於有之者、捕置、急度可有言上候、恐々謹言

（寛永十二年）八月廿七日

堀田加賀守 正盛（花押）
阿部豊後守 忠秋（花押）
松平伊豆守 信綱（花押）
酒井讃岐守 忠勝（花押）

土井大炊頭
利勝（花押）

仙臺
中納言
人々御中

また薩摩藩の都城島津家の寛永一二年のキリシタン改めに関する文書を集めた「諸覚書類継書」（『宮崎県史』資料編、近世五〈宮崎県、一九九六年〉）中、十一月一日付家老衆連署の「覚」には「一　八月廿八日江戸於御城被仰出候貴理師旦宗御法度之儀、権現様・相国様御代より稠御法度ニ而候、雖然于今国々へきりしたん宗隠居候由被及聞召候間、弥以諸国右宗改之儀、可入念由被仰出候事」とある。

（31）佐賀藩藩主鍋島勝茂が寛永十二年九月二十日付けで国家老多久美作に宛てた書状で次のように述べられている（「多久家文書」（『佐賀県史料集成』八）一四四号。

一書申遣候、然者、先月廿八日、於　御城、大炊頭殿・讃岐守殿、為　上意、惣様各へ被仰渡候ハ、先年より、きりしたん宗被成御改道候處、于今国〻へ散て有之由、被　聞召上候、重〻念を入相改、可然之段、別而稠敷被　仰出候、就夫、究様之儀、東国・西国各へ、則於　殿中、相談候處、きりしたん相究候刻、国〻居所を替、あなたこなたへ参由候條、日を定、霜月朔日より師走十五日迄究申候儀、如何候ハん通、右御両所へ得御意候處、其段可然旨被仰候、（以下略）。

（32）『大猷院御実記』巻廿八には次のようにある。

この日普第衆并諸物頭臨時召見せしめられ。先々より天主教のこと厳禁たりとへども。今に於て猶断絶せざるよし聞ゆれば。所領の農民并家僕等厳に査検し。邪教を奉ずる者は。速に召捕て聞え上べき旨。所属の與力同心已下まで。よく〱暁諭すべきよし老臣仰をつたふ。

また『御触書寛保集成』には寛永一二年九月令として次のように出ている（一二二五号）。

一伴天連并きりしたん宗旨之儀、従此以前、雖為御制禁、至于今無断絶様被聞召之間、彌領内并面々家中急度相改、自然右之宗門於有之は捕置、可致言上之、自分之儀は勿論、組中與力、歩行、同心以下迄相觸之旨、執役之面々於御白書院、　上意之趣年寄中被申渡畢、

（33）『御触書寛保集成』一二二五号文書は具体的な日付を欠いているが、蘆田伊人引用の同文の史料には「九月七日」の日付が入っている（蘆田「『切支丹改め』開始年代を確立する一史料」（『歴史地理』六十五巻—第二号、一九三五年）。また『通航一覧』巻百

九十三（第五）はやはり九月七日付の史料として「一伴天連并切支丹宗旨、従此以前御制禁候得共、今に断絶無之様被聞召候、依之堅御法度被仰出候間、領分能々穿鑿候て、自然右之宗門於有之は搦置、急度可申上候、以上」「一如此諸国の大名、小名へ奉書被遣候、御近所之衆も、不残右之通御年寄より被仰渡候、其心得にて御知行所并被召遣候者共、能々御穿鑿尤候」の二ヶ条を載せる。蘆田の引用史料の典拠が明瞭ではないが、九月六日の幕府「執役之面々」への布達の主旨は、翌日には老中奉書のかたちをとって、他の旗本・諸大名に通達されたものとみてよいであろう。

(34) 今村前掲論文・吉村前掲論文。

(35) 注(33)引用史料参照。

(36) 蘆田前掲論文。

(37) 村井早苗『幕藩制成立とキリシタン禁制』（文献出版、一九八七年）八一頁。

(38) 今村前掲論文。

(39) 多久美作ら宛鍋島勝茂書状（「多久家文書」一四四号）。

(40) 藤井前掲論文。

(41)(42) 蘆田前掲論文。

(43) 『古事類苑』宗教部四　耶蘇教　下。

(44)(45) H・チースリク『芸備キリシタン史料』、六七号。

(46) 「旧記雑録後編」巻八八、五、八六一号。

(47) 右同巻八八、五、八六四号。

(48) H・チースリク『芸備キリシタン史料』、六七号。

(49) 『柳営秘鑑』（内閣文庫所蔵史籍叢刊、第五巻）。

(50)(51) 岡田章雄「いわゆる『南蛮誓詞』についての一考察」（岡田章雄著作集Ⅰ『キリシタン信仰と習俗』思文閣出版、一九八三年）。

(52) 畑中みゆき前掲論文。

(53)(54) 今村前掲論文。

(55)「旧記雑録後編」巻八八、五、八七五号。
(56)右同巻八八、五、八七六号。
(57)明治一七年の平部嶠南の著。
(58)十二月四日付で鹿児島町奉行新納加賀守より島津弾正宛てに出された願書には「薩摩之國鹿児嶋町ニ官、肥後表江商賣ニ罷越候処ニ、御改ニ付被召留候、今度為迎与四郎と申者遣候、彼者、貴師旦宗ニ而無御座通、五人與手前ゟ證文取置候間、御判形可被下候」(「旧記雑録後編」巻八八、五、八八一号)とのべている点から、唐人たちは商人として隣領との往来を許されていたのであろう。この史料によると、改め令の布達後、往来が召し留められ、五人組よりキリシタン宗旨でない旨の証文がとられている。
(59)五人組制の成立を検討した煎本増夫は、「キリシタン禁制が五人組制度化の主因であったのではなく事態は正しく逆で、五人組制度の確立がキリシタン禁制・宗門改め制度化の必要条件となっていたのである。」と述べている(煎本前掲書、三二一頁)。しかし、逆にキリシタン改めを契機に、他藩の例にならって五人組制の導入を　はかった藩も多くあったのではないか思われる。
(60)「旧記雑録後編」巻八八、五、八七七号。
(61)右同巻八八、五、八七八号。
(62)右同巻八八、五、八八〇号。
(63)「国乗遺文」(『宮崎県史』史料編、近世1、宮崎県、一九九一年)
(64)「旧記雑録後編」巻八八、五、八八七号。
(65)清水注(11)論文。
(66)この点について興味深く思われる事実がある。一六四七年(正保四)と思われる年、薩摩藩領に唐船寄港の風聞があり、細川忠利は幕府老中の依頼を受けて「歩横目」二人を派遣して探索にあたらせようとしたが果たせず、かわりに博労二人を潜入させているが、その経緯について「部分御舊記二」(『熊本県史料』近世編二)は「薩广へ今迄歩横目之者両人遣ヰへ共、きりしたん改つよくヰニ付而旅之者ニ宿借シ不申ヰ而逗留成かねヰニ付而佐渡と内談仕…」と記している。島津領内ではキリシタン改めを契機に、領外との人の往来を厳しく取り締まる体制が打ち立てられるようになっていったことが知られるのである。「かくて、キリシタン禁制は、日本人民に国の出口を鎖し、思想・信教の自由を鎖し、そして人民をその土地に鎖したのである。」という山口啓二の名言(山口「日本の鎖国」〈岩波講座『世界歴史』近代3、一九六三年〉)が思い起こされよう。

(67)(68)(69)(70) H・チースリク『芸備キリシタン史料』六七号。
(71) 「多久家文書」一四四号。
(72) 中村質前掲論文。
(73) 「多久家文書」四〇一号。
(74) 右同二八五号。
(75) 右同二三六号。
(76) 煎本前掲書、第四章第二節「五人組制の確立」。
(77) 「多久家文書」二三六号。
(78) 市左衛門については、同人に召使われていた平戸・博多の者、また以前の主従七人についても調査が行われ、そのうち三人については詳細が不明であったが、老中にはこれは伏せられている。
(79)(80) 「多久家文書」二二八号。
(81) 中村前掲論文。
(82)(83) 「多久家文書」二二六号。
(84) 「旧記雑録後編」巻八七、五、七八三号。
(85) 『那覇市史』資料編第一巻、五、「家譜資料一」(那覇市、一九七六年)。
(86) 「旧記雑録」後編巻八九、五、九〇〇号。
(87) 右同巻八九、五、九一八号。
(88) 『球陽』附巻、尚豊王十六年条(球陽研究会編、角川書店、一九七四年)一二八号。
(89) 「旧記雑録後編」巻九一、五、一〇六八号。
(90) ただし、全藩的に宗門改制が確立されるのは、やはり大方の研究が明らかにするように寛文期であろう。
(91) 寺社奉行の成立については、小沢文子「寺社奉行考」(児玉幸多先生古希記念会編『幕府制度史の研究』吉川弘文館、一九八三年)。
(92) 朝尾前掲論文。

（93）『日本関係海外史料オランダ商館長日記』釋文編之二（上）。

（94）山本前掲書の「三　ポルトガル人追放と幕閣」。ほかに永積洋子『近世初期の外交』（創文社、一九九〇年）第一部「三　家光政権」の中の「8　ポルトガル人追放の決定」を参照。

終　章　「鎖国」（海禁）体制の確立と琉球国

はじめに

すでに述べたように、山本博文によって、五次にわたって出された「鎖国」令として位置づけられた諸法令のうち、必要な条項のみが長崎奉行によってその都度大名に通達されたことが明らかにされた。長崎奉行の下知を受けた諸大名は法令の条項に即して、それなりの領内処置を遂行していくことになるのであるが、ここではいわゆる「鎖国」令なるものがどのような形をとって琉球国に具体化されていったのかを跡づけてみたい。

第一節　幕府政策の具現過程

1　いわゆる「鎖国」令と琉球国

一七ヶ条からなる寛永十年令に関して、曾我古祐・今村正長の両長崎奉行が島津氏に伝えた内容は、(1)入津唐船に日本人が乗船していた場合、籠舎のうえその事情を報告すること、(2)島津領内着岸唐船よりの生糸購入値段は長崎値段に準ずること、(3)キリシタン九郎兵衛の穿鑿の三点であったことはすでに山本が明らかにする通りである。(1)

ついで翌一六三四年（寛永十一）には榊原職直と神尾元勝らが上使として派遣されるが、この時の榊原らの主要な任務がキリシタン改めの徹底にあったことは前章で触れた。また長崎の町においては(1)「伴天連」の日本渡航禁止、(2)日本の武具を異国へ持ち渡ることの禁止、(3)奉書船のほか、異国へ渡海することの禁止などが制札となって具体化されたことは周知のごとくであるが、薩摩藩に対してはこれら禁制の内容に、異国船積載の生糸値段は長崎値段に準ずべきこととする条項が加えられて、年寄酒井忠勝・酒井忠世の両人の連署奉書のかたちをもって五月二十九日付で島津家久宛てに示されている。[3] いっぽう榊原・神尾の両長崎奉行が七月十日付で島津家の家老衆に宛てた連署状の内容は、(1)六月一日に長崎に入津した福州船は台湾より来航したものであるが、五月二十六日に島津領阿久根に唐人二人を上陸させたよしにつき、穿鑿して報告のこと、(2)去年曾我・今村の両奉行より預けた唐人とその同類一五人に対し、尋ねたきことあるにつき、長崎送還のこと、(3)異国船商売は、長崎の値段に準ずべきこと、(4)「伴天連」のことは公儀の御法度いよいよ厳しく仰せ出されたことにつき、御領分の島々まで穿鑿し、「伴天連」渡来の節は捕縛し、注進のこと、となっている。[4] 先の年寄連署奉書の末尾に「右之通御意候間、可被得其意候、委曲榊原飛騨守・神尾内記可為演説候」[5]とあり、いっぽう後の長崎奉行連署状の末尾に「右両条於京都　上意之趣、大隅守殿へ直ニ申入候、為御心得如此候」[6]とあるところからすれば、そのなかの(3)および(4)の条目については、京都において榊原・神尾両奉行より家久に直接示され、そしてこの後島津家家老衆には(1)と(2)を加えて示されたことになるのである。

山本によれば、年寄の連署奉書は、薩摩藩宛てのそれから(4)の条項を抜いたものが大村藩宛てに示されており、[7] いっぽう佐賀藩、熊本藩には榊原・神尾両長崎奉行より、蛮人の上陸監視強化、「伴天連」の穿鑿、訴人の奨励など、キリシタンの取り締まりを促す連署状が宛てられている。[8] このように見てくると、やはり榊原・神尾の使命の中心がキリシタンの取り締まりにあったことが理解できる。山本がいうように、年寄連署奉書が領内に沿岸部を擁し、異国船の往来する条件を有する藩に限って出されたものと思われるが(9)、榊原ら長崎奉行の連署状はまた本来別の個別具体的な意図をもったものとして理解すべきものと考える。すなわち、寛永十一年令は(1)異国より「伴天連」を乗せ渡すことの禁止、(2)日本人を異国に渡すこと、および異国に在住する日本人を乗せ来ることの禁止、(3)日本の武具を異国へ渡すことの禁止、という基本法令に個別具体的なキリシタン取り締まり条項、そして諸藩の事情に応じて特別な条項が付け加えられて示されたといえよう。

寛永十一年令について山本の指摘をさらに敷衍してこのように理解すると、また同令と琉球国との関わりがよく見えてくる。たとえばこの年の十月十九日付で島津家の江戸家老伊勢貞昌らが三司官・金武王子に宛てた連署の「覚」では、すでにみたように南蛮宗の疑いのあった八重山島の「ミやら」(宮良)を焚刑に処することを命じる条項(10)とともに、次のような条項が見える(11)。

一他国人琉球へ下候儀、堅令停止候間、其地にても無許容、早〻此方へ可被申上事、付致同心候者相記可被申出事、付琉球にて宿かし候ものも可為曲事候事、(第一条)

一公儀へ無御存知日本衆、琉球へ家を持永〻逗留仕儀、自今已後者可為停止候間、左様ニ可被心得事、(第八条)

すなわちこの二つの条目には、他国人の琉球渡海、ならびに他国人に対する宿貸しの禁止(第一条)、島津氏の許可無き日本衆の琉球居住の禁止(第八条)などが示されているのであるが、ここに我々は琉球の異域として位置がより明確にされていく状況を読みとることができよう。

明けて一六三五年(寛永十二)になると、薩摩藩ではいよいよ唐船の入津禁止令の徹底を図っていった様子が次の甑島地頭本田伊賀守宛ての家老中連署の「覚」でわかる(12)。

一① 去夏於京都榊原飛騨守殿・神尾内記殿上使ニ而、唐船之儀被　仰出候、　黄門様御直ニ御請被成御申候ハヽ、自今已後御分国中ニ唐船御入有間敷由被成御申候事

一② 如右御請御申候間、曾以唐船許容有間敷候、猥ニ右之旨相背候ハヽ、曲事之段、深ゝ敷可被仰付候条、曖衆其の所之五人與へ慥ニ可被申付事

一③ 他浦ニも唐船并破判人又致渡唐候日本人有之由承付、令披露候ハヽ、一廉之御褒美可被下事

一④ 唐船曳舟不可出候、縦洋中ニ而見合候とも、曾以かもふましく候、自然楫をおろし、舟を損し候由申来候とも、即刻可追出、若猟船ニ隠し候て或人をのせ或荷物をのせ候はゝ、可被處厳科事

一⑤ 其所之中人之往来野山嶋儀、就中宇治之嶋ニ別而入念右之改可被申付事

右之旨堅固ニ相守可被申付候、件之条ゝ者、天下之御法度ニ相かゝる儀候處、大形ニ存、緩於有之者、到地頭曖衆一途之御曖可被仰付候、各銘心肝可被承届者也、

寛永十二年三月十七日

左衛門佐　〔判〕○（花押）
出雲守　〔判〕○（花押）
民部少輔
左近将監　〔判〕○（花押）
弾正大弼　〔判〕○（花押）

本田伊賀守殿

在口裏
甑嶋

この「覚」の冒頭の条によって、前年の夏、榊原・神尾の両人が上使として長崎へ赴く途中、京都において家久に薩摩藩領内への唐船の入津を禁ずる将軍家光の上意が伝えられたことがわかる。これを受けて、その趣旨の曖衆、所の五人組衆に対する徹底（②）、唐船ならびにばはん人、渡唐日本人に関する訴人の奨励（③）、唐船は曳船を出すことをせず、寄港に際しては破船か否かを問わず、即時追放すること、獺船に隠密に人および荷物を乗せることの禁止（④）、所中の往来なき野山に対する改めの徹底（⑤）、等々が「天下之御法度」として触れられているのである。

なおばはん人についてであるが、幕府がその禁圧に力をいれた様子は、仙石久隆・榊原職直らが島津家家老衆に宛てた次の二つの連署状から明らかとなる。

A(13)

一急度令啓候、然者江戸江被仰越候去年其元へ着岸仕候ばハん船之人数之分、不残長崎へ可有御越候、於當地穿鑿可仕候、為其如此候、恐々謹言、

「朱カキ」
「寛永十二」
六月廿八日

仙石大和守
久隆◎（花押）〔判〕

榊原飛騨守
職直◎（花押）〔判〕

松平大隅守殿
家老中

B(14)

一　一筆中遣候、其元へ指戻候鹿籠浦・泊之浦両浦之船頭・水手共、別紙ニ書付進之候間、被得其旨、死罪可被申付候、破判人之儀者、於長崎悉死罪申付候、恐々謹言、

「朱カキ」
「寛永十二」
九月十四日

榊原飛騨守
職直〔判〕◎（花押）
仙石大和守
久隆〔判〕◎（花押）

松平大隅守殿
家老中

史料Aは島津領内着岸の「ばハん船」を長崎奉行が直接尋問するために、長崎回送を命ずるものである。いっぽう史料Bは「破判人」は長崎において死罪に処するのに対し、鹿籠浦（枕崎）・泊之浦（坊津）の船頭・水手共は島津氏の手で死罪に処するよう命ずるものである。これによると、ばはん人たちは島津領外の者を含めてなお一定の勢力を培っていたことが推定される。別の史料によれば、長崎奉行らによって指示された鹿籠浦・泊之浦の者たちは船頭が七人、水手が三〇人にのぼっており、(15) 鹿児島の浦々がばはん勢力の拠点となっていたことをものがたっている。そうしたばはん勢力の封じ込めが、家光政権下において、徹底されたのは注目されてよい。前年の夏、京都の家久に榊原・神尾の両長崎奉行が特にその取り締まりについて触れたことは十分考えられよう。

2　島原の乱後の「鎖国」（海禁）政策と琉球国

全国規模でキリシタン改めが実施されてからおよそ二年後の一六三七年（寛永十四）十月には島原の乱が起き、当然のことながら琉球国もそれ以後の「鎖国」（海禁）政策の影響をうけることになる。そのことをまず反映しているのは、反乱鎮圧後間もない翌年の三月八日付けで島津家の家老衆から金武按司・三司官に宛てられた次の「覚」である。(16)

一①進貢船謝恩渡唐之時、日本之武具相渡間敷事

一②今度就有馬之儀、きりしたん宗弥稠御法度之事

一③他国人御分国之水手なとに紛候而、琉球へ下着之者於在之者、稠相改可被申出之事

一④八重山・宮古嶋邊へ南蛮人来着候者、可被召籠事

　付 於有馬榊原飛騨守殿・馬場三郎左衛門尉殿へ下野守・山田民部少御尋申候処、御返事之様子之事、

一⑤とけす村之濱ニ南蛮人来着候而、こつミ置候道具長崎奉行衆へ首尾仕候、自今已後如右之様子共候者、可為琉球之越度事

　右条々具ニ被承届、御請之書物可有進上者也、

　寛永十五年三月八日

三原左衛門左

山田民部少輔 〇（花押）〔判〕

伊勢兵部少輔 〇（花押）〔判〕

河上左近将監　〇（花押）［判］
下　野　守　〇（花押）［判］

金武按司
三司官

①の異国への武具積み渡しの禁止については、すでに前年の島原の乱勃発間もない十一月にも伝えられており[17]、ここではそれが重ねて触れられ、徹底が期されているのである。②は島原の乱後、いよいよキリシタン改めの強化がはかられていったことを示している。③の他国・薩摩藩領より琉球へ入り込む者の改め徹底もやはり島原の乱を背景とするものといってよかろう。④は特に東南アジアからの北上ルートにあたる八重山・宮古島への「南蛮人」渡来に際しての処置を示したものであり、⑤は琉球中部の「とけす村」（読谷山間切渡慶須村）における南蛮人の残し置いた道具類の処置について述べるものであるが、一六三六年（寛永十三）の夏、同村に漂着した南蛮人らを翌年八月に長崎奉行馬場・榊原らのもとに送っており、これはおそらくそれと関わるものであろう[18]。当該条目によれば、後に彼らの埋め置いた道具類が発見され、島津側は長崎奉行らにその釈明を求められたために、琉球に注意が促されたものと思われる。

この「覚」を受け取った三司官より、それぞれの条目について、これまでの王府としてとった対応が報告され、さらに島津家家老衆はそれに即した、新たな指示を発していたことが四月十五日付の「覚」[19]に示されている。それでは三月八日付「覚」①の武具持ち渡り禁止条項についてふれるところはないが、②のキリシタン改めについては琉球側が国中にそれを厳しく申し付けたところ、同宗の者あるいは同宗躰の者は一人もいないと回答しているのに対し、島津家家老衆は次のような指示を与えている。「右八重山島本ミやう《（マヽ―上原）》の与人、きりしたん致落着候哉、如御法度早〻火あぶりニ可被仰付候、唐人三たい事南蛮人へ出入仕候曲事之儀候間、可被成敗候、何も其首尾追而可被申上せ事、付自今以後きりしたん宗弥稠可被致禁制候事」。すなわち、すでに藩で焚刑に処するように命じた八重山島の「ミやら」（史料中の「ミやう」は誤読）の一件が片づいたか否か、また南蛮人のもとに出入りしていた唐人「三たい」についても成敗を加え、追ってその首尾を報告するように命じている。ついで②の人数改めについては、「琉球国の人数は一人も残さず改め、目録を差し上げる」と答えているのに対し、「向後行方不知もの参候者、稠□召籠、遂糺明此方へ可被申上事」と、行方知れずの者が来た場合は召籠め、糺明のうえ藩に報告するように促している。いっぽう、③の他国人の改めについては、琉球国に数年居付きの旅人は改めのうえ、五人組を申し付け、以後大和（島津氏）より御下知なき旅人は召し置かない旨を述べているに対し、これについては、従来同様の厳格な改め方を重ねて指示している。

　こうした回答に対する藩家老衆の新たな指示を受けて、六月八日付けをもって、金武按司・三司官衆らは連署で先の三月八日付「覚」についての「請書」を差し出しているのである。その中では、八重山・宮古島への南蛮人来着の際の処置については、「彼両嶋へ當三月より番衆差渡、稠申付候、弥可入念事[20]」として、両島への番衆の配備を請け合っており、また「とけす村」に南蛮人が埋め置いた道具類を見過ごした件については、「自今以後如右無之様ニ地頭衆へ申付、堅番仕候之事[21]」と、以後そのようなことのないよう「南蛮人」渡来の節はやはり番衆を付けるとしている。さらに渡唐船による武具積み渡しの禁止については請合いの条目にはないが、以後それが遵守されたことは、一六三九年（寛永十六）、幕府の問いに伊勢兵部が答えて、近年の積荷を禁止している品物として、太刀・鑓・長刀・添さし・糸おとしの腹巻一領・同甲などをあげていることから明らかである[22]。

　以上、見てきたように、琉球側は、島原の乱後打ち出されていった幕府の「鎖国」（海禁）政策に即してより遺漏なき対応を余儀なくされていったことが確認できよう。

第二節　ポルトガル人の追放と琉球貿易

1　琉球貿易ルートの確保をめぐる動向

島原の乱を契機とする幕府の対外政策の大きな転換を示すのは、いうまでもなくポルトガル人の追放である。山本博文[23]・永積洋子[24]らの研究によれば、すでに島原の乱の鎮圧後、幕閣の間ではポルトガル人の追放が論議されはじめていたが、その最終的な決定は翌一六三九年（寛永十六）七月五日の評定所大寄合において行われ、八月五日には、長崎において太田資宗が七月五日付の「かれうた御仕置之奉書」の内容をポルトガル人に伝えている。この間幕府の懸念は、ポルトガル人を追放することによって生糸・絹織物・薬種・乾物の調達が不可能になるのではないかということに向けられていた。だがしかし、幕府はこの段階で、これらの貿易品を対馬・琉球を通じて求める方針を固め、ポルトガル人の追放に踏みきったのである。

それから二〇日後の一六三九年（寛永十六）七月二十五日、幕府は宗対馬守を江戸城に呼び、朝鮮との薬種・糸・端物その他の諸色の輸入増大に関する交渉を命じている[25]。そしてポルトガル船の来航禁止を申し渡してから一月余り経た九月十一日付をもって、長崎奉行大河内正勝と馬場利重らがやはり島津光久宛てに次のような連署状を送っている。「然者哦流佗船渡海就御停止ニ、従流球《（ママ）》口糸・巻物・薬種等相調候様ニ與、於江戸ニ年寄衆被仰渡之由、就夫ニ御内證之通得其意存候、今程着岸之唐船共、當地ニ罷在候間、琉球船ニ渡海之便ニも可罷成儀ニ御座候ハん哉、様子御尋候へと、御使者へも申渡候(26)」。すなわち、ポルトガル船の入港禁止につき、琉球より、糸・巻物・薬種などを調達するよう幕府年寄衆より指示があったこと、それを琉球に伝えるために、長崎入港中の唐船を便船として利用したらどうか、という打診すらなされていたことが判明する。琉球への伝達が急がれている節が見えるのは、問題が明国とかかわり、そして琉球からの進貢船の派遣時期が迫っていたからであろう。

幕閣の間では、すでにこれ以前からポルトガル人追放後、琉球がこれにかわる貿易品確保ルートたりえるかどうか検討していたようである。幕閣は薩摩藩江戸家老の伊勢貞昌らに対し、琉球の輸出入品目について回答を求め、伊勢は一六三九年（寛永十六）四月二十日には琉球事情に詳しい竹下助太夫を伴って幕府評定所に回答書を持参している。その経緯については「江戸公儀御評定所伊勢兵部少輔持参被申候、又琉球之様子為存由候而、竹下助太夫付候而参候、先前之日御用之間一人可被罷出由候而、兵部被罷出候処、琉球之儀御尋ニ付如此候(27)」という回答書に付せられた前書に明らかである。伊勢が最初御用の間に呼び出され、報告を求められた「先前之日」がいつであるか明確ではないが、報告書の提出からそう遠くないとすれば、一つの可能性としては定例参府のためにオランダ商館長クーケバッケルの代理として江戸に来ていたフランソワ・カロンを大目付井上政重が招宴した四月十八日(28)（新暦五月二十日）、あるいはそれに近い日ではないかと思われる。山本が明らかにするように、この日カロンに対し、ポルトガル人を追放したらオランダ人は薬種や絹織物をもたらすことができるか否かを話題にしている(29)。伊勢らが評定所に回答書を持参したのが四月二十日という日も注目すべきであろう。この日に評定所ではなにが行なわれていたか。すなわちこの日、評定所ではカロンらの作成した海図やそのほか全世界の地図を広げて大寄合が開かれていた。『オランダ商館の日記』からは明らかにならないが、伊勢が作成した回答書はこの大寄合の場に届けられたのではあるまいか。この点は後考を待つとして、回答書は「従琉球渡唐之進貢船積荷之覚(30)」で表5のごとく進貢船の積荷を芭蕉布・上布・真苧白布

表5　寛永期の琉球進貢船の積荷

1	芭蕉布
2	上布
3	真苧白布
4	金銀の扇・なミの扇
5	筆
6	小刀
7	かめのこう
8	かつおのふし
9	焼酎
10	うにの塩から
11	しょくの塩から
12	ふくりやう
13	木くらけ
14	紙摺具
15	ほらの貝
16	干蛸
17	ゑらふうなき
18	塩漬ふた
19	つのまたのり
20	硫黄
21	やこ貝
22	錦
23	馬之尾
24	銅
25	鞍一口
26	金之屏風二双
27	馬一〇疋

※　「旧記雑録後編」巻95（『鹿児島県史料』6，19号）より作成。

表6　中国より琉球への輸入品

1	生糸
2	巻物少々（さやちりめんなとの類）
3	薬種少し
4	書物少し
5	椀・折識・盆・その他誂え品
6	皿・茶碗
7	墨
8	線香の類
9	しゃひん
10	唐扇
11	もうせん
12	とうたん

※出典右表に同じ。

など土産の反布類の二七種をあげ、そのほか以前積み渡っていたが、いまは法度ゆえに差留めている物として先の武具類五種をあげている。そして「従唐琉球へ積来り候荷物之覚」(31)では表6のような生糸・巻物・薬種を含む十二品をあげている。この琉球国の中国よりの積み渡り品目を確認して、幕閣がポルトガル人追放の方向に傾斜していったことはまず間違いなかろう。

幕府年寄衆より具体的に生糸・巻物・薬種類の輸入を命じられた薩摩藩では、正式に次のような「覚」を十月十二日付をもって認め、金武按司・三司官ら宛てに送っている。(32)

覚

一①天下鬼利志丹就御禁制、かれうた船着岸可為御停止之由被仰出候、就其従琉球口唐之商買相調、御用之端にも成候様可被申付候由、江戸より被　仰下候事、
一②従天下被　仰出儀候間、進貢船為使者久志上親方被致渡唐、北京福州之繕又者商買之首尾堅可被申付事、
一③銀子貳百貫目餘次第ニ可差渡事、
一④糸并巻物不依何色、いかにも手の能物を可被買取、如此中悪物者曾以無御用事、
一⑤薬種品々以注文申候、いかにも入念、或似物或虫食之悪薬種買取間敷事、
一⑥買物之代銀差替ニ可相渡事、
一⑦先年唐へ残置候貳百目餘之銀子ハ、唐物ニても銀子ニても次第ニ可有上納事、
一⑧何邊ニても兵具之類船中為用心之ニも、曾而被差渡間敷事、

すなわち、ポルトガル船の寄港禁止により、琉球口において唐との貿易を調えるよう幕府より下命があったことが伝えられ(①)、藩は使者として久志上(具志頭)親方らを派遣して、北京・福州における貿易体制を整わせようとし

たのである（②）。貿易資金としては銀子二〇〇貫目余を渡すこととしているが（③）、貿易品については前例もあったためであろう、悪しき糸・巻物・薬種類を購入なきこと（④⑤）、代銀は商品と直接引き替えとすること（⑥）などが触れられている。またこれまで未回収のままになっている二〇〇貫目余の銀子について、現銀ないしは唐物で上納するよう促されているのは（⑦）、幕府の貿易資金を投下するにあたり、あらたに信頼のおける市場関係を構築する上でも必要とされたからにほかなるまい。そして最後はこうした幕府御用を遂行するにあたっても、たとえ航海の用心の為でも武具の携行を許さないことを示して（⑧）、この点については幕法の厳しいことを認識させているのである。

　右の藩の「覚」を受けて、尚豊は、翌年春進貢の使者として金是寶（具志頭親方朝房）・鄭藩献（国場親雲上）らを派遣、この一件について具体的に途をつけさせるために折しも渡明中であった蔡堅（喜友名親方）らに宛てた書を託している(33)。その金らに託された「尚豊御書」は一六四〇年（崇禎十三）閏正月二日付のもので、内容は九条からなるが、その主なものをあげれば次のようなものである(34)。

一糸賣買之御侘何程済候ハン哉、爰元者朝暮其左右計待入候、就夫毎月辯嵩、敷那、末吉参詣仕候事（第一条）

一去秋従　御国本御條書下候而、江戸之　将軍様ヨリ日本国ニ薬種并マキ物糸之御不自由之由ニ候而、琉球口ヨリ誂進上申由ニテカゴシマ御老中ヨリ具志上可差渡由被仰付候儘若輩ト申、又ゝ新度ニテ難成由申候へハ必定御定被成候間、不及力候、今度船頭ニテ渡候、其方以校量、万端御奉公罷成様ニ才覚頼入候事（第二条）

一今度之天下之御用之儀能調候へハ、麑島之御為ニモ能御座候、又琉球迄可然カトモ出合ニテ候間、カヘスゝゝゝモ難成ナカラ頼存候事（第四条）（読点上原）

　最初の条目は納税を前提とした白糸貿易の一件について、対明交渉の首尾を問うものである。尚豊が毎月尚氏ゆかりの拝所辯嵩（嶽）・敷（識）名宮・末吉神社への参詣を行なっているいると述べているのは、それが琉球国にとって緊要な政治的案件として認識されていたことを暗に示していよう。二番目の条目は前年、つまり一六三九年（寛永十六・崇禎十二）秋、国許の薩摩藩より「御條書」があり、それは、将軍家光より日本国に薬種ならびに巻物・糸の類が不自由につき、琉球口より誂え、進上するよう仰せ渡しがあって、薩摩藩老中より具志上の派遣を命ぜられたとする。島津氏はやはり渡唐役人の指名を行って特命の遂行にあたらせようとしたことがわかる。しかしこの条目をみると、具志上より若輩を理由に役目には耐え難い旨断りがあったため、渡明中の蔡堅をして才覚させる事となり、具志上は同人のもとへ「尚豊御書」を届けたのである。その蔡堅に三番目の条目で、尚豊が「この度の天下の御用が整えば鹿児島、また琉球のためにも良いことである」とその特段の尽力がたを諭しているのは、琉球の対明貿易が公的に認知を受けることによって、その安定的維持が担保されるという認識があったからであろう。

2　白糸貿易体制の立て直し

金是寶・鄭藩献らの派遣にあたっては、進貢の煎熟硫黄をもってするむねの咨文[35]のほかに、納税による白糸の購入を訴える尚豊の布政司ならびに礼部宛ての咨文[36]、そしてそれと同じ内容をもつ世子尚賢の奏文[37]などが託され、その尽力に大きな期待がかけられたふしが見える。しかし、幕府・島津氏、そして尚氏という三者の期待とはうらはらに、金・鄭らの派遣は満足すべき結果をもたらさなかった。予定でいけば、一六四二年の夏には使者一行は帰国するはずであったが、都通事の阮士元らを乗せた船が帰国したのみで、正議大夫の鄭らは中途において遭難し、浙江省温州に漂到、そこで賊難のために落命してついに帰らなかった[38]。

『歴代宝案』には尚賢より福建布政司あて、鄭らの消息を問う崇禎十六年（一六四三）三月一日付の咨文が存在する[39]。

実はこの間に琉球においては尚豊より尚賢へ王位の交替があった。すなわち、尚豊は鄭藩献らを明国に送り出してから間もない一六四〇年五月四日に死去し、対明交渉はその子の尚賢の手に委ねられていたのである。尚賢は鄭らが不慮の事故で帰らなかったため、四四年、金応元を進貢使として派遣、自らの冊封を要請するとともに、礼部・布政司に対し、「旧例に俯准して、進貢の年に遇う毎に互市して糸を貿《か》い、価毎両に三分を諭税し照数して報税すれば朝廷の浩蕩の恩波に沐し、巨賢の小国をして悠久に踊躍せしむるに庶《ちか》からん」[40]と、あらためて三分諭税による生糸購入の認可を訴えている。

しかし、この年中国の政情は激動を極めることはまた周知の如くである。すなわち、李自成の率いる農民起義軍によって北京は占拠され、崇禎帝（毅宗）は自殺、また李自成は北京攻略からひと月余にして清軍によって放逐され、この年の十月には清の順治帝が北京に入った。いっぽう清軍の北京入城後、明万暦帝の孫福王が南京において史可法らに擁立され、明王朝の命脈をつないだ。尚賢の白糸貿易の復活交渉はこの南明政権とつづけられることとなったのである。

金応元らの訴えに対し、南京礼部はついに弘光元年（一六四五）二月六日付をもって欽差提督軍務福建巡撫の都御史張宛てに、三部諭税による白糸の購入を認める咨文を送っている[41]。ここに白糸貿易は復活を認められることになったのであるが、これを受けて金はさらに集品システム上の最大の問題であった牙行編成について請願を行なった。すなわち、白糸貿易の再開にあたっては、官牙でなければ市価を安定化させることはできず、熟識の通訳でなければ、市易し難いとし、自らよく知るところの牙行一〇人を福建布政司の「信牌」を得て南京礼部の認可を得たいと願ったのである[42]。要請を受けた礼部よりは、三月七日付で金らが推薦した梁迹・鄭玄・曾豊・何益達・鄭碧・王燁・張拱・馮陞・鄭斉・梁英に「割付」を給する旨の照会が福建布政司宛てに送られ[43]、この一件は琉球側の要求通りに実現される運びになった。土肥祐子によれば、これら選ばれた官牙の代表格にあるのは梁迹で、二回にわたる王銀詐取事件でそれぞれ四五二・六両、一八五七・八両と多くの欠銀を出した人物であり、王燁も同様に王銀詐取事件にかかわった「王華」の可能性が高いという。[44] このような商人たちが「官牙」として金らの推薦を受けたというのは、土肥のいうように、双方の間に緊密な関係が存在していたからであろう。[45] あるいはこの時点ですでに梁迹・王燁らは欠銀を埋めていた可能性もある。[46] ともあれ、こうして白糸貿易の再開の途を開き、生糸購入価格の安定化、貿易銀の詐取行為を排除していくための「官牙」制を成立させることに成功したのであった。[47]

しかし、新しい貿易システムが成立したものの、それを容認した当の南明政府はやがて崩壊するのであるが、清初においても琉中貿易は右の十家牙行によって担われたであろう。西里喜行によれば、清代には牙行の名が消え、「客商」が土通事とともに貿易上重要な位置を占めるようになるという。[48] 琉球館客商は一般に「球商」よばれ、やはり十家よりなるが、西里は十家という数字は単なる偶然とは思えず、清代の進貢貿易システムも明末の「十家牙行」を継承していると見るべきかも知れないと見ている。[49]

さて、南明と清朝との攻防がつづく中にあって、島津側より琉球を通じての生糸貿易について幕府に伺いがたてられたが、これに対して一六四六年（正保三）、阿部重次ら年寄衆は連署で島津光久に次のような御内書を宛てている。[50]

琉球江従大明糸商買之事、今度彼国兵乱付而、如何可有之と被存之趣承届吙、琉球之儀者如有来令賣買吙様尤も存吙、恐々謹言

以上

朱カキ
正保三年
六月十一日

阿部對馬守
重次判

阿部豊後守
忠秋判
松平伊豆守
信綱判
松平薩摩守

すなわち、幕府は琉球にはこれまで通り生糸購入をつづけさせる態度を明らかにしたのであり、それはまた必然的に琉球の清朝との宗属関係を容認する方針を固めたことを意味する。ポルトガル人を追放したいま、幕府は琉球と中国との貿易を閉ざすわけにはいかなかったのである。

第三節　沿岸防備体制と琉球

1　異国船監視体制の強化

一六三九年（寛永十六）八月五日に太田資宗によってポルトガルの追放が申し渡され、翌年その渡航にそなえて九州沿岸の防備体制がとられていくことになる。それは山本博文がいうように、琉球をも拘束するものであった。以下ではその実態について見ておきたい。

幕府は一六四〇年にマカオから貿易再開を嘆願するために使船が来航すると、上使として大目付加々爪忠澄、目付野々山兼綱らを派遣、加々爪らは六月十六日、ポルトガル人六十一人を日本渡航の禁令を犯した罪によって斬首に処している。(51) そしてその後九州の大名を島原と小倉に集め、六月三日付の条書を示している。(52) その内容は、①去年は

「かれうた船」が着津の節は、入番を付け置き、その子細を言上するよう触れたが、以後右船が来航した場合は「悉可行斬罪之旨候事」、②領分の海上を見渡せる場所に、番の者を付け置くこと、③「かれうた船」が見えたならば、島原藩主高力忠房・長崎奉行へ注進し、大坂、そして隣国の面々へも通報すること、④たとえ「かれうた船」が見えても沖にある時は軽率に攻撃をしかけず、高力氏や長崎奉行の指図をうけること、⑤「かれうた」のほか唐船・異国船着岸の時は、これまで同様に、早々に船中の人数を改め、陸地へ上げず、長崎へ送還すること、以上の五点である。すなわち、幕府は来航するポルトガル人は即座に斬罪に処すという厳しい方針を打ち出すとともに、周到な防備体制の構築を九州の諸大名に要求するにいたったのである。

幕府がポルトガル追放に踏み切った一六三九年（寛永十六）、そして翌四〇年に八重山島において南蛮船が破船することが起こっている。三九年に難船した者たちは、八〇人が島に上陸したものの、間もなくその多くが死去し、生存者はわずかに五人を数えるほどになったようである。(53) 島津氏は状況を幕府に報告、これを受けた幕府年寄衆は、死者人数があまり多いことに、琉球人が南蛮人らと内談し、島々へ隠し置いているのではないかという疑念をもった。島津光久のほうでも同様にこれに不審を懐き、川上上野守・比志嶋監物の両人の派遣を命ずるにいたった。(54) ところがその後両人が渡海しないうちに、やはり八重山島に翌年五月に南蛮船が渡来、二、三〇〇人の乗組員を陸へ降ろし、そのまま残留しているとの報が届いた。(55) 漂来した南蛮人・唐人らは食糧を乞い、断られると田圃から稲米等を盗み取った。そしてさらに島人三人を人質に取り、米粟を要求したため、やむなく米穀四石をやり、解放してもらうという状況で、島中が騒然となった。(56) 急報を受けた島津光久は「若所をも破候儀も可有之」と緊張し、四〇年さらに渋谷四郎左衛門に鉄砲隊一〇〇人を付して渡海を命じるにいたったのである。(57) しかし、渋谷らが到着する間に、南蛮人らは島民一人を殺害、婦女一人を掠めて去って行った。(58) 同年六月三日付の「條書」、あるいは長崎におけるポルトガル人の斬罪と、この八重山における南蛮船の来航事件とのかかわりについては明らかではないが、幕府の関心が琉球の島々に注がれたことは事実であった。これによって当然島津氏の対応も過敏にならざるをえなかった。四〇年に、琉球人の玄也なる者にキリシタンの法を学んだという琉球在住薩州人よりの訴えを受けて、玄也を鹿児島に連行、その後同人に確たるキリシタンの証拠がなかったため釈放せざるをえなかった事件も、(59)そのことをものがたるものといえよう。

こうして島津氏の周到な異国船監視網は琉球南西の島々まで覆いつくすことになったのであるが、幕閣によるその後の異国船対策をみると、さらに繊細な動きをみせているのが確認できる。一六四二年(寛永十九)七月十一日、島津領甑島の内小串において、地下の者が南蛮人九人を捕らえたところ、三人が日本人であることが判明し、そのことは長崎奉行馬場らに報告され、さらに幕府年寄衆を通じて家光の耳に入れられた。(60)いっぽう翌四三年の阿部重次ら年寄衆が島津光久に対して二月八日付で宛てた連署状は、「この度奥州筋ならびにこの辺り(関東筋か)できりしたん宗門の者を捕縛したが、厳重な穿鑿を実施しているゆえに、逃散の族が在々所々に潜入するかもしれないので、領内において一層改めを堅固に行なうように」、と命じている。(61)そして同年十月の十六日には阿部は諸大名衆の留守居を招集し、あらためて南蛮船対策を指示するにいたっている。島津氏の留守居新納久詮・島津久通より国家老らに宛てられた書状には次のように述べられている。(62)

(前略)阿部豊後殿以御両所被仰出候様子者、頃も呉国舟見得候由、方〻より申来候、先日も雖被　仰渡候、浦濱相拘候衆者、弥以無油断可入念候、南蠻人之儀者執念深きものニ候間、如何様之才覚をもいたし、はてれんなと陸へ可下候間、以其心得、番之者堅可付置之旨　上意之由被仰渡候(以下略)、

すなわち、あいつぐ異国船渡来の情報に、「南蛮人」の執念深さが指摘され、「はてれん」を上陸させること無き

ようきっと番衆を配備せよ、との家光の上意がその場で伝えられたことがわかる。

ついで十二月十四日には、在江戸の諸大名の留守居には「覚書」のかたちで、また在国の大名衆には「奉書」のかたちで特にオランダ船に関する申し渡しを行なっている。それはオランダ船が「伴天れん」などを乗せ来たり、不審の様子が見えたならば、格別のことにつき、よくよく入念に改めよ、というもので、オランダ船にも監視の目を厳しくすることを指示したものである。(63) それはいうまでもなくこの年、オランダ・東インド会社の探検船が南部に漂着、キリシタンの密入国と間違われ、捕縛されたブレスケンス号事件(64)の影響によるものであった。すでに幕府は十一月七日付の老中連署をもって、オランダ商館長宛てに三ヶ条からなる通達を行っているが、その一条で、風難によってどこへ吹き寄せられても、上陸する場合は許可を受けること、船中の人数についてその所の守護人の改めを受けることと定め、「以来ハたとへ阿蘭船たりといふとも此度のことく不届之儀於有之は急度曲事可被仰付事(65)」と述べている。十二月十四日の申し渡しは、こうしたオランダにたいする幕府の方針を諸藩に示したものといえよう。

2　唐船政策の転換

将軍家光は、オランダ人はポルトガル人と同様にキリシタンであるという認識をしていたから、(66) オランダ船に警戒の目が向けられるようになっていったのは当然であったともいえるが、やがて警戒の対象は唐船にまで及んでいくようになる。幕府が唐船に対する厳しい対応を打ち出したのは、一六四一年（寛永十八）のトンキン・カンボジアなど、ポルトガルと関係の深い地域を出港地とする船に対するのが最初であろう。オランダ商館上級商務員ヤン・ファン・エルセラックは、日記の同年十一月十五日の条に次のように記している。(67)
十五日　前期貨物の引渡しに従事した。

夕刻、通詞八左衛門が第二の町年寄の作右衛門殿から聞いた當分極秘の事を密かに知らせた。即ち當所の奉行たちはトンキン、カンボジアの支那船が今後當地に来ることを禁ずる決心をした。但し最初はその積荷を持帰らせ、再び来た時は厳罰に處するというのである。これはパーデレやポルトガル人が支那船によって種々の貨物を送っていることが明らかになり、日本のためこの貿易禁止の必要が認められたからで、今後オランダ人が同貿易を独占し、大いに利益をあげることになろう。

すなわち、エルセラックは、通詞八左衛門より、長崎町年寄作右衛門より得た極秘情報として、ポルトガルがトンキン・カンボジアの唐船を利用して宣教師や種々の貨物を送ってくることを理由に、長崎奉行らが今後その長崎来航を禁止し、当面は積荷を持ち帰らせるものの、再び来航した場合には厳罰に処する方針であることを知らされている。その後、翌一六四二年七月九日（寛永十九年六月十三日）付で入港した福州船にもキリスト像のある小箱などを所持した乗組員が発見され[68]、唐人キリシタンの存在が東南アジアよりの渡来船に限らないことを知らしめたが、それにもまして衝撃的であったのは、先に甑島で捕らえられたポルトガル人宣教師の自白内容であったと見てよいであろう。すなわち、拷問に耐えきれなくなったポルトガル人宣教師は、中国には宣教師が多数いて忙しく活動し、キリスト教に関する書物を沢山印刷して日本に輸入するのに忙しく、彼ら自身もそれらを他の物と埋めたこと、漢訳版キリスト教書籍が日本向けに多く印刷されているのは、日本と中国では発音は違うものの、文字が同一であるから日本でも読むことが可能なためであること、などを白状したのである[69]。幕府はすでに一六三〇年（寛永七）にキリスト教関係の漢籍三一点を輸入禁書に指定していたが[70]、この宣教師の証言はなおそれらが密かに日本に送り出されていたことをものがたっていたのである[71]。エルセラックの日記は「奉行は驚いて支那人を悉く呼び出して、このような書物を日本に持って来ぬよう、また背けば宣教師を連れて来ることと同じ最も惨酷な死刑に處する旨を傳えたという[72]。」と記している。　そしてこのような長崎奉行らの衝撃に追い打ちをかけたのが一六四四年九月十六日（寛永二十一年八月十六日）、長崎入港のジャンク船に「数珠と一冊の書籍」と九人の唐人キリシタンが発見されたことであった(73)。老中阿部忠秋は九月十一日（新暦十月十一日）に、諸家留守居を自邸に呼び、唐人の穿鑿にも心付けるように諭している(74)。九月十二日付で薩摩藩留守居新納久詮・北郷久加らが国元へ宛てた書状によってその内容を要約すると、この年長崎来航の唐人にキリシタン宗旨の者がいるとの訴人があり、嫌疑のある者を拷問したところ、あまかわ（澳門）においてポルトガル人が唐人へキリスト教への入信を進め、大明へも日本へも渡海せしめるたくらみを深くしていること、この度の者は日本の様子を探索のために派遣されたこと、また澳門において日本人の子供に南蛮宗の学問、唐の学問を学ばせて、唐人にしたて、日本へ渡海せしむる用意をしていること、などが明らかになった。そこで、以後唐船を陸地に近づけず、海上で船中を改め、付き添いの役人を付して長崎へ送り届けるように、それが将軍の上意である、などというものであった(75)。この書状の差出人である新納久詮らが、後段のところで「今度被仰出候様子者、前〻長崎ゟ被仰渡候意趣ニ者、相替候之間、長崎御奉行衆へ追付以使者右之ことく従江戸申来候(76)」と、述べていたように、それは唐船に対する処置もオランダ船なみに大きく転換していくことを意味するものであった。

しかし、こうした唐船に対して警戒を促す諭達はすでにこれ以前に九州の大名たちには通達されていたのではないかと思われる。たとえば「旧記雑録」には、寛永二十一年五月十三日付の差出人も名宛人も欠く次のような「覚」が存在する(77)。

覚

一南蠻人唐人装束ニて唐船ニ乗り、唐人ニまきれ商賣ニ可参由之事、

一天川人商賣物唐人を頼越候由之事、

一伴天連共日本人之装束ニ而唐人船ニ乗、又ハ日本舟ニ拵可参候間、猟舟ニも心かけ見出シ可申事、乍去、呉国船ニ日本船着候儀者、御法度ニ候間、近くより候儀ハ可為無用事

「寛永廿一年」申ノ五月十三日

すなわち、この「覚」では、南蛮人が唐人になりすまして唐船に乗り込み、唐人にまぎれて貿易にやって来ているよしのこと、天川人（ポルトガル人）が唐人に貿易品を唐人に託しているらしいこと、そして「伴天連」どもが日本人のなりをして唐人の船に乗るか、もしくは日本船を仕立てて渡来する可能性のあることなどをあげて、そうした事態への新たな対処を促している。直接に唐船そのものの処置について触れたものではないが、ポルトガル人たちが唐人をカモフラージュに利用して日本へ渡来して来ることに警戒の念を強くしていたことは判明しよう。この「覚」の趣旨は九月一日付で、薩摩藩国家老の頴娃・川上の両人が琉球在番奉行の阿多内膳、琉球三司官・金武王子らにあてた「覚」の中にも具体化されていることが確認できる。すなわち次の如くである[78]。

覚

一①阿蘭陁船・南蠻船・唐船之繪図指下候、能〻被見届可有其覚悟事、付繪圖相寫、八重山其外嶋〻へ可被遣事、

一②阿蘭陁船にて候ハヽ、水取・薪其外何ニ而も用之儀於申者、可有馳走事、

一③阿蘭陁船毎年九月廿日、長崎出船いたし下國仕候、自然嶋〻へも参候ハヽ、如右馳走可被申事、

一④南蠻船ニ而候ハヽ、麁相ニ本船取りかけましく候、自然水取なとに、はし船陸へ着候ハヽ、何とそしのひ寄、橋船を可取事可為肝要事、

一⑤国司御格護之嶋々、船之着場有之へき所へ、かたく番衆可被召置候、自然南蠻人陸へ上り候ハヽ、越度ニ可罷成候、一大事之儀候條、為御届宜灣大里へ申渡候事、

一⑥此比者南蠻人、唐人之致支度、唐船ニ乗相渡儀候、又唐人之内ニもきりしたん有之由候間、唐船参候ハヽ、船中荷物小道具等身廻迄細ニ可被為改候、若不念之儀於有之者、改衆曲事ニ可罷成事、

一⑦南蠻船并不審成唐船参候ハヽ、入念相記細ニ條書ニ載、以早船此方へ注進可被申上事、付呉国破損船之道具寄候ハヽ、細ニ日記を以此方へ可被申候、但きりしたん道具并手軽き道具者、此方へ可被持せ事

以上

寛永廿一年九月朔日

顯娃左馬頭御在判

川上因幡守御在判

阿多内膳正殿

三司官

金武王子

この「覚」を条目ごとに順を追って見ていくと、まず冒頭の条で、オランダ船・ポルトガル船・唐船の判別を助けるために船舶図を八重山そのほかの島々に送ることを述べ（①）、以下五条までは、来航船がオランダ船ならば水・薪などを馳走し（②③）、南蛮船ならば、軽はずみに攻撃をしかけないこと（④）、琉球国司領の島々の船着き場へ番衆を配備すべきこと（⑤）など、これまで触れられてきたことが再度強調されるかたちとなっている。しかし第六条目は、南蛮人が唐人のなりをして唐船に乗って来航すること、唐人の中にもキリシタンが存在する可能性などを指摘

しつつ、唐船入津の節は船中の荷物小道具にいたるまで厳重に改めるように促している。そして七条目でも南蛮船ならびに不審な唐船の渡来に際しては委細を條書にしたてて、早急に薩摩表へ注進するように命じている。

以上のように、そこには九月十一日に老中阿部が諸家留守居に申し渡した内容をうかがうことはできない。すなわちこの段階までは、幕府の唐船とポルトガル人との関わりについての疑惑はなお明確なかたちをなしていなかったと思われる。しかしその後、唐人キリシタンが確認される事態が続くにおよんで、山本がいうように、大きな衝撃をうけ、(79)新たに唐人来航に際しての対応を指示するにいたったものといえよう。九月十一日の老中申し渡しの内容は、薩摩藩では九月の末に領内に触れられている。(80)

その後、エルセラックの日記によると、幕府は、十一月十日（旧暦十月十一日）、長崎奉行所の前に停泊中の唐船乗組員一五〇〇人と、長崎在住の唐人らを一同に集めてキリシタンの穿鑿を行なっており、(81)そして翌十一日には、マカオからきた唐人四〇人を大村の牢に収容、一五人を抑留、うち六名を拷問で死亡させている。(82)唐船に対するキリシタン穿鑿はいよいよエスカレートしていったことが知られるが、さらにエルセラックの日記を追うと、この日の朝、対馬から急使によって同地で抑留したジャンク船に関する情報がもたらされており、これがまた幕府を刺激することになったのではないかと思われる。日記の当該部分を引用すると次の如くである。(83)

天明頃朝鮮に近い薩摩島（対馬の誤り）から急使が来て、同地に着いたジャンク一隻を抑留したが、乗組み五十二人の中にパーデレがおり、支那人の大部分はキリシタンと信ぜられると報告した。拷問にかけられた支那人は、五十二人乗組みのジャンクが彼らの船と共にカントンとマカオを出帆したが、今まで當地に着かぬゆえ、前期の船に相違ないと言明した（以下略）。

すなわち、対馬来航の唐船の乗組み員五二人の中に宣教師がおり、唐人の大部分がキリシタンと思われるとの報告があったこと、同船については、マカオ出港船の唐人が、カントンやマカオを共に出帆した船に間違いないとの証言が行なわれていたことなどがわかる。こうしたことに加えて、エルセラックの「支那には公然ローマ教を説くパーデレが多数いるゆえ、支那人が日本通商を許されている間は、日本からローマ教徒を悉く驅逐することは不可能である」「またカンボジア交趾地方に多くのパーデレとポルトガル人が居住し、彼らは今も尚支那人を介して毎年日本貿易を行なっているゆえ、早くこれを禁止せねばならぬであろう(84)」などという、長崎貿易より唐船排除を目論んだ忠告がさらに影響を与えたであろう。幕府の唐人に対する疑惑の高まりは、次の一六四四年（寛永二十一）十月二十六日（新暦十一月二十五日）付で薩摩藩が領内に対して出した次の触れでわかる(85)。

（「猶々」書略）

急度申候、然者於日本鬼利死短宗旨を綱就御法度候、弥穏〻為弘宗旨、きりしたんと云名を天子主教又耶蘇《ヤソ》會と此比相替、日本江差渡之由、今度長崎へ参候鬼利死短宗之唐人申候由、長崎従御奉行衆被仰越候間、以其心得先書如申候、唐船着岸候ハヽ、唐人一人も陸へおろさす、於船中可被相改候、就中唐船之内ニ廣東出之船ニ不審成様子有之由、長崎ゟ申来候間、廣東出之船と申候ハヽ、別而入念番を付置、不移時日鹿児嶋へ可被申上者也、

寛永二十一

十月廿六日

山民部少輔

頴左馬頭

川因幡守

嶋圖書頭

谷山・喜入外郷々十ヶ所略

噯衆中

すなわち、長崎奉行よりの申し渡しとして、キリシタンを「天子主教」または「耶蘇會」などと漢訳化して、唐人が布教のために送り込まれているので、唐船着岸に際しては、唐人は一人も陸へ降ろさないこと、特に広東出港の唐船には番を付け置き、ただちに鹿児島表へ報ずること、などが触れられている。

当然のことながら、こうした唐船に関する布達は琉球にも示される。十月晦日（新暦十一月二十九日）付をもって薩摩藩家老衆より琉球現地の最上善次郎・町田掃部助宛てに、次のような八重山番衆についての新たな指示が与えられている。(86)

一①八重山嶋之番衆、此中者前嶋石墻ニ為被居由候、爰よりハ入面之そなへ村へ、しかと可被罷居事、付そなへ村へ、琉球より、両奉行之假屋并付衆之かり屋、相應ニ可被相立由、申渡候事

一②石火矢を、そなへ村之邊矢懸能所ニ、敵方ゟ不見様ニ構置、依様子可被為討事、付石火矢之玉薬之掛合、兵具衆へ可被為習事、又石火矢くさらさるやうに、可有格護事、

一③（略）

一④（略）

一⑤唐船ニ南蠻人見得候ハヽ、何とそ才覚を以、はし舟を被取候者、第一之手柄ニ可罷成候、左候て本船出船不罷成、其船自然ニ被為取候者、天下へも相聞得、御奉公ニ可罷成候、かろ〳〵と出合、鉄炮なと被討賦儀、曲事ニ可罷成之間、為御届之申渡候事、

一⑥前〻幾度も御置目之通、條書を以申渡候、其旨弥可被相守事、

一⑦此書物替番衆へ次第ニ可被次渡事、

八重山島の番衆は人員の交代制をとりながら、その後も維持されていたが、一六四四（寛永二十一）年十月には西

表島「そなへ村」（祖納村）へ琉球の両在番奉行の仮屋（詰所）ならびにその付衆の仮屋を設置すること、石火矢を「そなへ村」の「矢懸能所ニ、敵方ゟ不見様ニ構置」くことなどが命じられている。すなわちここに西表島へ番衆が常駐できる体制がつくり出されようとしていたのである。そして注目されるのは、「唐船に南蛮人が見えた場合、まずはし船を奪取せよ」とする五条目の存在であり、鉄砲打ち掛けの禁止など、ポルトガルとの国際紛争を避けつつ、キリシタン禁制の実をあげようとする幕府政策は、はるか琉球南西の島々まで深く貫かれていったことを知りうるのである。この法令を追っかけるかのように、十一月六日付をもって、先の島津本藩領内に発せられた十月二十六日付の触れがやはり最上・町田宛に送られているのがわかる。(87)

なお、唐人に対する警戒心は明清交替が明確になるにつれ、いっそう強まる。一六四六年（正保三）十月二十六日朝、薩摩藩留守居新納久詮・嶋津久通らは、老中阿部のもとに呼ばれ、改めて異国船来着に際して長崎奉行・高力高房・日根野織部正への通報を怠りなきよう諭された。(88)新納らはそのことに関し、「大明之事、従韃靼国討取ル間、別而異国船御心遣ニ被　思召と聞得申ル」と、国許の山田・北郷ら家老に述べている。(89)老中阿部らの申し渡しは例に漏れず、諸家の留守居を集めてなされたのであろうが、それはこの年の七月十六日および二十三日に「韃靼」風俗の者を乗せた二隻のジャンク船が長崎に入港したことと関わりがあったと思われる。(90)七月二十七日付の『オランダ商館の日記』は前日に江戸から急使が着いて、これらの者達には取引を許さず帰国させるよう奉行宛に命令が伝えられたとし、「南京はタルタル人の治下にあり、日本はタルタル人と通商したことなく、彼らがキリスト教徒であるか、否かも明らかでないためということである(91)」と述べている。長崎貿易への韃靼風俗をした商人の登場は、キリシタン問題との関わりにおいて、幕府に新たな緊張をもって迎えられたことが、この一事から推し量れよう。

むすび

以上、本章では「鎖国」（海禁）体制が薩摩藩・琉球国に貫かれていく過程について検討してきた。まず政治的権限が拡大化された長崎奉行が、一六三三年（寛永十）から翌年にかけて薩摩藩に対して行なった通達は、幕藩制国家の国是であるキリシタン禁令を基本にして、藩独自の事情に即した唐船対策、唐船・異国船との生糸の取引き値段、それにばはん人取り締まりなどが主な内容をなしていた。いっぽう琉球国については、一六三四年（寛永十一）の八重山のキリシタンの疑いのある「ミやら」（宮良）に対する焚刑の指示とともに、日本衆の琉球への渡海、島津氏の許可を得た者以外の居住禁止などが注目されるものであった。それは同年の長崎「制札」の奉書船以外の異国渡海を禁じた一項の具体化であったと解せられる。琉球はこれにより「異域」としての位置が方向づけられたことになろう。

島原の乱後、キリシタンの取り締まりは異国との境界をなす琉球諸島にさらに徹底されることになった。琉球渡海の他国人の改めが厳しく促され、東南アジアからの宣教師の北上ルートにあたる八重山・宮古両諸島への南蛮人漂着に際しての対応も示された。そして「とけす村」の漂着南蛮人の行動についての詳細な報告が求められたように、琉球諸島の海村・僻島の別なく細部にわたる情報が幕府に集中的に掌握されるシステムが構築されつつあったことがわかる。

島原の乱を契機に、幕府はポルトガル人の追放を断行するが、幕府はそれにあたって対馬口とともに琉球口を生糸・薬種等唐物を確保するルートとして設定する方針を定めていた。琉球口については、事前にその貿易品目を島津氏を通じて押さえており、琉球口が対馬口ともどもポルトガル人に替わりうるとを確認したうえで、ポルトガル人の追放にふみきったことが判明する。すなわち、「鎖国」(海禁)は対馬口・琉球口を通じての対朝鮮、対明貿易の維持が前提となってはじめてうち立てられた外交体制であったといえよう。

このことは琉球貿易が尚氏と島津氏の私的な利害を越えて国家的な役の意義を担いはじめたことを意味する。白糸・薬種類の安定的確保のために、幕府―島津氏―尚氏のルートで対明交渉が展開をみたことはそのことをものがたっており、それはやがて諭税による白糸購入という、貿易を朝貢に付随させたかたちでなく、純然たる利得を目的とした財物の取引行為として明国に認めさせ、そしてそれに即応したあらたな「官牙」体制の編成へと突き進ませていったのである。

こうして琉球国はキリシタン倫理に対する防波堤であると同時に、明国との貿易口として、文字通り幕藩制国家の国境線に位置づけられたことになる。もしもポルトガル人によって琉球国が占拠されるという事態があれば、「鎖国」(海禁)体制は崩壊せざるをえない。そういう意味で、長崎奉行・島原藩高力氏を中心とした対ポルトガル防衛網の中に琉球が取り込まれたのには必然性があった。幕府の過敏な反応は、やがてオランダおよび唐船に対しても警戒強化を促したが、それに関する指示もはるか南西の八重山島をも貫き、そして入面(西表)島「そなへ村」(祖納村)への在番衆の配備にまで行き着いていったことはすでに見た通りである。

注

(1) 山本博文『鎖国と海禁の時代』三〇~三三頁、「旧記雑録後編」巻八六、五、六二一号。
(2) 「武家厳制録」巻二十五(『近世法制史料叢書』3、創文社、一九五五年)。
(3) 「旧記雑録後編」巻八七、五、七二二号。
(4) 右同巻八六、五、六三四号。

（5）右同巻八七、五、七二二号。
（6）右同巻八六、五、六三四号。
（7）（8）（9）山本『鎖国と海禁の時代』三九―四三頁。
（10）『八重山年来記』によれば、本宮良とよばれる当人とその弟宮良与人・石垣親雲上らはともにキリシタンであったとされる。詳細は高良倉吉「八重山キリシタン事件の再検討」（『沖縄文化研究』五号、〈法政大学沖縄文化研究所、一九七八年〉、のち高良『沖縄歴史論序説』〈三一書房、一九八〇年〉所収）を参照されたい。
なお、この頃の八重山におけるキリスト教の布教状況が問題になるところであるが、レオン・パジェスは次のように述べている。

偶〻一六三四年（寛永十一年）、俗のイスパニア人が、風に吹き流されて、琉球の海岸に漂着し、役人から取り調べを受けた。役人は、彼等が宣教師ではなからうかを知りたがってゐた。然るに、彼等が宣教師でないことを確めると、これを釋放した。之等のイスパニア人が滞在中、土着の人々が大勢密かに、彼等の許にやって来て、若し彼等が宣教師なら、告解したいと言ひ、殆ど全く、宣教師のゐなくなった日本の教會の望みを打明けた。之等のイスパニア人の話によると、ドミニコ會の人々には、ビンセンシオ・デ・ラ・クルス神父と外一人の俗の日本人は、琉球から、同會員若干人を入り込ませることが出来さうに思はれたのであった。（以下略）（『日本切支丹宗門史　下巻』〈クリセル神父校閲・吉田小五郎訳、岩波書店、一九四〇年〉一九五―九六頁）。

このパジェスの指摘が正しいかどうかはなお検討の余地があるが、本宮良のような村役人格の者が入信したとすれば、共同体的紐帯が強い琉球においては、村ごとの入信も決して否定はできないであろう。マニラのドミニコ会宣教師たちが八重山に足跡を色濃く残しているのも気になるところである。
（11）「旧記雑録後編」巻八七、五、七八三号。
（12）右同巻八八、五、八二〇号。
（13）右同巻八八、五、八三六号。
（14）右同巻八八、五、八五六号。
（15）右同巻八八、五、八五七号。
（16）右同巻九四、五、一二七九号。
（17）小葉田淳が「御令條寫」によって示すところによれば、寛永十四年十一月の島津久元等の三司官宛「覚」において「異国江日本之武具彌被遣間敷事」と令達されている（同「近世初期の琉明関係――征縄役後に於ける――」）。

（18） 寛永一四年八月四日付の長崎奉行馬場・榊原らの島津家家老衆宛ての書状（『旧記雑録後編』巻九一、五、一〇七二号）によると、「南蛮人」二人、日本人一人を受け取ったことが述べられているが、真境名安興・島倉竜治著『沖縄一千年史』（昭和四〇年版）は「顧氏家譜」に拠って、滞留ポルトガル人一人を上江洲親方助光・渡慶須掟らが送還にあたったことを記している（二八二頁）。レオン・パジェスによれば、マニラのドミニコ会からアントニオ・ゴンザレス、グリェルモ・クールテー、ミカエル・デ・オツァラツァら三人の神父と、日本人で修士のヒルセンシオ・デ・ラ・クルスが日本布教のために選ばれ、一行は一六三六年七月十日に琉球に着いている。その後彼ら一行が捕縛され、薩摩から長崎に送られるまでの顛末について、パジェスはまた次のように述べている（『日本切支丹宗門史』下、二九六―九七頁）。

遂に、一行は、一六三六年七月十日琉球に着いた。前記四人の神父と共に、二人の俗人が一緒で、一人は前に信仰が原因で流された京都《メアコ》生まれの癩病の日本人、もう一人は、ロレンシォ・ルイスといふ名のビノンドクといふ町の者で、フィリッピン人と支那人との混血児であった。下船するや、聖なる旅行者達は、俗人の装をして、近くの町に行き、自分たちは海を越えて来た者である。仲間の者が自分達を海岸に置き去りにして行ってしまったのだと言った。

この島で、彼等にどんな事が起こったかは誰も知らない。何となれば、彼等自身からも、他の人からも、何の便りも無かったからである。然し、彼等は、着到早々捕まって日本に送られたものと推定された。

かくて、一年餘り留まった後、琉球は、薩摩の君主下にあったから、彼等は、薩摩に連行され。一六三七年九月十三日、薩摩からさらに長崎に連れて行かれた。第一の船には、クールテー、オツァラツァ、並にビンセンシオの神父達が、俗人の装をし、而も手を縛られたま、乗ってゐた。彼等は、至って狭い牢舎に投込まれ、極悪の罪人として、、極端に嚴重に見張りをつけられてゐた。（以下略）

（19） 「旧記雑録後編」巻九四、五、一二九八号。

（20）（21） 右同巻九四、五、一三〇九号。

（22） 右同巻九五、六、一九号。

（23） 山本博文『寛永時代』（吉川弘文館、一九八九年）、同『鎖国と海禁の時代』。

（24） 永積洋子『近世初期の外交』。

(25)　田代和生『近世日朝通交貿易史の研究』（創文社、一九八一年）四三六―四三七頁。
(26)　「旧記雑録後編」巻九五、六、五五号。
(27)　右同巻九五、六、一九号。
(28)　『日本関係海外資料　オランダ商館長日記　釋文編之四（上）』（東京大学史料編纂所、一九八三年）五月二十日条、山本注（1）著書七六～七七頁。
(29)　山本注（1）著書、七六～七七頁。
(30)(31)　「旧記雑録後編」巻九五、六、一九号。
(32)　右同巻九六、六、六二号。
(33)(34)　「蔡氏家譜」九世紫金大夫諱堅条（『那覇市史』資料編第一巻六、家譜資料二〈上〉、那覇市、一九八〇年）。
(35)　『歴代宝案訳注本』一冊、一―二〇―一三号。
(36)　右同一冊、一―二〇―一五号、一―二〇―一六号。
(37)　右同一冊、一―一三―一三号。
(38)　「鄭氏家譜」一二世世議大夫諱藩献条（『那覇市史』資料編第一巻六、家譜資料二〈下〉）。
(39)　『歴代宝案訳注本』一冊、一―二〇―一九号。
(40)　右同一冊、一―二〇―二三号。
(41)　『歴代宝案第一集抄』、二八九号。
(42)(43)　右同第一集抄、二九〇号。
(44)(45)　土肥祐子「中琉貿易における王銀詐取事件―『歴代宝案』第一集より」。
(46)　すでに述べたように、琉球王府は御物銀の内、詐取被害銀高については年賦返済を行っているところからみると、牙行たちより欠銀の回収を行ったことが考えられよう。
(47)　「官牙」制については土肥前掲論文および西里喜行「中琉交渉史における土通事と牙行（球商）」。
(48)(49)　西里喜行右同論文。
(50)　「旧記雑録追録」巻一（『鹿児島県史料』一、鹿児島県、一九七一年）八〇号。

(51)永積洋子訳『オランダ商館の日記』第四輯(岩波書店、一九七〇年)、一六四〇年八月五日条。
(52)「旧記雑録後編」巻九七、六、一三四号、山本注(1)著書一〇六頁。
(53)(54)(55)「旧記雑録後編」巻九七、六、一七一号。
(56)『中山世譜』附巻一、尚賢王崇禎一五年壬午条。
(57)「旧記雑録後編」巻九七、六、一七一号。
(58)『中山世譜』附巻一、尚賢王崇禎一五年壬午条。
(59)右同附巻一、尚豊王崇禎一三年庚辰条。
(60)「旧記雑録後編」巻九九、六、二六六号、二七三号。
(61)右同巻一〇〇、六、二九八号。
(62)右同巻一〇〇、六、三四八号。
(63)右同巻一〇〇、六、三五六号。
(64)ブレスケンス号事件については永積洋子訳『南部漂着記—南部山田浦漂着のオランダ船長コルネリス・スハープの日記』(キリシタン文化研究会、一九七四年)、村上直次郎・中村孝志校注『バタヴィア城日誌』(平凡社、一九七〇〜七五年)三の中村解説、加藤栄一「ブレスケンス号の南部漂着と日本側の対応—附、陸奥国南部領国絵図に描かれたブレスケンス号」(同『幕藩制国家の成立と対外関係』第八章)、山本博文注(23)著書二二〇—二二四頁。
(65)「長崎御役所留上」(『キリシタン研究』第十七輯、吉川弘文館)。
(66)村上直次郎訳『長崎オランダ商館の日記』第一輯(岩波書店、一九五六年)、一六四二年一月十八日条(岩波書店、一九五六年)。
(67)右同第一輯、一六四一年十一月十五日条。
(68)右同第一輯、一六四二年七月九日条。
(69)右同第一輯、一六四二年九月二十三日条。
(70)禁書令については伊東多三郎「禁書の研究」(同『近世史の研究』第一冊、吉川弘文館、一九八一年)、海老沢有道「禁書令に関する諸問題」(上)(下)(歴史教育研究会編『歴史教育』第四巻第11、12号、日本書院、一九五六・七年)、大庭脩『江戸時代における唐船持渡書の研究』(関西大学東西学術研究所研究叢刊一、一九六七年)、同『江戸時代における中国文化受容の研究』同朋舎出版、一九八四年）なお、大庭は『増補長崎略史』の船載書の検閲が寛永一六年に始まったとする記述について、同年「書物目利」に向井家が加わること、東北大学狩野文庫所蔵の「御文庫目録」年代が一六三九年（寛永一六）より始まっていること、また幕府紅葉山文庫が開かれたことなどに着目し、この年が禁書政策の画期と見ている（大庭『江戸時代における唐船持渡書の研究』三五頁）。ポルトガル人の追放がなされたのもこの年であることと合わせて考えれば、無視できない指摘であろう。

(71) 真栄平房昭「琉球のキリスト教禁令と東アジア」（九州大学文学部『九州文化史研究所紀要』第三十四、一九八九年）。
(72) 村上訳『長崎オランダ商館の日記』第一輯、一六四二年九月二十三日条。
(73) 右同第一輯、一六四四年九月十七日条。
(74)(75)(76) 「旧記雑録後編」巻一〇二、六、四二八号。
(77) 右同巻一〇二、六、三九六号。
(78) 右同巻一〇二、六、四二二号。
(79) 山本注（1）著書一三〇頁。
(80) 寛永二十一年九月晦日付鹿籠宛て回文（「旧記雑録後編」巻一〇〇、六、三四九号）。
(81) 村上訳『長崎オランダ商館の日記』第一輯、一六四二年十一月十日条。
(82)(83)(84) 右同第一輯、一六四二年十一月十一日条。
(85) 「旧記雑録後編」巻一〇〇、六、三五一号。
(86) 右同巻一〇二、六、四三八号。
(87) 右同巻一〇二、六、四三九号。
(88)(89) 「旧記雑録追録」巻一、一、一〇二号。
(90) 村上訳『長崎オランダ商館の日記』第二輯（岩波書店、一九八〇年）、一六四六年七月十七日、二十三日条。
(91) 右同第二輯、一六四六年七月二十七日条。

あとがき

筆者が大学院で修士論文としてまとめたテーマは「薩摩藩の天保改革」であった。数少ない成功の事例といわれた財政改革の中に維新変革の原動力を探ろうと意図したもので、特に琉球・奄美など、南西諸島の経営分析が大きな柱をなしていた。その後研究の重点は島津氏の琉球貿易経営、琉球をめぐる幕府・薩摩藩・中国間の交渉史に移っていったが、それは初期の問題関心が薄れたからではなく、雄藩の経済基盤をトータルに捉えること、また対外的窓口を持った政治的意義を明確にする必要性を痛感したからであった。

若干の研究の蓄積がすすむ中で、琉球貿易に関しては、その後啓蒙書のかたちではあったが『鎖国と藩貿易』（八重岳書房、一九八一年）という小著にまとめた（これは失敗であった）が、琉球の対外関係に関する論考についてはついにまとめる機会を逸してしまった。その間紙屋敦之氏をはじめ、真栄平房昭氏、豊見山和行氏、山本博文氏らによって研究は著しく進展をみせ、また荒野泰典氏の「鎖国」＝「海禁」論の刺激的な問題提起もあって、旧稿はまったく色あせたものになってしまった。そのような訳で筆者の研究は新たな構築をせまられることになった。当面の検討の範囲を一六世紀末から一七世紀の三〇年代の幕藩制形成期に限定したのは、いま一度原点にたち戻って研究を再点検しようと考えたからである。

本書をまとめる直接的な動機付けとなったのは、「本研究の目的と構成」のところで述べたように、一連の紙屋氏の研究であったが、筆者にとっては山本博文氏の『幕藩制の成立と近世の国制』『寛永時代』『鎖国と解禁の時代』などの一連の労作との出会いも大きな刺激となった。山本氏の最初の著作の豊臣政権下の島津領主権力の動向、そして薩摩藩の寛永期の位置づけをめぐる分析（第二部三章、四章）は、ほぼ同様な問題関心をもちながら中後期の島津領主権力の動向にのみ目を奪われがちであった筆者の怠慢をつくものであったし、また後二著で明らかにされたいわゆる「鎖国」令そのものの性格、さらに「鎖国」制へのアプローチの方法をめぐる問題提起は筆者にとって誠に新鮮であった。

本書では、山本氏によって「鎖国」制に関する既成の認識がくつがえされたのを受けて、最初に「鎖国」令ありきではなく、さまざまな歴史的事実が生起するなかで、試行錯誤を経ながら「鎖国」（海禁）体制なるものが琉球口をも覆いつくすにいたる過程を追跡したつもりである。

本書の原稿をあらかた書き上げたところで、藤田覚氏編著の『一七世紀の日本と東アジア』（山川出版社、二〇〇〇年）を手にすることができた。藤田氏は同書で、①一八世紀から一九世紀のわが国の対外関係を表現した「鎖国」を一七世紀の対外関係と同じものと捉えることが許されるのか、また「祖法」として定置された対外関係を到達点とし、一七世紀の対外関係をそれへの過程として理解することは妥当か。②「日本型華夷秩序」は、中国が構築した華夷秩序が実態を有する秩序であると考えられているのに対して観念的なものである。いわゆる四つの「口」ごとに近世的な関係の構築過程と実態、それに意識・観念を、全体の動向と密接に関わらせながら明らかにする作業が必要である。③外交は内政の延長でもあり、国内政治の諸段階と外交の展開、そのあり様を具体的に把握することが求められる。その点からとくにキリスト教の問題を軽視することは許されない、以上三点の問題提起を行なっている。これらの点については、筆者も同感である。本書もこうした視角から大きくずれてはいないと考えている。

なお、本書をまとめるにあたって頭から離れなかったのは、かつて筆者が一六〇九年の島津氏の出兵を契機に琉球独立王国は解体され、幕藩制国家に編成された、と述べた（講座日本近世史2『鎖国』「六章　琉球の支配」、有斐閣、一九八一年）のに対する山口啓二氏の御批判である。山口氏の御批判は以下の通りである。

……確かに、琉球は島津氏に臣従する位置に置かれ、江戸幕府、公儀の権力の下に置かれ、将軍の代替りごとに江戸に使節を送って服属の意を表しました。しかし、自ら形成してきた独自の国家体制を半ば保持し、中国と冊封関係も維持しながら、江戸時代を通じて存在していたのです。そのような関係があったからこそ、近代になっての、いわゆる琉球処分という問題も起きました。島津氏の琉球入りによって、琉球国家が解体されたと考えると、琉球処分の歴史的性格というものはわからなくなるのではないでしょうか。（山口『鎖国と開国』〈岩波書店、一九九三年〉、二四―二五頁）。

琉球王国の解体といういい方は誤解を与える表現であった。筆者としては主権国家としての琉球は存在しなくなったといいたかったのである。あらためていうまでもないが、やはり「鎖国」制の確立にいたる過程は、琉球国が独立国としての実態を失っていく過程として理解するほかないと考える。島津氏による奄美五島の分離直轄地化、琉球への物及び人の出入管理、商品輸送権の制限、年貢夫役の徴発、対明外交・貿易への干渉、宗教統制などに着目すると、領土・人民・国家主権という独立国家としてのどの要件も残していないことは明らかである。たしかに山口氏が指摘するように、幕藩制国家は琉球の国家装置を残し、中国との冊封・貿易関係の維持を認めたのは事実であるが、しかし、すでにみたようにそれは対明貿易ルートを確保するためであって、同じ理由で朝鮮との外交・貿易を認められた対馬藩と大きな差異を認めることはできない。やはり「鎖国」（海禁）体制の確立過程において琉球貿易ルートは幕藩制国家に従属的に編成されていったというほかはない。

しかし、そうだとするならば、山口氏によって指摘されるいまひとつ重要な問題、すなわち琉球処分をどう捉えるかということである。この問題は中後期の幕藩制国家と琉球国との関係をどのように把握するかということと深く関わる問題である。大きな見通しをいえば、一七世紀後半を境に幕藩制国家と琉球国との関係のありかたは変容していくのではないかと考えている。すなわち中後期以降の両者の関係についても既成の枠組みで捉えるべきでないと考えるのであるが、しかし、事実関係の具体的な検証ぬきでは、山口氏の批判に対する回答にはならないであろう。いずれ別の機会にそれを果たしたい。

つたない研究をこのようなかたちにまとめることができたのは多くの方々のお力添えと御指導によるものである。なんといっても文学研究科の学生の頃、日本史研究室で受けた田村圓澄先生、臼井勝美先生、川添昭二先生、そして藤野保先生の学恩は忘れることができない。とくに臼井勝美・久子御夫妻には学生の身を離れてのちもなお今日まで親しくおつき合いをお許しいただき、人の生き方について多くのことを学ばせていただいた。深く感謝を申しあげる。

またこれまで、研究のうえで多くの刺激を与えつづけてくださった丸山雍成、故中村質、川勝守、田港朝昭、金城正篤、仲地哲夫・西里喜行・金城功の各先生、そしてここに記すことができない数多くの先輩・友人たちのご厚志にも心よりお礼を申し上げたい。

最後に本書の刊行にあたっては吉川弘文館に色々御無理を聞き届けていただいた。あわせて感謝を申しあげる次第である。

二〇〇一年七月

上原兼善

初出一覧

第一章　豊臣政権と琉球国（丸山雍成編『前近代における南西諸島と九州―その関係史的研究―多賀出版、一九九六年）
第二章　豊臣政権の朝鮮出兵と琉球国（『新しい琉球史像―安良城盛昭先生追悼論集』榕樹書林、一九九六年）
第三章　徳川政権の成立と琉球国（新稿）
第四章　初期徳川政権の東アジア外交と琉球国（『第7届中琉歴史関係国際学術会議論文集』中琉文化団済協会出版、一九九九年）
第五章　琉球支配の基調（新稿）
第六章　秀忠政権の対外政策と島津氏の動向（新稿）
第七章　琉球政策の展開（新稿）
第八章　島津家久の領内編成（新稿）
第九章　琉球貿易への介入（新稿）
第一〇章　寛永十二年のキリシタン改め（新稿）
終　章　「鎖国」（海禁）体制の確立と琉球国（新稿）

幕藩制形成期の琉球支配（オンデマンド版）

Digital Publishing

2018年10月1日　発行

著　者　上原兼善《うえはらけんぜん》
発行者　吉川道郎
発行所　株式会社 吉川弘文館
〒113-0033 東京都文京区本郷7丁目2番8号
TEL 03(3813)9151(代表)
URL http://www.yoshikawa-k.co.jp/

印刷・製本　株式会社 デジタルパブリッシングサービス
URL http://www.d-pub.co.jp/

上原兼善（1944～）
ISBN978-4-642-73372-4

著者略歴

一九四四年　沖縄県生まれ
一九六七年　琉球大学文理学部史学科卒業
一九七四年　九州大学大学院文学研究科博士課程退学
現　在　岡山大学教授・文学博士

〔主要著書・論文〕
『南島の風土と歴史』（共著、山川出版社、一九七八年）
『鎖国と藩貿易』（八重岳書房、一九八一年）
「藩貿易の展開と構造―天保・弘化期における薩摩藩唐物商法の動向―」（『日本史研究』二一五号、一九八〇年）

幕藩制形成期の琉球支配

二〇〇一年（平成十三年）十一月一日　第一刷発行

著　者　上《うえ》原《はら》兼《けん》善《ぜん》
発行者　林　英　男
発行所　株式会社　吉川弘文館
郵便番号一一三―〇〇三三
東京都文京区本郷七丁目二番八号
電話〇三―三八一三―九一五一〈代〉
振替口座〇〇一〇〇―五―二四四番
印刷＝ディグ　製本＝石毛製本
（装幀＝山崎　登）

索　　引

あ

い

う

き

く

け

こ

さ

し

す

せ

そ

た

ち

つ

て

と

な

に

ね・の

は

ひ

ふ

へ・ほ

ま

み

む・め・も

や

ゆ・よ

り

る・ろ

わ・を